utb 6419

utb.

Eine Arbeitsgemeinschaft der Verlage

Brill | Schöningh – Fink · Paderborn
Brill | Vandenhoeck & Ruprecht · Göttingen – Böhlau · Wien · Köln
Verlag Barbara Budrich · Opladen · Toronto
facultas · Wien
Haupt Verlag · Bern
Verlag Julius Klinkhardt · Bad Heilbrunn
Mohr Siebeck · Tübingen
Narr Francke Attempto Verlag – expert verlag · Tübingen
Psychiatrie Verlag · Köln
Psychosozial-Verlag · Gießen
Ernst Reinhardt Verlag · München
transcript Verlag · Bielefeld
Verlag Eugen Ulmer · Stuttgart
UVK Verlag · München
Waxmann · Münster · New York
wbv Publikation · Bielefeld
Wochenschau Verlag · Frankfurt am Main

Lothar Bunn war Koordinator für Deutsch als Fremdsprache am Sprachenzentrum der Universität Münster und ist Vorsitzender des gemeinnützigen Vereins WiPDaF e.V.

Gabriel Kacik ist Jurist und arbeitet als Lehrbeauftragter für juristische Fachkurse an der Universität Münster und bei verschiedenen privaten Einrichtungen.

Lothar Bunn,
Gabriel Kacik

Gutachtentechnik und Gutachtenstil im Zivilrecht

Mit Grafiken von Miriam Scholz

Waxmann
Münster · New York

Online-Angebote oder elektronische Ausgaben sind erhältlich unter www.utb-shop.de. Die zusätzlichen Online-Materialien sind auch unter www.waxmann.com/buch106419 verfügbar.

Bibliografische Informationen der Deutschen Nationalbibliothek
Die Deutsche Nationalbibliothek verzeichnet diese Publikation in der Deutschen Nationalbibliografie; detaillierte bibliografische Daten sind im Internet über http://dnb.dnb.de abrufbar.

utb 6419
utb-ISBN 978-3-8252-6419-2
utb-e-ISBN 978-3-8385-6419-7

Steinfurter Straße 555, 48159 Münster

www.waxmann.com
info@waxmann.com

Zeichnungen: Miriam Scholz
Umschlaggestaltung: Agentur Siegel, Stuttgart
Satz: Roger Stoddart, Münster
Druck: Elanders GmbH, Waiblingen

Gedruckt auf alterungsbeständigem Papier, säurefrei gemäß ISO 9706

MIX Papier FSC® C016368

Druckprodukt mit finanziellem Klimabeitrag
ClimatePartner.com/12461-2502-1004

Printed in Germany

Inhalt

Teil C: Gutachten schreiben

Einleitung

Ausgangslage: Das Studium der Rechtswissenschaften

Wer sich für das Studium der Rechtswissenschaften entscheidet, begegnet sehr früh einer grundlegenden Herausforderung. Es wird nämlich von Studierenden nicht nur erwartet, sich das materielle Recht anzueignen, sondern das erworbene Wissen soll zudem in Hausarbeiten und Klausuren in einer bestimmten Textsorte, dem Gutachten, anhand einer Fallbearbeitung angewendet werden. Studierende müssen, um diese Prüfungsleistung erbringen zu können, die sogenannte Gutachtentechnik beherrschen.

Insbesondere das Erlernen der juristischen Denkbewegung, die als Gutachtentechnik (i.d.R. aber als Gutachtenstil) bezeichnet wird, und das Schreiben in der fachspezifischen Textsorte, dem Gutachten, bereiten vielen Studierenden Schwierigkeiten.

Mit dem vorliegenden sprachpraktischen Lehrbuch verbinden die Autoren den Anspruch, Lernenden einen textorientierten Einstieg in die Gutachtentechnik und in die Textsorte Gutachten zu vermitteln.

Zielgruppe

Das Lehrbuch richtet sich an Personen, die sich die Grundlagen der Gutachtentechnik aneignen möchten, also an Studierende in Hochschulen, die eine grundlegende Orientierung suchen, aber auch an Lernende in anderen Bildungseinrichtungen wie Studieninstituten und Berufskollegs, die sich im Rahmen ihrer beruflichen Ausbildung die Grundlagen der Gutachtentechnik aneignen müssen.

Darüber hinaus möchten wir mit dem Lehrbuch auch Lehrende ansprechen. Wir haben deshalb methodisch-didaktische **Hinweise** zu einer Vielzahl der Übungen online zur Verfügung gestellt, die unter www.waxmann.com/buch106419 abrufbar sind.

Inhaltliche Schwerpunkte

In diesem Band haben wir uns, um den Umfang des Buches zu beschränken und im Interesse der Übersichtlichkeit, auf das Zivilrecht beschränkt. Beim Verfassen eines Gutachtens gibt es erhebliche Unterschiede zwischen den Rechtsgebieten. Falls unser Vermittlungsansatz Zuspruch erfährt, werden wir jeweils einen Band zum Strafrecht und zum Öffentlichen Recht folgen lassen.

In unserer Darstellung der Gutachtentechnik haben wir die vielen Sonderfälle, Ausnahmen und Besonderheiten ausgeblendet, die bei einer Fallbearbeitung auftreten können. Des Weiteren wollten wir bewusst auch viele Sachverhalte in den dargestellten Fällen aus methodischen Gründen einfach halten. Wir verfolgen damit den Zweck, die grundlegenden Denk- und Textstrukturen deutlich und kleinschrittig darstellen zu können. Wir möchten eine möglichst klare, in ihrer Struktur übersichtliche und einleuchtende Darstellung der Gutachtentechnik vorlegen. Dieses Vorhaben erfordert auch **Verknappungen**.

Die **Fälle** haben wir in einem Schwierigkeitsgrad entworfen, sodass der Sachverhalt entsprechend dem Lernstand behandelt werden kann. **Juristisch komplizierte Sachverhalte** ziehen ein komplexes Gutachten nach sich und erschweren nach unseren Erfahrungen ein Grundverstehen der Gutachtentechnik und das fachsprachliche Kommunizieren. Auch haben wir Fälle gewählt, deren Sachverhalte sich ähneln, damit sich die Lernenden nicht zu häufig in neue Rechtsprobleme einarbeiten müssen.

In der Darstellung des **Aufbaus von Gutachten** haben wir uns nicht immer an die Darstellungen gehalten, die in der Fachliteratur üblich sind. Der Gutachtenstil besteht grundsätzlich aus vier Schritten, in der gutachterlichen Praxis werden aber nicht alle Schritte durchgängig verbalisiert. Fortgeschrittene Jurist:innen denken sie zwar mit, für Anfänger:innen aber sind sie häufig auf der sprachlichen Oberfläche nicht zu erkennen.

Wir haben deshalb eine **alternative Systematik** entworfen, in der die Vierschrittigkeit als grundlegende Denkbewegung auch dort beibehalten wird, wo sie üblicherweise nicht ausformuliert wird. Wir verstoßen damit bewusst gegen Schreibkonventionen, um mittels einer unüblichen Ausführlichkeit das Verstehen der juristischen Denkbewegung zu fördern.

Methodisches Grundprinzip

Das Buch ist **aufgabenbasiert** angelegt, um die Selbsttätigkeit der Lernenden zu fördern und damit das Lernen nachhaltiger zu gestalten. Einige Inhalte, die wir vermitteln möchten, finden sich als Lösungen unserer Aufgaben in den Anhängen, sofern sich vorgefertigte Lösungsvorschläge anbieten. Es ist deshalb wichtig, bei kursorischer Lektüre des Buches die Inhalte in den Anhängen zu beachten.

Aufbau des Lehrbuchs

Die Konzeption des Lehrbuches folgt in den Grundzügen unserem Buch, das wir für Lernende mit nichtdeutscher Muttersprache entworfen haben (Bunn & Kacik, 2023). Bei der gutachterlichen Bearbeitung eines juristischen Falles setzen wir **juristisches Grundwissen** voraus. Wir beginnen mit einer Schulung der **Lesekompetenz**. Sie ist besonders wichtig, weil der Prozess, in dem der Lernende sich die Sachinhalte eines juristischen Falles aneignet, besondere Lese- und Erschließungsstrategien erfordert. Auch den Bezug der juristischen Sachverhalte zu den Normen, der vor allem in der Subsumtion gefordert ist, sehen wir als Teil des gutachterlichen **Lese-Schreibprozesses** an.

Daraus ergibt sich der **dreiteilige Aufbau** des Buches: Das Erschließen des Sachverhalts, das Verstehen der Fallfrage und das Suchen nach Rechtsnormen (Teil A), die Erarbeitung eines unabdingbaren Hintergrundwissens (Teil B) sowie der Teil C, in dem das Schreiben von Gutachten vermittelt und geübt wird.

Es ist für Lernende häufig schwierig, bei dem komplexen Prozess des Lesens, Auslegens und Schreibens den Überblick zu behalten. Wir haben deshalb zu Beginn einer jeden Einheit eine Übersicht eingefügt, aus der die Lernenden die Position der jeweiligen Einheit im Gesamtprozess des Schreibens entnehmen können. Zur weiteren Orientierung sind als Einstieg in das Kapitel unsere **Lehrziele** aufgeführt.

Zu den meisten Aufgaben gibt es **einen Anhang mit Lösungsvorschlägen**. Sie können auch zentrale Lerninhalte enthalten, wenn die Lernenden diese in Aufgaben selbst erarbeiten sollen. Es ist deshalb an vielen Stellen wichtig, auch die Inhalte der Anhänge in den Lernprozess einzubeziehen. Bleiben die Anhänge konsequent unberücksichtigt, fehlen den Lernenden u.U. wichtige Lerninhalte.

Verwundern mag, dass das Verfassen einer **Lösungsskizze** als 12. Einheit am Ende des Lehrbuchs behandelt wird, obwohl die Lösungsskizze systematisch vor dem Schreiben des Gutachtens erfolgt. Der Grund dafür liegt in der Einsicht, dass das Anfertigen einer Lösungsskizze bereits voraussetzt, die Gutachtentechnik zu kennen. Und die Vermittlung der Auslegungsmethoden als zentrale juristische Tätigkeit haben wir an den Schluss des Buches gestellt, um die Lernenden in den vorangegangenen Lerneinheiten zu entlasten.

Sprachliche Inhalte

Konzeptionell geht es in dem Lehrbuch zunächst darum, sich Lerninhalte anhand kurzer Lesetexte anzueignen. Im Vordergrund steht das Ziel, dass sich die Lernenden fachliche Inhalte mit Hilfe ihres Vorwissens **selbst erarbeiten** und diese fachsprachlich kommunizieren können. Dazu dienen Aufgaben, die die Lernenden auch in **Kleingruppen** bearbeiten können, in denen sie sich untereinander über juristische Inhalte fachsprachlich verständigen sollen.

Ein zweiter Schwerpunkt liegt in der **Schulung der Lesekompetenz**. Die Analyse von juristischen Sachverhalten, aber auch die von Normen[1] erfordert ein spezifisches **Erschließungsverfahren**. Auf die besonderen Lesestrategien, die hier zum Tragen kommen, gehen wir in Teil A des Lehrbuches ein.

Das Schreiben des Gutachtens erfordert unterschiedliche Kompetenzen. Neben den Schreibübungen, mit denen **textliche Strukturen** eines Gutachtens wie auch der Gebrauch der **Fachterminologie** eingeübt werden sollen, sind **grammatische Phänomene** wie etwa der Konjunktiv II oder Konditionalsätze von Bedeutung.

Aus diesen (fach-)sprachlichen Lernzielen soll sich, als Ergänzung zu den spezifischen Leseprozessen und der Entwicklung der mündlichen Kompetenz, ein **schreibintensives Lernen** ergeben, in dem standardisierte Formulierungen in ihrer Funktion innerhalb eines Gutachtens verstanden und eingeübt werden sollen. Von besonderer Bedeutung sind dabei auch **Textbauphänomene**, die die gutachterliche Denkbewegung widerspiegeln und daher funktional verstanden werden müssen.

1 Zur Schulung des Verstehens von Normen verweisen wir auf Bunn & Kacik (2019).

Zur Arbeit mit dem Lehrbuch

Lehrende wie Lernende können bei der Arbeit mit diesem Buch selbst entscheiden, ob sie sich stärker auf die Entwicklung der fachsprachlichen Kompetenz konzentrieren oder ob sie die Behandlung von Fachinhalten in den Vordergrund stellen. Das Buch muss also nicht chronologisch durchgearbeitet werden, die Nutzer:innen können sich entsprechend ihren Bedürfnissen Lehrinhalte und Aufgaben zur Bearbeitung vornehmen. Zu diesem Zweck haben wir über einen QR-Code weitere praktische Übungen zugänglich gemacht.

Alle Aufgaben, Fälle und Anhänge haben wir nummeriert (z. B. 3.4). Am Anfang der Ziffernfolge steht zunächst die Einheit (hier: 3.), hinter dem Punkt die fortlaufende Nummer für die Aufgabe, den Fall oder den Anhang (hier: 4).

Online-Materialien

Als weitere Hilfe für die Lehrkräfte haben wir **methodisch-didaktische Hinweise** zu dem Lehrbuch online zur Verfügung gestellt. Weiterhin finden Sie online auch **zusätzliche Übungen**, die wir nicht ins Lehrbuch aufgenommen haben, um das Buch nicht mit Übungsaufgaben zu überfrachten. Der Anhang ist downloadbar unter www.waxmann.com/buch106419.

Gestaltung des Lehrbuches

Bewusst haben wir uns für einen **Dreifarbendruck** entschieden, um eine klare Orientierung anhand der Farbe zu ermöglichen. Die Farbe **Blau** dient dazu, auf die Anhänge sowie auf Online-Materialien zu verweisen. Darüber hinaus haben wir in Übersichten zuweilen Textteile blau eingefärbt, um z. B. die inhaltlichen Ebenen eines Gutachtens sichtbar zu gestalten. **Orangetöne** dienen dazu, Handlungshinweise herauszuheben, aber auch, juristische Fälle zu kennzeichnen, Textblöcke in Strukturskizzen hervortreten zu lassen oder in Tabellen durch einen orangefarbenen Balken die Gliederungsaspekte zu betonen.

Die **Visualisierung von Inhalten** lag uns besonders am Herzen. Schemata, Tabellen, Strukturskizzen usw. bieten nicht nur einen Anreiz für die Lernenden, Inhalte zu verbalisieren und damit im Unterrichtsgeschehen eine kommunikative Funktion zu übernehmen; sie helfen dem Lernenden auch, komplexe Zusammenhänge in den Blick zu bekommen. Lehrenden kann es helfen das Verständnis von Zusammenhängen zu überprüfen.

Teil A

Sachverhalt erschließen, Fallfrage verstehen, Rechtsnormen suchen

1. Einführung in die Fallbearbeitung

Übersicht

A Sachverhalt erschließen, Fallfrage verstehen, Rechtsnormen suchen	**Einheit 1** Einführung in die Fallbearbeitung	**Einheit 2** Lesen von Sachverhalten, Fallfragen und Bearbeitungshinweisen	**Einheit 3** Suchen von Rechtsnormen	
B Hintergrundwissen aneignen	**Einheit 4** Normarten	**Einheit 5** Prüfungsreihenfolge und Prüfungsaufbau	**Einheit 6** Zitieren	
C Gutachten schreiben	**Einheit 7** Struktur eines Gutachtens	**Einheit 8** Obersätze bilden	**Einheit 9** Voraussetzungen formulieren und definieren	
	Einheit 10 Subsumieren	**Einheit 11** Ergebnisse formulieren	**Einheit 12** Lösungsskizzen entwerfen	**Einheit 13** Auslegungsmethoden

Gutachtomat

In dieser Einheit erarbeiten Sie sich ...

... fachlich,
- welche Merkmale die Textsorte „juristischer Fall" hat,
- mit welcher Methodik man einen juristischen Fall gutachterlich bearbeitet,
- aus welchen Bearbeitungsphasen die Methodik der Falllösung überblicksartig besteht.

... hinsichtlich Methodik und Lernstrategien,
- welche Lesephasen bei der Bearbeitung eines Falles sinnvoll sind,
- wie man mit diesem Buch in Gruppen oder auch allein arbeiten kann.

1.1 Die juristische Textsorte „juristischer Fall"

Die zentrale Aufgabe für Sie als Jurastudierende besteht darin, ein juristisches Problem anhand eines alltagsbezogenen Falles zu lösen. Dazu brauchen Sie juristische Kenntnisse als Grundlage, darüber hinaus aber auch die Kompetenz, juristische Fälle so zu lösen, wie es die Methodik des Faches vorgibt. Die Fachmethodik ist die Gutachtentechnik.

Aufgabe 1.1 Ihr Vorwissen ist gefragt

Vergleichen Sie die drei folgenden Fälle. Formulieren Sie Besonderheiten des jeweiligen Textes hinsichtlich
- der kommunikativen Funktion des Textes,
- ihrer inhaltlichen und sprachlichen Eigenheiten.

Hier finden Sie Hinweise, wie Sie mit dem Buch in Gruppen arbeiten können.

Juristischer Fall (Fall 1.1)

Der Jura-Student Eike Hinrichs will ein Online-Rechtswörterbuch kaufen, weil seine juristischen Seminare an der Universität Bielefeld zunehmend online durchgeführt werden. Dieses ist auch preiswerter als die Print-Version. Das ist wichtig, denn sein Vater Tom Hinrichs verdient gerade wenig und hat Eike deshalb weniger Geld als üblich überwiesen. Aber Eike zögert. Er hat zwar schon eine Bestellkarte des Verlages ausgefüllt, aber er überlegt sich, zuvor in einer Fachbuchhandlung einen Blick in die bekannten anderen Rechtswörterbücher zu werfen, um eventuell Geld zu sparen. Nachdem er die Wohnung verlassen hat, bringt seine Freundin Miriam Grabolle die bereits frankierte und auf Eikes Schreibtisch liegende Bestellkarte zur Post, um Eike zu entlasten, der in zwei Tagen eine Klausur schreiben muss und deshalb sehr beschäftigt ist. Eike entschließt sich aber nach seinem Besuch in der Fachbuchhandlung, ein Print-Rechtswörterbuch zu erwerben. Im Schaufenster sieht er einen Werbeflyer eines Rechtswörterbuchs *Jura für Schlaue*, das er daraufhin bestellt und im Voraus bezahlt. Die Fachbuchhandlung verspricht, das Wörterbuch in der folgenden Woche zu liefern. Das Verschwinden der Bestellkarte hat er gar nicht bemerkt. Anfang der darauffolgenden Woche beschwert sich Eike bei der Fachbuchhandlung, dass das Rechtswörterbuch noch nicht eingetroffen sei. Einen Tag später wird das Online-Rechtswörterbuch bereitgestellt. Er schreibt daraufhin dem Online-Verlag, dass er sein Recht auf Widerruf in Anspruch nehme. Der Buchhandlung teilt er mit, dass er an dem Vertrag festhalte und das bestellte Buch erhalten möchte. Der Online-Verlag besteht aber auf dem Grundsatz „Pacta sunt servanda“. Wie ist die Rechtslage?

Limerick

Es fuhr ein Student aus Bielefeld
nach Billigerbrück ganz ohne Geld.
Er klaute ein Buch
und fuhr mit dem Zug
ganz schnell zurück nach Bielefeld.

Nachricht

Der erboste Besitzer eines Buchladens in Bielefeld hat einen Jurastudenten verklagt, weil dieser ein Rechtswörterbuch zunächst bestellt hat, es dann aber nicht kaufen wollte. Der Buchhändler schimpfte, er müsse dieser Unsitte einmal einen Riegel vorschieben. Er sei nicht Amazon, bei dem man alles, was man bestellt habe und geliefert bekomme, einfach und ohne Kosten wieder zurückschicken könne. Der Buchhändler hatte mit seiner Klage keinen Erfolg, er wolle aber in Berufung gehen.

Siehe Anhang 1.1

Die Fallfrage als Prüfauftrag

Jeder Fall, den Sie bearbeiten, enthält eine Fallfrage. Sie stellt eine Aufgabenstellung dar und ist nichts anderes als ein Auftrag für Sie zu prüfen, ob die Rechtsfolge, die in der Fallfrage angesprochen ist, eintritt oder nicht. Eine Frage zu dem obigen Fall könnte z. B. lauten:

Hat der Online-Verlag gegen Eike einen Anspruch auf Zahlung des Kaufpreises?

Um diese Prüfung der möglichen Rechtsfolgen vorzunehmen, bedienen Sie sich einer speziellen juristischen Methodik, der sog. Gutachtentechnik.

Aufgabe 1.2 Fallfragen formulieren

Überlegen Sie sich Fallfragen für den Fall, den Sie gelesen haben.

Fall 1.1	a) *Hat der Online-Verlag gegen Eike einen Anspruch auf Zahlung des Kaufpreises?* b)

Siehe Anhang 1.2

In dieser Einführungseinheit möchten wir Sie, unter Aktivierung Ihres Vorwissens, zu einem groben Überblick darüber führen, in welchen Schritten Sie anhand der Fallfrage eine Falllösung vornehmen. Auf diese Weise können Sie auch die Logik verstehen, die in der Abfolge der Einheiten 2 und 3 sowie 7 bis 11 besteht.[1]

1.2 Leseziele beim Lesen von Sachverhalt, Aufgabenstellung, Bearbeitungshinweisen und Normen: ein Vier-Phasen-Modell

Die Fallbearbeitung beginnt mit ausführlichen Lesephasen. In der Literatur wird empfohlen, die Fallfrage vor dem Sachverhalt zu lesen.[2] Bei einem derartigen Vorgehen konzentrieren Sie sich schon beim ersten Lesen des Falles auf rechtlich bedeutsame Sachverhaltsangaben. Wir bevorzugen es, den Sachverhalt zunächst unbefangen zu lesen und in seiner Gesamtheit zu verstehen.

Teil A dieses Buches räumen wir deshalb der Darstellung einen breiten Raum ein, mit welcher Systematik Sie einen Fall und eine Fallfrage lesen und gut verstehen können. Wir benutzen ein Vier-Phasen-Modell zum Lesen, das auf das Verstehen eines Sachverhaltes, der Aufgabenstellung/Fallfrage, des Bearbeitungsvermerks und der relevanten Normen ausgerichtet ist.

---

1 Mit Ausnahme der Einheiten „Lösungskizze" und „Auslegunsmethoden", die wir aus methodischen Gründen an das Ende gestellt haben (vgl. Einleitung, S. 11).

2 Fischer (2003, S. 375–381), Reimer (2012, S. 623) und auch Valerius (2017, S. 48) etwa empfehlen, zunächst die Fallfrage und die Bearbeitungshinweise noch vor dem Sachverhalt zu lesen.

Ein Vier-Phasen-Modell zu den Lesezielen

1. Leseziel: Sachverhalt erfassen (s. Einheit 2.2)

Lesen: Grobverständnis herstellen
- unvoreingenommen lesen
- nicht rechtlich werten
- Unverstandenes unterstreichen

→ Sachverhalt

Lesen: Detailverständnis herstellen
- Ereignisse/Handlungen erfassen
- Personenskizze anfertigen
- Zeitabläufe (Zeitstrahl) zeichnen
- Merkzettel/Notizzettel anlegen
- Nacherzählen mit Hilfe des Zeitstrahls und der Personenskizze

→ Sachverhalt

2. Leseziel: Prüfauftrag und Bearbeitungshinweise verstehen (s. Einheit 2.4)

Lesen: Fallfrage und Bearbeitungshinweise verstehen
- verstehen, wonach gefragt wird
- ggf. die Fallfrage konkretisieren
- Bearbeitungshinweise verstehen
- Bezug zum Sachverhalt herstellen
  - Personenverhältnisse bedenken
  - Rechtsbegehren erkennen

→ Prüfauftrag → Fallfrage; Prüfauftrag → Bearbeitungshinweise

3. Leseziel: Den Sachverhalt unter rechtlichen Aspekten erfassen (s. Einheit 2.5)

Lesen: rechtliche Relevanz ermitteln
- Anhand der Fallfrage die rechtliche Relevanz verstehen
- Notizen machen

→ Sachverhalt + Prüfauftrag/Bearbeitungshinweise

4. Leseziel: Normen suchen (s. Einheit 3)

- Normen suchen in Gesetzestexten

→ Gesetzestexte + Sachverhalt + Prüfauftrag/Bearbeitungshinweise

Dieses 4-Phasen-Modell zum Lesen ist Gegenstand der Einheiten 2 und 3.

1.3 Methodische Schritte bei der Fallbearbeitung

Nachdem Sie einen groben Einblick darüber bekommen haben, welche Lesephasen am Anfang der Fallbearbeitung stehen, möchten wir Sie in den folgenden Aufgaben bitten, Ihr Vorwissen über die Gutachtenmethode zu nutzen und sich einen Überblick über die Schreibphasen zu erarbeiten.

Aufgabe 1.3 Den Zweck eines Gutachtens verstehen

Bearbeiten Sie die folgenden Fragen.

- Was ist der Zweck eines Gutachtens?
- Welche Bedeutung hat das Gutachten im Studium und später im Beruf?

Aufgabe 1.4 Den Prozessablauf beschreiben

In welchen Schritten bearbeitet man Ihrer Meinung nach den Fall 1.1? Beschreiben Sie den vollständigen Prozess, soweit Sie ihn kennen.

Siehe Anhang 1.3

Online-Übersicht 1.1
Hier finden Sie eine ausführliche Übersicht zum Prozessablauf.

Die Textsorte Gutachten lässt sich eindeutig von einem Urteil unterscheiden. Unter sprachlichen Gesichtspunkten spricht man von einem Gutachtenstil, einem verkürzten Gutachtenstil, von einem Urteilsstil und einem Feststellungsstil.

Aufgabe 1.5 Informationen zum Urteil und Gutachten sammeln

Hören Sie einen Text zum Thema Gutachten und Urteil. Notieren Sie alle Informationen, die Hinweise auf den Unterschied geben.

Transkripte Audiodatei

Online-Hörtext 1
Hier finden Sie den gesprochenen Text.

Aufgabe 1.6 Einen Kurzvortrag vorbereiten

Erkundigen Sie sich in der einschlägigen Fachliteratur über die Gutachtentechnik. Machen Sie sich Notizen und beschreiben Sie mit deren Hilfe die Gutachtentechnik.

Wiederholungsfragen
Beantworten Sie folgende Fragen:
a) Welche Merkmale hat ein juristischer Fall?
b) Was versteht man unter einem Gutachten?
c) Wie sollte man methodisch bei einer Fallbearbeitung vorgehen?
d) Welche Funktionen haben die einzelnen Lesephasen?

Anhang 1.4

Vertiefungshinweise

Fischer, K. (2003, S. 375–381): Vom „Lesen" einer Zivilrechtsklausur. In: *Juristische Schulung 2003*, Heft 4.

Lange, B. (2015, S. 247–254, 258, 261): *Jurastudium erfolgreich: Planung, Lernstrategie, Zeitmanagement.*

Pense, U. & Lüdde, J. S. (2022, S. 6–18, 20–24): *Methodik der Fallbearbeitung im Studium und Examen. Wie schreibe ich eine Klausur?*

Reimer, F. (2012, S. 623–629): Juristische Texte lesen – Hilfestellungen aus öffentlich-rechtlicher Sicht. In: *Zeitschrift für das Juristische Studium* 5/2012.

Valerius, B. (2017, S. 41–54): *Einführung in den Gutachtenstil. 15 Klausuren zum Bürgerlichen Recht, Strafrecht und Öffentlichen Recht.*

Wörlen, R. & Metzler-Müller, K. & Balleis, K. & Korkemoor, A. (2023, S. 79–82): *BGB AT, mit Einführung in das Recht.*

Anhang 1: Einführung in die Fallbearbeitung

Anhang 1.1	zu Aufgabe 1.1

- Einige Besonderheiten der Textsorte „juristischer Fall": Es wird ein tatsächliches Geschehen geschildert, das am Alltag orientiert ist.
- Es werden rechtlich relevante Sachinformationen gegeben.
- Zwischen den dargestellten Personen bestehen rechtliche Beziehungen.
- Die rechtlich relevanten Sachinformationen enthalten ein rechtliches Problem. Der Text enthält keine Lösung dieses Problems.
- Der Verfasser/die Verfasserin des Falles beauftragt den Leser, das rechtliche Problem zu finden und mit Hilfe der Gutachtentechnik zu lösen. Als Anleitung dazu fügt er/sie eine Fallfrage an.

Anhang 1.2	zu Aufgabe 1.2

Fall 1.1	a) Hat der Online-Verlag gegen Eike einen Anspruch auf Zahlung des Kaufpreises? b) Wie ist die Rechtslage? c) Hat Eike gegen die Buchhandlung einen Anspruch auf Übergabe und Übereignung des Rechtswörterbuchs *Jura für Schlaue*?

Anhang 1.3	zu Aufgabe 1.4

1	Sachverhalt, Aufgabenstellung/Fallfrage, Bearbeitungshinweise lesen Notizen anfertigen
2	Rechtsnormen suchen, dabei weitere Notizen machen
3	Lösungsskizze anfertigen
4	Gutachten schreiben: • Obersatz bilden • Voraussetzungen nennen/Definieren • Subsumieren • Ergebnis formulieren

Anhang 1.4	zu den Wiederholungsfragen

Zu a) Siehe Anhang 1.1

zu b) Ein Gutachten ist eine juristische Textsorte. Es handelt sich dabei um eine Ausarbeitung zur juristischen Beurteilung von Tatsachen (Sachverhalten) bzw. Tatsachenkomplexen. Für Studierende ist das Erstellen von Gutachten Prüfungsaufgabe in Klausuren oder Hausarbeiten.

zu c) Das methodische Vorgehen bei einer Fallbearbeitung ist grob in Anhang 1.3 dargestellt.

zu d) Man geht in vier Leseschritten vor (Vier-Phasen-Modell) und hat dabei folgende Leseziele:

- Erfassen des Sachverhalts
- Verstehen des Prüfauftrags
- Erfassen des Sachverhalts unter rechtlichen Aspekten
- Suchen von Normen

2. Das Lesen von Sachverhalten, Fallfragen und Bearbeitungshinweisen

Übersicht

A Sachverhalt erschließen, Fallfrage verstehen, Rechtsnormen suchen	**Einheit 1** Einführung in die Fallbearbeitung	**Einheit 2** Lesen von Sachverhalten, Fallfragen und Bearbeitungshinweisen	**Einheit 3** Suchen von Rechtsnormen	
B Hintergrundwissen aneignen	**Einheit 4** Normarten	**Einheit 5** Prüfungsreihenfolge und Prüfungsaufbau	**Einheit 6** Zitieren	
C Gutachten schreiben	**Einheit 7** Struktur eines Gutachtens	**Einheit 8** Obersätze bilden	**Einheit 9** Voraussetzungen formulieren und definieren	
	Einheit 10 Subsumieren	**Einheit 11** Ergebnisse formulieren	**Einheit 12** Lösungsskizzen entwerfen	**Einheit 13** Auslegungsmethoden

Schilderung „des" Sachverhalts

In dieser Einheit erarbeiten Sie sich …

… fachlich,
- die rechtliche Relevanz von Informationen in Sachverhalten zu erkennen,
- welche Arten von Fallfragen es gibt,
- welche Bedeutung Bearbeitungshinweise für die Falllösung haben.

… hinsichtlich Methodik und Lernstrategien,
- ein speziell auf das Lesen von juristischen Fällen abgestimmtes Leseverhalten anzuwenden,
- dabei Visualisierungen zu nutzen (Zeitstrahl, Personenskizze),
- einen Notizzettel beim Lesen eines Sachverhaltes anzulegen.

… sprachlich,
- einen dargestellten Sachverhalt zu verstehen,
- Aufgabenstellung und Bearbeitungshinweise zu verstehen,
- die indirekte Rede (Konjunktiv I) in einem Fall zu erkennen und ihre Funktion zu begreifen.

2.1 Vorbemerkungen

Fälle, die Sie in einer Klausur oder einer Hausarbeit gutachterlich bearbeiten sollen, werden von einem/einer Dozierenden geschrieben. Er/Sie konstruiert darin bestimmte rechtliche Probleme und formuliert sie so, dass die Lernenden auf diese Probleme gestoßen und zu bestimmten Normen geführt werden sollen.

Aufgabensteller:innen erwarten nun eine gutachterliche Bearbeitung des Problems und formuliert einen Prüfauftrag (Fallfrage). Sie als Lernende sollen daraufhin den Prüfauftrag ausführen, indem Sie den Sachverhalt bearbeiten. Sie sollen also die rechtlich relevanten Hinweise der Aufgabensteller:innen erkennen, die Sie zu den Normen führen.

Fall 2.1

G verkauft seinen VW-Bulli an H. Sie schließen ihren Vertrag nicht schriftlich, sondern per Handschlag. H will sich zwei Tage später aber nicht mehr an den Vertrag halten, G verlangt aber den vereinbarten Kaufpreis.
Wie ist die Rechtslage?

↓

§ 433 II BGB

Weil der Sachverhalt eine bedeutende Rolle spielt, ist es von großer Bedeutung, den Fall, die Aufgabenstellung und eventuelle Bearbeitungshinweise sehr genau zu verstehen. Noch vor dem Schreiben des Gutachtens kommt daher dem mehrmaligen Lesen des Sachverhalts eine wichtige Rolle bei der gutachterlichen Fallbearbeitung zu.

Ihre Leseziele bestehen darin,

- den Sachverhalt,
- die Fallfrage (den Prüfauftrag),
- evtl. die Bearbeitungshinweise und
- den Bezug des dargestellten Sachverhaltes zu Rechtsnormen

zu verstehen. Diese Leseziele erreichen Sie in mehreren Lesephasen.

2.2 Erste Lesephase: Den Sachverhalt erfassen

Denken Sie einmal an die alltägliche Arbeit einer Rechtsanwältin. Kommt ein Mandant zu ihr, wird sie ihn zunächst darum bitten zu schildern, weshalb er zu ihr gekommen ist. Der Mandant wird daraufhin einen Sachverhalt schildern, während sich die Rechtsanwältin Notizen macht. Sie bemüht sich darum, den Sachverhalt ihres Mandanten in allen Einzelheiten zu verstehen, ohne sich zunächst um rechtliche Relevanz zu kümmern.

Die gleiche Tätigkeit simulieren Sie als Prüfling in einer Klausur. Sie bemühen sich in dieser ersten Lesephase ausschließlich darum, den dargestellten Sachverhalt zu verstehen. Sie sollten sich jetzt noch nicht auf rechtliche Aspekte konzentrieren, so wie auch die Rechtsanwältin zunächst bemüht ist, den Sachverhalt des Mandanten umfassend zu verstehen, bevor sie die rechtlichen Möglichkeiten erwägt und prüft. Bei der Lektüre des Sachverhalts müssen Sie vermeiden, etwas in den Sachverhalt hineinzuinterpretieren und ihn damit zu verändern (sog. Sachverhaltsquetsche).

Aufgabe 2.1 Ein Grobverständnis vom Sachverhalt erwerben

- Lesen Sie den Fall 1.1. Achten Sie beim Lesen noch nicht auf rechtliche Aspekte, sondern nur darauf, den Sachverhalt zu verstehen.
- Unterstreichen Sie beim Lesen die Wörter und Phrasen, die Sie nicht verstanden haben (ohne Rücksicht auf rechtliche Relevanz).
- Klären Sie anschließend die sprachlichen Unklarheiten des Textes.

Nachdem Sie alle sprachlichen Unklarheiten beseitigt haben, ist es wichtig, sich die Tatsächlichkeit des Falles in allen seinen Einzelheiten genau vor Augen zu halten.

Detailverständnis erwerben

Besteht der Fall nicht nur aus einem oder zwei Sätzen, sondern aus einer längeren Schilderung, empfehlen wir Ihnen, die folgenden Tätigkeiten auszuführen, um die dargestellten Ereignisse zu verstehen:

- eine Personenskizze erstellen,
- einen Zeitstrahl anfertigen,
- den Sachverhalt in Handlungsabschnitte gliedern,
- einen Merkzettel anlegen,
- den Fall nacherzählen mit Hilfe der Personenskizze und/oder eines Zeitstrahls.

Visualisierungen nutzen: Zeitstrahl, Verlaufszeichnung und Personenskizze

Wenn im Sachverhalt Daten oder Zeiten angegeben sind und die Chronologie der Ereignisse von rechtlicher Bedeutung sein könnte, ist die Anfertigung eines Zeitstrahls oder einer Verlaufszeichnung sinnvoll.

Zeitstrahl:

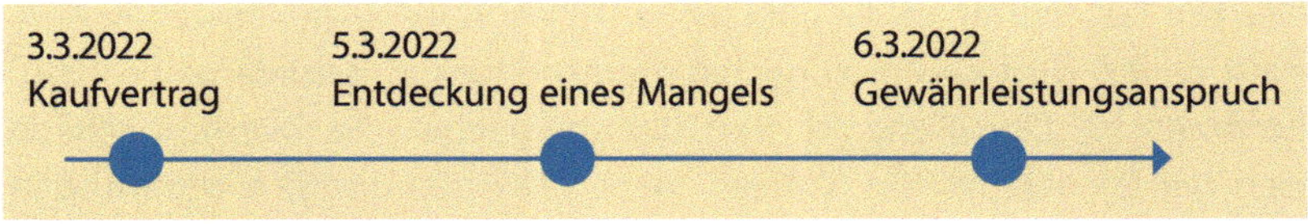

Verlaufszeichnung/Personenskizze:
(P = Person, → = Verlauf der Handlung)

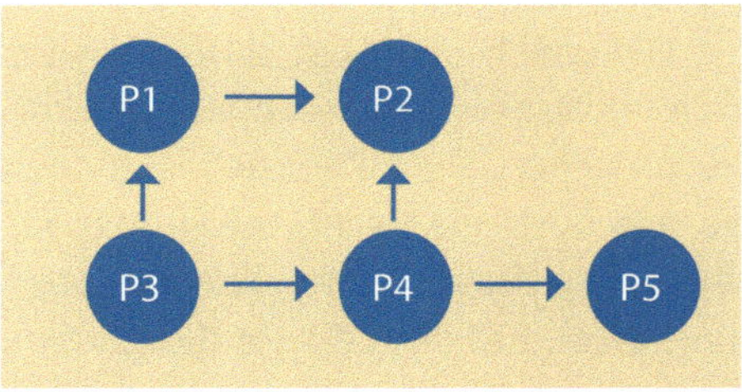

Bei umfangreicheren Sachverhalten können Sie den Fall auch in Handlungsabschnitte einteilen. Die Abschnitte können Sie mit Buchstaben versehen.

Sinnvoll ist es, zwischen den Abschnitten der Handlung so viel Platz zu lassen, dass Sie noch weitere Notizen einfügen können, z. B. relevante Rechtsnormen bzw. rechtliche Stichworte wie *Kaufvertrag, Vertretungsverhältnis* oder *Übereignungsverhältnis.*

Aufgabe 2.2 Detailverständnis eines Sachverhalts gewinnen

- Lesen Sie den Fall 1.1 ein zweites Mal. Achten Sie auch jetzt noch nicht auf rechtlich bedeutsame Angaben. Versuchen Sie lediglich, den Wortlaut des Textes in allen Einzelheiten zu verstehen, ohne zu werten oder zu urteilen.
- Gliedern Sie Ihren Fall in Handlungsabschnitte.

- Fertigen Sie eine Personenskizze an, in der die Beziehungen der beteiligten Personen deutlich werden.
- Fertigen Sie eine Skizze des Zeitablaufs an (alternativ als Strahl oder als Tabelle), in der der zeitliche Verlauf (mit Datumsangaben und Wochentagen) vermerkt ist.

Beispiele in Anhang 2.1

Online-Übung (2.1)
Sie haben die Möglichkeit, das Anlegen einer Personenskizze, eines Zeitstrahls, eines Merkzettels und das Einteilen in Handlungsabschnitte zu üben.

Aufgabe 2.3 Üben, den Sachverhalt zu verstehen

Erzählen Sie die Abläufe und das Verhalten der Personen mit Hilfe der Personenskizze und des Zeitstrahls nach. Wenn Sie eine visuelle Lernerin/ein visueller Lerner sind, kann es Ihnen helfen, sich den Ablauf als einen Film vorzustellen.

Überblick zur ersten Lesephase
Leseziel: Sachverhalt erfassen

Lesen: Grobverständnis herstellen → SACHVERHALT

- unbefangen lesen
- nicht rechtlich werten
- Unverstandenes unterstreichen

Lesen: Detailverständnis herstellen → SACHVERHALT

- Ereignisse/Handlungen erfassen
- Personenskizze anfertigen
- Zeitabläufe (Zeitstrahl) zeichnen
- Merkzettel/Notizzettel anlegen
- Sachverhalt mit Hilfe des Zeitstrahls und der Personenskizze nacherzählen

2.3 Sprachlicher Exkurs: Das Vorbringen der Beteiligten im Konjunktiv I

In Fall 1.1 gibt es einige Verbformen, die Ihnen vielleicht schon aufgefallen sind: *sei, nehme, festhalte.* Es handelt sich bei diesen Formen um den Konjunktiv I. Sie werden verwendet, wenn sinngemäß berichtet wird, was jemand gesagt hat. Man spricht dann von der **indirekten Rede**, die durch den Konjunktiv I ausgedrückt wird. Die indirekte Rede unterscheidet sich von der direkten Rede, die mit Anführungszeichen („…") gekennzeichnet wird und das Gesagte Wort für Wort wiedergibt.

Funktion des Konjunktiv I verstehen: Kennzeichnung eines Parteienstreits

In einem Sachverhalt kommt es häufig vor, dass die Beteiligten ihr Anliegen und ihre Sicht des Sachverhalts vorbringen. Dieses Vorbringen von Beteiligten muss man sprachlich kenntlich machen. Zwei Möglichkeiten bieten sich dafür an:

Direkte Rede von K:

„Über die Zahlungsaufforderung kann ich nur lachen. Das ist ein Witz und ungerecht."

Indirekte Rede (Rede über K im Konjunktiv I):

K sagte, die Zahlungsaufforderung empfinde er als einen „Witz".

Zumindest rezeptiv sollten Sie diese Verbform kennen, bei der es sich um einen Konjunktiv I handelt. Mit dem Konjunktiv I (indirekte Rede) werden die Aussagen der Beteiligten innerhalb eines Parteienstreits angezeigt. Wichtig für Sie ist beim Schreiben eines Gutachtens:

→ Das streitige Vorbringen der Beteiligten hat eine juristische Bedeutung und muss deshalb beim Schreiben gutachterlich gewürdigt werden.

Den Unterschied zum Konjunktiv II kennen

Im Deutschen gibt es neben dem Konjunktiv I (indirekte Rede) den Konjunktiv II. Der Konjunktiv II hat eine Vielzahl von Funktionen. Im Gutachten formulieren Sie den Obersatz im Konjunktiv II und drücken damit eine Möglichkeit aus, die noch nicht bewiesen ist (s. Einheit 8: Obersätze bilden).

Aufgabe 2.4 Ihre Kenntnisse über den Konjunktiv auffrischen

Unterstreichen Sie in dem folgenden Text die Konjunktivformen (K I und K II) und bestimmen Sie deren Funktionen.

Text	Konjunktiv I oder II	Funktion
Anne Voss sagt in einem Interview, sie hätte aus ihrem Talent als Kabarettistin einen Beruf machen können. Aber sie könne sich nicht gut an die Verhaltensvorschriften anpassen und sei lieber selbstständig. „Könnten Sie mir garantieren, dass ich in diesem von Männern dominierten Beruf Erfolg hätte?", fragt sie. Sie erwartet keine Antwort. Denn lange Zeit gab es die Rolle der lustigen Frau in Kabarettsendungen höchstens als Partnerin eines Mannes. Man wähle doch keinen Beruf, den es nicht gebe.		

Online-Übungen (2.2) zum Konjunktiv I
Sie können hier die Formen des Konjunktiv I üben.

2.4 Zweite Lesephase: Den Prüfauftrag verstehen – Fallfragen und Bearbeitungshinweise

Nach der Aufnahme des Sachverhaltes fragt unsere Rechtsanwältin den Mandanten, was er erreichen möchte und überlegt sich ihr weiteres Vorgehen. Sie will das Recht ihres Mandanten durchsetzen und stellt sich die Frage, welche Ansprüche/Gegenansprüche dem Mandanten zustehen könnten. Diese Frage entspricht der Aufgabenstellung in einer Klausur, dem Prüfauftrag.

Sie müssen nun also die Fallfrage lesen. Sie enthält die Aufgabe, die Sie bearbeiten sollen: die Prüfung des Sachverhalts hinsichtlich einer rechtlichen Relevanz.

Überblick zur zweiten Lesephase
Leseziel: Fallfrage und Bearbeitungshinweise verstehen

Lesen: Fallfrage und Bearbeitungshinweise verstehen

- verstehen, wonach gefragt wird
- ggf. die Fallfrage konkretisieren
- Bearbeitungshinweise verstehen
- Bezug zum Sachverhalt herstellen
  - Personenverhältnisse bedenken
  - Rechtsbegehren erkennen

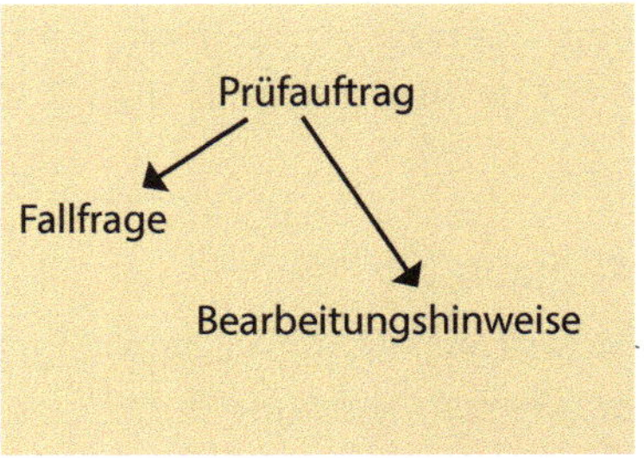

Um Aufgabenstellungen zu verstehen, ist es hilfreich, unterschiedliche Typen von Fallfragen voneinander zu unterscheiden.

Offene und konkrete Fallfragen

Aufgabe 2.5 Sich mit den Typen von Fallfragen auseinandersetzen

a) Beschreiben Sie anhand der folgenden Übersicht, worin sich die Typen von Fallfragen voneinander unterscheiden.
b) Wie bearbeiten Sie eine offene Fallfrage?
c) Ergänzen Sie zu jedem Typ mögliche Fallfragen.

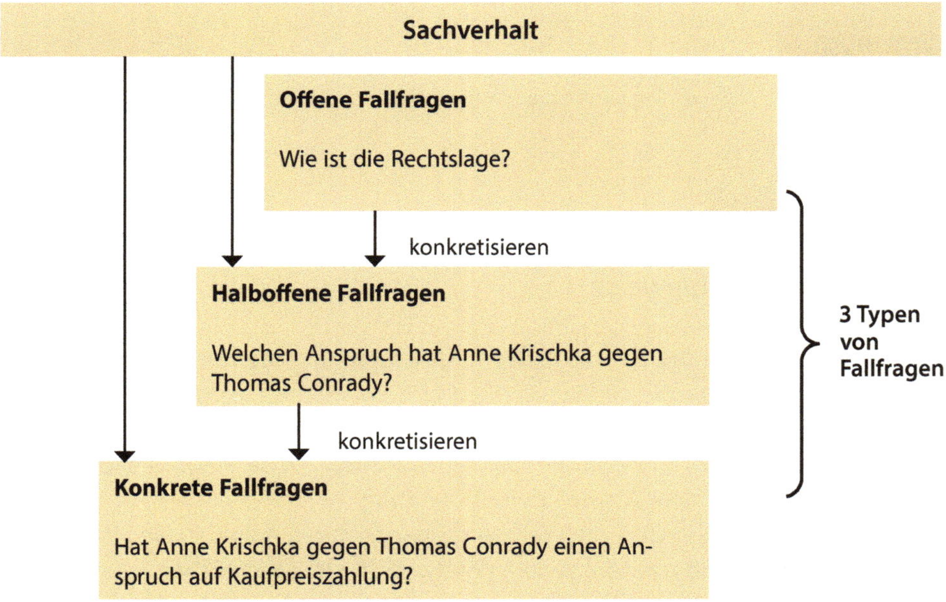

Siehe Anhang 2.2

Aufgabe 2.6 Unterschiede zwischen den Fallfragen erkennen

a) Überlegen Sie, ob es sich bei den Fallfragen in der folgenden Übersicht um offene, halboffene oder konkrete Fallfragen handelt.
b) Was müssen Sie bei dem jeweiligen Typ von Fallfrage gutachterlich machen?

Siehe Anhang 2.3

Beispiele von Fallfragen zum Fall 1.1

- Welche Ansprüche bestehen?
- Hat der Online-Verlag gegen Eike Anspruch auf Zahlung des Kaufpreises?
- Muss der Buchladen Eike Hinrichs das Buch beschaffen?
- Hat eine Klage des Online-Verlages Aussicht auf Erfolg, wenn er einen Prozess vor dem Zivilgericht anstrengt?

Die Typisierung soll Ihnen helfen zu verstehen, dass Sie offene Fallfragen konkretisieren müssen. Bei der Konkretisierung müssen Sie alle Personen und alle Handlungsabschnitt einzeln berücksichtigen und später im Gutachten würdigen.

Offene und halboffene Fallfragen müssen Sie konkretisieren. Aus einer offenen Fallfrage können sich mehrere konkrete ergeben, die Sie dann alle bearbeiten müssen.
Die Aufgabenstellung steuert das Lesen, insbesondere das Erfassen des Sachverhalts unter rechtlichen Aspekten.

Weitere Online-Übungen (2.3) zu den Typen von Fallfragen

Praktische Tipps

- Bearbeiten Sie in einer Klausur nur die Aspekte, die mittels der Fallfrage auch wirklich verlangt sind. Für die Bearbeitung von rechtlichen Aspekten, die nicht verlangt sind, kann es Punktabzüge geben. Achten Sie auch auf die Bearbeitungshinweise.
- Da Sie jedes Wort der Aufgabenstellung verstehen müssen, sollten Sie sich beim Schreiben einer Hausarbeit darauf einstellen, Fachwörterbücher zu benutzen. In einer Klausur dürfen Sie i.d.R. kein Fachwörterbuch benutzen.

Bearbeitungshinweise

Die Dozent:innen fügen der Aufgabenstellung häufig weitere Hinweise hinzu, die Sie bei der Erstellung des Gutachtens berücksichtigen müssen. Diese Bearbeitungshinweise sind von Bedeutung für die Falllösung, da sie Anweisungen hinsichtlich der weiteren Fallbearbeitung enthalten. Sie schließen nämlich entweder rechtliche Aspekte aus, die nicht behandelt werden sollen, oder es werden bestimmte Aspekte als richtig unterstellt, die Sie dann ebenfalls nicht prüfen sollen.

Grundsätzliche Aufgabe der Bearbeitungshinweise

Im Zivilrecht geht es z.B. darum, dass erwähnte vertragliche Ansprüche (z.B. Kaufpreiszahlung) oder Schadensersatzansprüche nicht geprüft werden sollen.

Beispiele für Bearbeitungshinweise

- Ansprüche nach §§ 823 ff. BGB sind nicht zu prüfen.
- Auf die Durchsetzbarkeit der Ansprüche, insbesondere auf die §§ 273 und 320 BGB, ist nicht einzugehen.
- Auf alle aufgeworfenen Rechtsfragen ist – nötigenfalls in einem Hilfsgutachten – einzugehen.
- Eine Anfechtung wegen Eigenschaftsirrtums nach § 119 II BGB sowie kaufrechtliche Gewährleistungsansprüche (§§ 437 ff. BGB) sind nicht zu prüfen.

Aufgabe 2.7 Aufgabenstellungen und Bearbeitungshinweise formulieren

Formulieren Sie zu den folgenden Fällen offene und konkrete Fallfragen, die sich auf die dargestellten Sachverhalte beziehen. Fügen Sie auch mögliche Bearbeitungshinweise hinzu.

Fälle	Fallfragen	Bearbeitungs-hinweise
2.2 Kathrin kauft bei Benjamin einen mangelbehafteten Panasonic-Fernseher. Benjamin übergibt und übereignet den Fernseher an Kathrin. Kathrin bezahlt jedoch den Fernseher nicht.	offen: konkret:	
2.3 Thomas fährt mit seinem neuen Porsche die Pappelallee entlang und überschreitet die zulässige Höchstgeschwindigkeit um 30 km/h. In demselben Augenblick kommt aus der Vorfahrtsstraße ein BMW gefahren. Thomas kann nicht rechtzeitig bremsen und fährt in den BMW.		
2.4 Michael hat Stefan einen Ferrari geliehen. Während eines Ausflugs mit seiner Freundin Sabine fährt Stefan gegen einen Baum.		
2.5 Anton hat Bertram eine Rechnung für eine lange zurückliegende Leistung aus einem Darlehensvertrag geschickt. Bertram will nicht zahlen. Er beruft sich darauf, der Anspruch von Anton sei verjährt.		

Siehe Anhang 2.4

2.5 Dritte Lesephase: Das Erfassen des Sachverhalts unter rechtlichen Aspekten

Diese Untereinheit dient dazu, Ihnen einige methodische Hinweise beim Verrechtlichen der Sachverhaltsangaben zu geben.

In den bisherigen beiden Lesephasen ging es darum, zunächst den Sachverhalt ohne seine rechtlichen Aspekte und anschließend den Prüfauftrag mit evtl. vorhandenen Bearbeitungshinweisen zu verstehen. In der 3. Lesephase machen Sie sich Gedanken über die rechtliche Bedeutung des Sachverhalts.

Um in einem Fall die rechtliche Bedeutung von Sachinformationen erkennen zu können, brauchen Sie juristisches Grundwissen.

Methodische Schritte zum Verrechtlichen der Sachverhaltsangaben

Wenn Sie den Fall 1.1 nun ein weiteres Mal lesen, kommt es darauf an, die rechtlich relevanten Informationen zu erfassen. Dies erreichen Sie in einem mehrschrittigen Arbeitsprozess.

1 1. Schritt: Unterstreichen

Aufgabe 2.8 Rechtlich relevante Informationen unterstreichen

Entscheiden Sie sich für eine Aufgabenstellung zu dem Fall 1.1 im Anhang 1.2. Lesen Sie den Fall und unterstreichen Sie die Informationen, die hinsichtlich der Fallfrage, die Sie ausgewählt haben, rechtlich relevant sind. Je nach Prüfauftrag unterstreichen Sie andere Textteile.

Praktische Tipps

- Unklarheiten können Sie mit einem Fragezeichen versehen und bei erneutem Lesen berücksichtigen.
- Es ist erlaubt, sich am Rande der Klausur Paragraphen oder Fachbegriffe zu notieren.
- Achten Sie auf sprachliche Hilfestellungen für das Erkennen der rechtlichen Relevanz.

2 2. Schritt: Normbezug herstellen

Aufgabe 2.9 Normbezug herstellen

Schreiben Sie an den Rand des Falles 1.1 zu den rechtlich relevanten Sachinformationen die einschlägigen Rechtsnormen, falls Sie diese kennen.[1]

Siehe Anhang 2.5

3 3. Schritt: Notizzettel anlegen

Gedanken, die Ihnen während dieser 3. Lesephase durch den Kopf schießen, können schnell wieder verloren gehen. Es ist deshalb sinnvoll, sich diese Gedanken sofort zu notieren.

1 Die Normensuche wird in Einheit 3 dargestellt und geübt.

Aufgabe 2.10 Notizzettel anlegen

Schreiben Sie alle juristischen Gesichtspunkte, die Ihnen auffallen, auf einen Merkzettel. Unklarheiten können Sie mit einem Fragezeichen versehen und bei erneutem Lesen berücksichtigen.

Siehe Anhang 2.6

4 4. Schritt: Mögliche Fehlerquellen ausschließen

Überlegen Sie, ob Sie falsche Annahmen gemacht haben. Es ist etwa falsch, für den Fall 1.1 anzunehmen, dass mit dem Verschicken der Bestellkarte ein Angebot abgegeben wurde.

Eine sogenannte Sachverhaltsquetsche müssen Sie vermeiden. Sie läge z. B. vor, wenn Sie in Fall 1.1 davon ausgehen würden, dass die Freundin von Eike Hinrichs eine Vollmacht hatte bzw. dass sie häufig die Briefe zur Post bringt.

5 5. Schritt: Die Personenskizze verrechtlichen

In Einheit 2.2 hatten Sie eine Personenskizze angefertigt, die Ihnen helfen sollte, den Sachverhalt zu erfassen. Wollen Sie nun die rechtliche Relevanz der Sachverhaltsinformationen ermitteln, bietet es sich an, zu den Personenbeziehungen die Rechtsverhältnisse anzugeben und die relevanten Normen einzutragen.

Fiktives Beispiel für eine Verlaufs-Zeichnung:
(P = Person, ⟶ = Verlauf der Handlung)

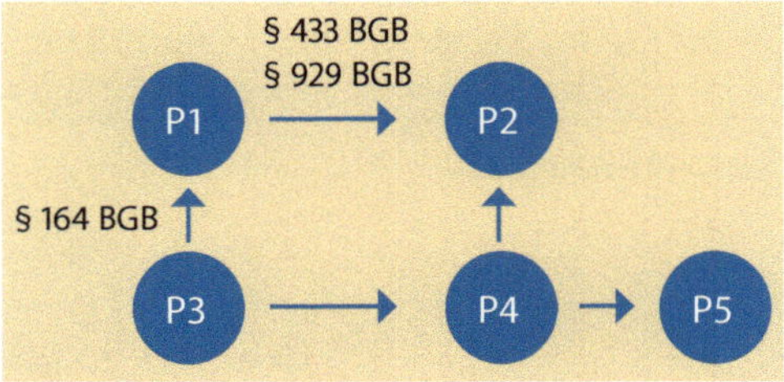

6 6. Schritt: Das Vorbringen der Beteiligten überprüfen

Haben die Beteiligten etwas vorgebracht, sollte überprüft werden, ob deren Aussagen rechtlich stimmen. Ein Laie verwendet z. B. das Wort *Leihe*, wenn er im Urlaub einen Wagen in Anspruch nimmt („Leihwagen"), obwohl es sich im rechtlichen Sinne um eine Miete handelt.

Das Erfassen rechtlicher Aspekte des Sachverhalts üben

Am folgenden Fall 2.6 können Sie üben, rechtlich relevante Angaben im Sachverhalt zu finden und einen Normbezug herzustellen. Diese Übung erfolgt zunächst unabhängig von einer konkreten Fallfrage. Um die Fragen beantworten zu können, brauchen Sie juristisches Grundwissen.

Aufgabe 2.11 Rechtliche Aspekte des Sachverhalts erfassen

Lesen Sie den folgenden Fall entsprechend den Lesephasen. Beantworten Sie anschließend folgende Fragen:

a) Welche Sachverhaltsangaben sind für die rechtliche Bewertung des Falles relevant? Welche Informationen sind nicht erheblich? Unterstreichen Sie die erheblichen und unerheblichen Stellen im Text mit unterschiedlichen Farben.
b) Welche konkreten Normen könnten im Fall einschlägig sein?

Fall 2.6

Der Busfahrer Otto Ölig (O) fährt mit seinem Bus in Richtung Hammerstraße. Während der Fahrt sieht er seine Freundin Ulrike Huber (H), winkt ihr aus dem Fenster zu und gratuliert ihr zum Geburtstag. Im selben Moment übersieht O aus Unaufmerksamkeit, dass die Ampel auf Rot gesprungen ist und fährt über die rote Ampel. Im selben Augenblick wird O von einem Blitzgerät erfasst. Vor Schreck reißt er das Lenkrad herum und erwischt dabei die Radfahrerin Franziska Richter (R), die gerade die Straße überqueren wollte. Bei dieser Kollision stürzt R hin und bricht sich den Arm und beide Beine. Das Fahrrad wird komplett beschädigt und auch ihre teure Brille von „Ray Ban".

Siehe Anhang 2.7

Überblick zur dritten Lesephase
Leseziel: Den Sachverhalt unter rechtlichen Aspekten erfassen

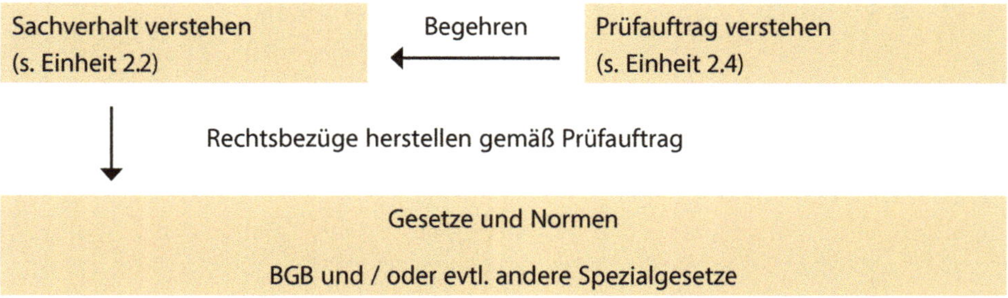

Übersicht über das Verrechtlichen der Sachverhaltsangaben

Rechtliche Relevanz verstehen (Decodierung)
- evtl. relevante Hinweise beachten:
  - Datumsangaben
  - Altersangaben
  - Willenserklärungen
  - § 133 BGB?
  - § 157 BGB? (bei Verträgen)
- Sachverhaltsangaben Rechtsnormen zuordnen
- dabei den Prüfauftrag beachten
- Sachverhaltsangaben, die rechtlich unklar sind, mit Fragezeichen versehen
- Randnotizen zu Rechtsbezügen machen

Methodische Hinweise
- Randnotizen machen
- rechtlich bedeutsame Sachverhaltsangaben unterstreichen
- Notizzettel anlegen

2.6 Schreibübung zur Entwicklung eines Falles

Im Folgenden werden Sie angeleitet, selbst einen Sachverhalt zu entwickeln. Die Schreibübung umfasst sieben Teilaufgaben, die Sie in einer Gruppe von mindestens vier Personen bearbeiten sollen. Die Schreibübung dient dazu, den Entstehungsprozess eines Falles aus der Sicht von Dozierenden kennenzulernen. Sie sollen dadurch ein Gespür dafür entwickeln, mit welcher juristischen Intention ein Fall geschrieben wird und wie Sie die rechtlichen Aspekte eines Falles aufspüren können.

Aufgabe 2.12 Einen Sachverhalt entwickeln

Bilden Sie zunächst Gruppen von mindestens vier Personen. Führen Sie die Schreibaufgabe digital aus.

1 Fall schreiben

Schauen Sie sich die folgende Bildergeschichte an und schreiben Sie zu den ersten vier (!) Bildern einen Fall mit einem passenden Anspruchsziel (Herausgabeanspruch, Anspruch auf Kaufpreiszahlung, Schadensersatz aus Eigentümer-Besitzer-Verhältnis). Bilden Sie ca. zwei Sätze pro Bild.

2 Fall erweitern

Schicken Sie den Fall, den Sie geschrieben haben, Ihrem rechten Nachbarn/Ihrer rechten Nachbarin. Von Ihrem linken Nachbarn/Ihrer linken Nachbarin erhalten Sie dessen/deren Fall. Fügen Sie in den Fall, den Sie erhalten, möglichst viele Informationen ein, die keine rechtliche Bedeutung haben.

3 Fall erweitern

Den Fall, den Sie in Schritt 2 erweitert haben, schicken Sie an Ihren rechten Nachbarn/Ihre rechte Nachbarin weiter. In den Fall, den Sie bekommen, fügen Sie rechtlich relevante Informationen ein. Sie können die Haupthandlung erweitern, eine zweite Handlung einfügen, neue Personen hinzufügen usw. Als Hilfe dient Ihnen das fünfte Bild.

4 Informationen streichen

Versenden Sie nun den Fall, den Sie in Schritt 3 erweitert haben, an Ihren rechten Nachbarn/Ihre rechte Nachbarin. In dem Fall, den Sie bekommen haben, streichen Sie alle Informationen durch, die für die juristische Fallbearbeitung keine Bedeutung haben. Die Informationen sollen nicht gelöscht werden, sondern sichtbar bleiben.

5	**Informationen markieren**	Schicken Sie Ihren Fall an Ihren rechten Nachbarn/Ihre rechte Nachbarin. Markieren Sie in dem Fall, den Sie erhalten, alle rechtlich bedeutsamen Informationen.
6	**Allgemeine Fallfrage formulieren**	Formulieren Sie zu dem Fall, den Sie aus Schritt 5 haben, eine allgemeine Fallfrage, nach der man alle rechtlichen Probleme des Falles bearbeiten muss.
	Konkrete Fallfragen formulieren	Formulieren Sie zu dem gleichen Fall für jedes rechtliche Problem eine eigene Fallfrage, so dass Sie mehrere Fallfragen erhalten.
7	**Erwartungshaltung besprechen**	Besprechen Sie in Ihrer Gruppe einen der Fälle, den Sie vorliegen haben. Überlegen Sie gemeinsam, was ein Dozent/eine Dozentin bei den jeweiligen Fallfragen von Ihnen erwartet.

Wiederholungsfragen

Beantworten Sie folgende Fragen:

a) Welche Leseziele kann man bei der Fallbearbeitung voneinander unterscheiden?
b) In welchen Schritten sollte man den Sachverhalt erfassen?
c) Welche Funktion hat der Konjunktiv I in der Darstellung eines Sachverhalts?
d) Welche Fragetypen kann man voneinander unterscheiden und welche Konsequenzen lassen sich aus diesen Typen für die Fallbearbeitung ableiten?
e) Welche Funktion hat ein Bearbeitungshinweis?
f) Wie gehen Sie bei der 3. Lesephase vor?

Siehe Anhang 2.8

Vertiefungshinweise

Einmahl, M. (2011, S. 55–58): *Juristische Methodik.*

Lange, B. (2015, S. 246–258): *Jurastudium erfolgreich: Planung, Lernstrategie, Zeitmanagement.*

Pense, U. & Lüdde, J. S. (2022, S. 4–25): *Methodik der Fallbearbeitung im Studium und Examen. Wie schreibe ich eine Klausur?*

Reimer, F. (2012, S. 623–629): Juristische Texte lesen – Hilfestellungen aus öffentlich-rechtlicher Sicht. In: *Zeitschrift für das Juristische Studium* 5/2012.

Anhang 2: Das Lesen von Sachverhalten, Fallfragen und Bearbeitungshinweisen

Anhang 2.1	zu Aufgabe 2.2

Lösungsvorschlag am Beispiel von Fall 1.1:

Die mögliche Gliederung:
Zeilen 1–4 / 4–7 / 7–9 / 10–14 / 14–15 / 15–16 / 16–17 / 17–18

Die mögliche Personenskizze:

Eike Hinrichs	←——→	Online-Verlag
Miriam Grabolle	Post ——→	Bestellkarte
Eike Hinrichs	←——→	Buchladen

Die Pfeile symbolisieren hier einen Vertragsschluss, so dass die Parteien Ansprüche gegeneinander haben.

Zeitlicher Ablauf (Zeitstrahl)

- Eike Hinrichs plant Kauf eines Online-Wörterbuchs
  Bestellkarte des Online-Verlages ausgefüllt und frankiert
- Freundin bringt Bestellkarte zur Post. Eike Hinrichs bemerkt dies nicht.
- Eike Hinrichs will anderes Rechtswörterbuch kaufen. Bestellung in einer Fachbuchhandlung. Versprechen der Buchhandlung, das Buch nächste Woche zu liefern.
- Anfang folgender Woche: Beschwerde, dass das Buch noch nicht eingetroffen sei.
- einen Tag später: Online-Wörterbuch trifft ein
- Eike Hinrichs will Recht auf Widerruf gegen Online-Verlag wahrnehmen und verlangt vom Buchladen die Lieferung des bestellten Buches.
- Online-Verlag besteht auf Grundsatz: Pacta sund servanda.

Anhang 2.2	zu Aufgabe 2.5

Offene Fallfrage

Beispiele: Wie ist die Rechtslage?

Erläuterung: Bei dieser Frage ist weder das Verhältnis der Personen untereinander geklärt, noch wird nach einem konkreten Anspruchsziel gefragt.

Konsequenz: Sie müssen alle in Frage kommenden Personenverhältnisse (wer will was von wem woraus?) bedenken und für jedes Personenverhältnis alle in Frage kommenden Anspruchsziele (wer will was von wem woraus) untersuchen, deren rechtliche Klärung nach der Interessenlage sinnvoll erscheint. Als Hilfe bieten sich dabei die Personenskizze wie auch der Zeitstrahl an. Beides hilft Ihnen, einen Überblick zu gewinnen und zu jeder Rechtsbeziehung und zu jedem Anspruch eine konkrete Fallfrage zu formulieren.

Halboffene Fallfrage

Beispiele: Welchen Anspruch hat Anne Krischka gegen Thomas Conrady?

Erläuterung: Bei dieser Frage ist zwar das Personenverhältnis klar, es wird jedoch nicht nach einem konkreten Anspruch gefragt. Derartige Fallfragen bezeichnet man deshalb als halboffen. Das Gleiche gilt u. a. für Fragen nach einem Gegenrecht (das kein Anspruch ist).

Konsequenz: Sie müssen die halboffene Fallfrage konkretisieren und sich dabei am Sachverhalt orientieren.

Konkrete Fallfragen

Beispiele: Hat A gegen T einen Anspruch auf Kaufpreiszahlung?

Erläuterung: Bei dieser Frage sind das Personenverhältnis und das zu prüfende Anspruchsziel klar.

Konsequenz: Es sind nur die Aspekte zu klären, die konkret in der Fallfrage angesprochen sind.

Anhang 2.3 zu Aufgabe 2.6

Bei unterschiedlichen Typen von Fallfragen muss der Sachverhalt hinsichtlich der rechtlichen Relevanz unterschiedlich gelesen werden. Im Folgenden drei Beispiele, wie Sie mit den Fragestellungen umgehen müssen:

Die ersten drei Fragen stellen materiell-rechtliche Fragen dar.

1. Frage: offen. Sie müssen die Fragestellung bezogen auf die Personen und die Sachverhaltskomplexe konkretisieren. Der Prüfer erwartet eine umfassende Prüfung der in Betracht kommenden Ansprüche.

2./3. Frage: konkret. Sie sollen nur die konkret genannten Ansprüche prüfen. Bei der ersten Frage ist nur nach den Ansprüchen des Online-Verlags gefragt, daher konzentriert sich der Lesefokus nur auf diese Frage. Irrelevant ist z. B. ein Anspruch von Eike Hinrichs gegen den Online-Verlag. Dagegen konzentrieren Sie sich bei der zweiten Frage auf die Ansprüche von Eike Hinrichs gegen den Buchladen. Hier ist es irrelevant, welche Ansprüche der Buchladen gegen Eike Hinrichs hat.

Anhang 2.4 zu Aufgabe 2.7

Fälle	Fallfragen	Bearbeitungshinweise
2.2 Kathrin kauft bei Benjamin …	Konkret: Hat Benjamin gegen Kathrin einen Anspruch auf Kaufpreiszahlung? Offen: Zu Recht?	Mängelansprüche nach §§ 437 ff. BGB sind nicht zu prüfen.
2.3 Thomas fährt mit …	Konkret: Hat der BMW-Fahrer gegen Thomas einen Anspruch auf Schadensersatz? Offen: Wie ist die Rechtslage?	Ein Schadensersatzanspruch nach §§ 823 II BGB, 18 StVG ist nicht zu prüfen. Ein Mitverschulden nach § 254 BGB ist nicht zu prüfen.
2.4 Michael hat Stefan …	Konkret: Hat Michael gegen Stefan einen Anspruch auf Schadensersatz aus § 823 I BGB? Offen: wie ist die Rechtslage?	Ansprüche nach §§ 989, 990 BGB sind nicht zu prüfen.
2.5 Anton hat Bertram …	Konkret: Hat Anton gegen Bertram einen Anspruch auf Rückzahlung des Darlehens? Offen: Zu Recht?	Es ist zu unterstellen, dass der Anspruch von Anton noch nicht verjährt ist.

Anhang 2.5 zu Aufgabe 2.9

Der Jura-Student Eike Hinrichs will ein Online-Rechtswörterbuch kaufen, weil seine juristischen Seminare an der Universität Bielefeld zunehmend online durchgeführt werden. Dieses ist auch preiswerter als die Print-Version. Das ist wichtig, denn sein Vater Tom Hinrichs verdient gerade wenig und hat Eike deshalb weniger Geld als üblich überwiesen. Aber Eike zögert. Er hat zwar schon eine Bestellkarte des Verlages ausgefüllt, aber er überlegt sich, zuvor in einer Fachbuchhandlung einen Blick in die bekannten anderen Rechtswörterbücher zu werfen, um eventuell Geld zu sparen. Nachdem er die Wohnung verlassen hat, bringt seine Freundin Miriam	§ 433 I BGB
Grabolle die bereits frankierte und auf Eikes Schreibtisch liegende Bestellkarte zur Post, um Eike zu entlasten, der in zwei Tagen eine Klausur schreiben muss und deshalb sehr beschäftigt ist. Eike entschließt sich aber nach seinem Besuch in der Fachbuchhandlung, ein Print-Rechtswörterbuch zu erwerben. Im Schaufenster sieht er einen Werbeflyer eines Rechtswörter-	Abgabe?
buchs *Jura für Schlaue*, das er daraufhin bestellt und im Voraus bezahlt. Die	Invitatio ad off.?
Fachbuchhandlung verspricht, das Wörterbuch in der folgenden Woche zu liefern. Das Verschwinden der Bestellkarte hat er gar nicht bemerkt. Anfang der darauffolgenden Woche beschwert sich Eike bei der Fachbuchhandlung, dass das Rechtswörterbuch noch nicht eingetroffen sei. Einen Tag später wird das Online-Rechtswörterbuch bereitgestellt. Er schreibt daraufhin dem Online-Verlag, dass er sein Recht auf Widerruf in Anspruch	§ 433 I, II BGB
nehme. Der Buchhandlung teilt er mit, dass er an dem Vertrag festhalte und das bestellte Buch erhalten möchte. Der Online-Verlag besteht aber auf dem Grundsatz „Pacta sunt servanda". Wie ist die Rechtslage?	Anfechtung?

Anhang 2.6 zu Aufgabe 2.10

Beispielmerkzettel mit Schlagwörtern, die im Gutachten verwendet werden sollten:
Merkzettel zu Fall 1.1:

- Stellvertretung? Willenserklärung? §§ 164 ff., §§ 104 ff., 145 ff. BGB?
- zwei Fälle: Online-Verlag gegen Eike Hinrichs/Eike Hinrichs gegen Buchladen
- Ausstellen der Ware im Schaufenster = invitatio ad offerendum? = Aufforderung zur Abgabe eines Angebots?
- Widerrufsrecht?
- Lagen Kaufverträge vor?

Anhang 2.7 zu Aufgabe 2.11

Zu Frage a)

Unwichtige Sachverhaltsinformationen:
- Busfahrer
- fährt Richtung Hammerstraße
- sieht seine Freundin Ulrike Huber
- gratuliert ihr zum Geburtstag
- Marke der Brille (allenfalls für Schadenshöhe von Bedeutung)

Wichtige Sachverhaltsinformationen:
- Fahrt mit einem Bus
- erschrickt sich über den Blitzer
- übersieht die rote Ampel
- Radfahrerin wird umgefahren
- bricht sich den Arm und beide Beine
- Fahrrad und Brille werden beschädigt

Zu Frage b)
Zivilrecht:
- § 823 I BGB hinsichtlich der Körperverletzung und der Sachbeschädigung
- § 823 II i.V.m. § 229 StGB (fahrlässige Körperverletzung als Schutzgesetz)
- § 7 I Straßenverkehrsgesetz (StVG), § 18 I StVG
- Mögliche Rechtsfolgen: Schadensersatz (§§ 249ff. BGB; Naturalrestitution) hinsichtlich Eigentumsverletzung und Heilungskosten sowie Schmerzensgeld bezüglich immaterieller Schäden (§ 253 II BGB)

Strafrecht:
- Körperverletzung: möglicherweise § 229 StGB (fahrlässige Körperverletzung)
- Straßenverkehrsdelikte: möglicherweise §§ 315b, 315c StGB (gefährliche Eingriffe in den Straßenverkehr, Gefährdung des Straßenverkehrs)
- Beschädigung des Fahrrads und der Brille: keine Strafbarkeit gemäß § 303 StGB (Sachbeschädigung). G hat keinen Vorsatz, fahrlässige Sachbeschädigung ist nicht strafbar!

Anhang 2.8 Lösungen zu den Wiederholungsfragen

Zu a) Die Leseziele bestehen darin, den Sachverhalt, die Fallfrage und evtl. die Bearbeitungshinweise zu verstehen. Weiterhin soll der Bezug des dargestellten Sachverhalts zu den Rechtsnormen verstanden werden.

Zu b) Man sollte den Sachverhalt in folgenden Schritten erfassen:
- Grobverständnis des Sachverhalts erwerben (erstes Lesen),
- Detailverständnis des Sachverhalts aneignen, dazu eine Personenskizze und einen Zeitstrahl anfertigen (zweites Lesen)

Zu c) Der Konjunktiv I dient dazu, in der indirekten Rede auf das Vorbringen von Beteiligten hinzuweisen.

Zu d) Man kann folgende Fragetypen voneinander unterscheiden:

- Die offene (abstrakte) und halboffenen Fallfrage: Frage nach der Rechtslage
- Die konkrete Fallfrage: Frage nach einem genau bezeichneten Anspruch eines/einer Beteiligten gegen einen anderen/eine andere.

Konsequenzen für die Fallbearbeitung:

- Bei der offenen (abstrakten) Fallfrage muss man die Frage konkretisieren und die in Betracht kommenden Rechtsbegehren prüfen.
- Eine halboffene Frage muss man ebenfalls konkretisieren und die in Betracht kommenden Rechtsbegehren prüfen.
- Bei der konkreten Fallfrage prüft man den konkreten Anspruch, den eine Partei gegen eine andere hat.

Zu e) Die Bearbeitungshinweise sollen den Fallbearbeiter/die Fallbearbeiterin davor bewahren, nicht gefragte Aspekte des Rechtsfalls zu prüfen. Durch den Bearbeitungshinweis wird also der Prüfauftrag eingeschränkt. Zum Beispiel kann der Bearbeitungshinweis lauten, dass bestimmte Ansprüche außer Acht gelassen werden sollen. Möglich ist aber auch der Hinweis, dass nur eine frühere Gesetzesfassung der Fallbearbeitung zugrunde gelegt werden soll. Die Bearbeitungshinweise können somit für die Fallbearbeitung von entscheidender Bedeutung sein.

Zu f) Bei der 3. Lesephase geht es um das Erfassen des Sachverhalts unter rechtlichen Aspekten. Dabei werden rechtlich relevante Informationen im Sachverhalt aufgespürt und ein Normbezug hergestellt. Anschließend sollte man mögliche Fehlerquellen ausschließen, die Personenskizze verrechtlichen und das Vorbringen der Beteiligten prüfen.

Methodisch kann man dabei so vorgehen, dass man beim Lesen zunächst die relevanten Informationen unterstreicht und die potenziellen Normen an den Rand des Sachverhalts schreibt. Sie können dann einen Notizzettel anlegen, damit die Gedanken, die Ihnen während des wiederholten Lesens durch den Kopf gehen, nicht verloren gehen.

3. Suchen von Rechtsnormen

Übersicht

A Sachverhalt erschließen, Fallfrage verstehen, Rechtsnormen suchen	**Einheit 1** Einführung in die Fallbearbeitung	**Einheit 2** Lesen von Sachverhalten, Fallfragen und Bearbeitungshinweisen	**Einheit 3** Suchen von Rechtsnormen	
B Hintergrundwissen aneignen	**Einheit 4** Normarten	**Einheit 5** Prüfungsreihenfolge und Prüfungsaufbau	**Einheit 6** Zitieren	
C Gutachten schreiben	**Einheit 7** Struktur eines Gutachtens	**Einheit 8** Obersätze bilden	**Einheit 9** Voraussetzungen formulieren und definieren	
	Einheit 10 Subsumieren	**Einheit 11** Ergebnisse formulieren	**Einheit 12** Lösungsskizzen entwerfen	**Einheit 13** Auslegungsmethoden

Irgendwo muss es doch eine Norm dazu geben!

In dieser Einheit erarbeiten Sie sich ...

... fachlich
- juristisches Vorwissen, das Sie für das Schreiben eines Gutachtens brauchen,
- bei offenen Fallfragen, wie Sie konkrete Rechtsbegehren oder Straftatbestände entwickeln können.

... hinsichtlich Methodik und Lernstrategien,
- wie man bei (halb-)offenen Fallfragen zunächst Rechtsbegehren und anschließend die entsprechenden Anspruchsgrundlagen ermittelt,
- wie man systematisch nach Normen sucht.

... sprachlich,
- welche Lesestrategien Sie bei der Suche nach Normen anwenden können,
- Ihren Fachwortschatz zur Bezeichnung von Rechtsbegehren zu erweitern.

Nachdem Sie den Sachverhalt und die Aufgabenstellung verstanden haben, geht es im nächsten Schritt darum, die Normen zu suchen, die für die Lösung des Falles von Bedeutung sind.

Im Folgenden wird ein mögliches methodisches Vorgehen dargestellt, mit dessen Hilfe Sie, ausgehend von der Fallfrage, diese Normen suchen und finden können.

3.1 Der Prozess der Normensuche (Suchlesen)

Um Normen effizient suchen zu können, ist es zunächst notwendig, dass Sie Rechtsbegehren in den Fällen erkennen. In konkreten Fallfragen ist das Anspruchsziel genannt, in (halb-)offenen Fallfragen müssen Sie die Anspruchsziele entwickeln. In Fall 2.1 etwa lautet die Fallfrage: *Wie ist die Rechtslage?* Daraus entwickeln Sie eine oder mehrere konkrete Fallfrage(n) und suchen im BGB nach der entsprechenden Anspruchsgrundlage.

Prozess der Normensuche zu Fall 2.1

1	2	3	4	5
Sachverhalt →	Konkrete Fallfrage: Hat G gegen H einen *Anspruch auf Kaufpreiszahlung?* →	bei (halb-)offenen Fallfragen: Rechts- bzw. Anspruchsbegehren ermitteln (Fachbegriff!): *Anspruch auf Kaufpreiszahlung* →	Gesetz ermitteln: *i.d.R.: BGB* →	Anspruchsgrundlage im Gesetz suchen: *§ 433 II BGB*

Sprachübungen

Aufgabe 3.1 Fachwortschatz erweitern

Erstellen Sie eine Liste mit unterschiedlichen Anspruchsbegehren.

Online-Materialien (3.1)
Hier finden Sie eine Übersicht zu möglichen Anspruchsbegehren.

Aufgabe 3.2 Minifall schreiben

Schreiben Sie zu drei Rechtsbegehren jeweils einen kurzen Sachverhalt (Fall), aus dem sich dieses Begehren ergibt. Schreiben Sie dazu eine konkrete Fallfrage.

Randnotizen machen/Notizzettel anfertigen

Beim Durchlesen des Falles 1.1 sowie der Fallfrage haben Sie mit Hilfe Ihrer juristischen Kenntnisse evtl. schon relevante Gesetze/Normen auf einen Notizzettel oder an den Rand des Falles geschrieben. Sie sollten aber noch einmal systematisch nach passenden Normen suchen und sie auf ihre Brauchbarkeit prüfen. Dafür

- nutzen Sie das eigene Vorwissen,
- suchen im Gesetz mit Hilfe des Inhalts- und des Stichwortverzeichnisses und
- beachten Hinweise im Sachverhalt.

Lesephasen und Normensuche

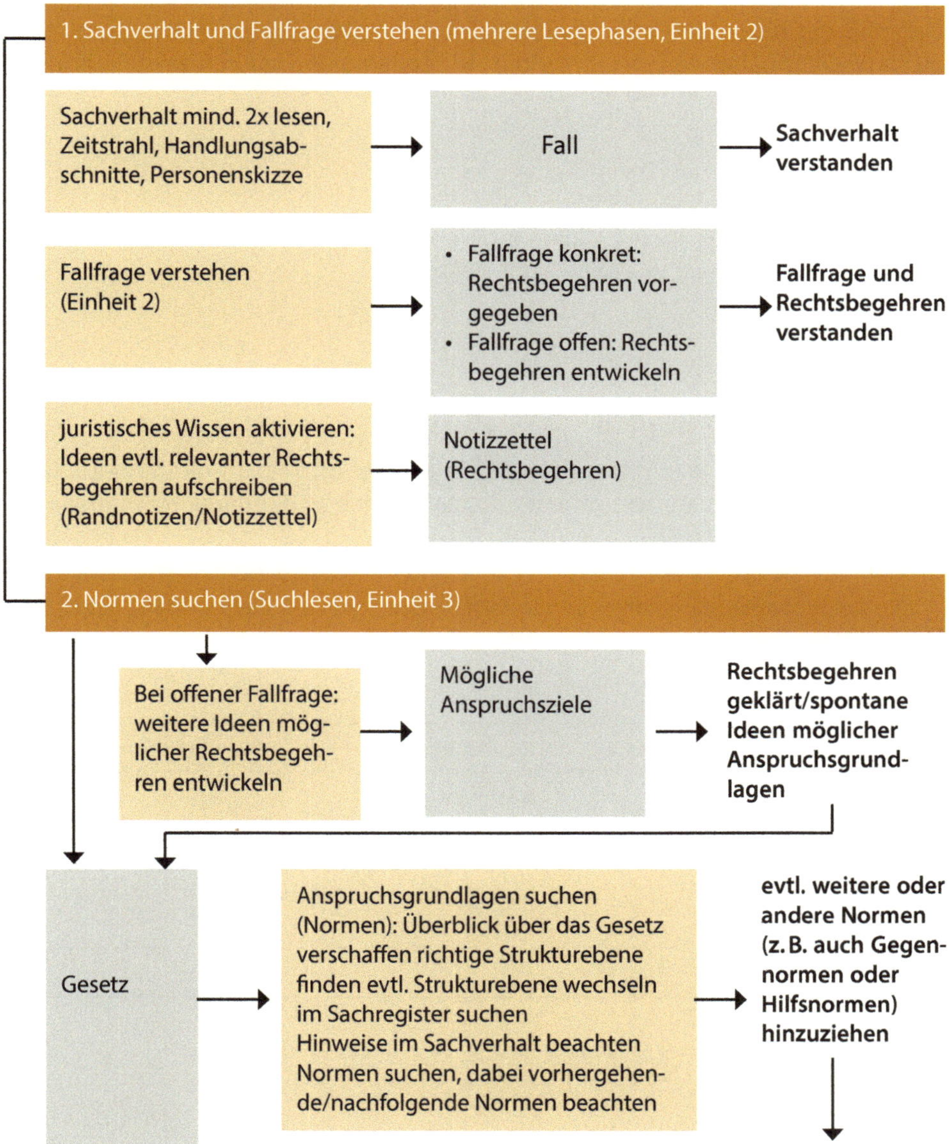

Aufgabe 3.3 **Aus dem Sachverhalt Hinweise entnehmen**

Fall 1.1 enthält den Satz: „Eike Hinrichs weiß nicht, dass Miriam Grabolle die Bestellkarte zur Post bringt." Welche Schlussfolgerung können Sie aus diesem Satz für Ihre gutachterliche Bearbeitung ziehen?

Siehe Anhang 3.1

Die Struktur eines Gesetzes nutzen

Das BGB hat eine klare Struktur. Diesen klaren Aufbau des Gesetzes, der sich im Inhaltsverzeichnis widerspiegelt, sollten Sie kennen und dazu nutzen, eine Norm in dem Gesetz zu finden.

Aufgabe 3.4 Sich einen Überblick über die Struktur des BGB verschaffen

Verschaffen Sie sich zunächst einen Überblick über die Struktur des BGB, indem Sie eine Skizze zum Aufbau des Gesetzes erstellen.

Siehe Anhang 3.2

Aufgabe 3.5 Rechtsbegriffe der Struktur des BGB zuordnen

a) Markieren Sie in der Übersicht, die Sie angefertigt haben, die Strukturebene im BGB, auf der Sie etwas über die Rechtsbegriffe in der folgenden Tabelle finden.
b) Nehmen Sie anschließend das BGB zur Hand und tragen Sie die entsprechenden Normen zu den Stichworten in die Tabelle ein. Schauen Sie im Inhaltsverzeichnis des BGB nach, wenn Sie bei der Suche nicht weiterkommen.

Rechtsbegriffe	Normen	Rechtsbegriffe	Normen
Geschäftsfähigkeit		Mietrecht	
Dienstvertrag		Pflichtverletzung bei Verträgen	
Rechtsfähigkeit natürlicher Personen		Unmöglichkeit der Leistung	
Kaufvertrag			

Siehe Anhang 3.3

Aufgabe 3.6 Normen zu rechtlichen Fragen im BGB suchen

Suchen Sie im BGB die Normen, die Sie zur Beantwortung der folgenden Fragen benötigen.

Fragen	§ des BGB
Ist eine Person Eigentümer einer Sache geworden?	
In welchem Fall tritt die gesetzliche Erbfolge ein?	
Welche Pflichten entstehen dem Käufer aus dem Kaufvertrag?	
Wann sind im Kaufrecht die Mängelansprüche verjährt?	
Unter welchen Voraussetzungen muss sich der Vertretene die Erklärung seines Vertreters zurechnen lassen?	
Wo ist die Wirkung der Anfechtung geregelt?	
Wo ist die Minderjährigkeit geregelt?	

Siehe Anhang 3.4

Aufgabe 3.7 Normen anhand eines Falles suchen

Suchen Sie mit Hilfe Ihrer Strukturskizze zum BGB systematisch die relevanten Normen zu dem folgenden Fall und dessen Fallfrage.

Fall 3.1

Maria Hewing hat die Katze ihrer Nachbarin Sofia Kunze vergiftet, weil sie in der Nacht immer miaut. Hat Sofia Kunze Anspruch auf Schadensersatz?

Normen bei offenen Fallfragen suchen

Bei offenen Fallfragen ist das Rechtsbegehren nicht geklärt. Sie müssen deshalb eine offene Fallfrage konkretisieren. Dadurch kommen Sie zu konkreten Rechtsbegehren, die auf bestimmte Personen bezogen sind.

Aufgabe 3.8 Offene Fallfragen konkretisieren und relevante Normen finden

- Konkretisieren Sie die offene Fallfrage des folgenden Falles.
- Suchen Sie im BGB die Normen, die das Rechtsbegehren der Anspruchsteller regeln.

Fall 3.2

Der Landwirt Peter Goerke (G) leiht seinem Schwager Conny Kafka (K), der ebenfalls Bauer ist, am 12.08. während der Erntezeit für drei Tage seinen Mähdrescher. Als das Getreide von G auch reif wird und er seinen Mähdrescher selbst braucht, gibt K den Mähdrescher trotz einer Mahnung am 15.08. nicht an G zurück. G muss sich daraufhin einen Mähdrescher mieten und zahlt dafür 3000,00 €. G verlangt die 3000,00 € von K zurück.
Wie ist die Rechtslage?

Siehe Anhang 3.5

Das Suchlesen üben

In den vorangegangenen Übungen haben Sie den Prozess der Normensuche kennengelernt. Im letzten Schritt dieses Prozesses haben Sie geübt, sich in Gesetzeswerken zu orientieren und zu Anspruchszielen die betreffenden Anspruchsgrundlagen zu finden.

Komplexer wird die folgende Aufgabe 3.9, bei der Sie Ihre methodischen Fähigkeiten anhand von Fällen üben sollen.

Aufgabe 3.9 Fallfrage, Rechtsbegehren und Normen den Fällen zuordnen

a) Ordnen Sie in der folgenden Tabelle die Fälle, die Fallfragen und die Anspruchsziele einander zu.
   Beispiel: F 3.5 / FF5 / A3
b) Suchen und notieren Sie anschließend die entsprechenden Anspruchsgrundlagen, Straftatbestände und Ermächtigungsgrundlagen.
   Beispiel: F 3.3 / FF5 / A3 / § 985 BGB

Fälle (F)	**Fallfragen (FF)**	**Anspruchsziele (A)**	**Normen**
F 3.3 A sieht, wie an der Garderobe des Theaters sein Jacket dem B gegeben wird. A will sein Jacket zurückbekommen.	**FF1** Hat B gegen A einen Anspruch auf Erstattung der Kosten?	**A1** Erfüllung eines vertraglichen Versprechens	
F 3.4 A hat B einen Bilderrahmen abgekauft. Obwohl A ihn bereits bezahlt hat, gibt B ihm den Bilderrahmen nicht, weil er A plötzlich unsympathisch findet.	**FF2** Kann A von B Rückübereignung verlangen?	**A2** Herausgabe einer Sache	
F 3.5 A hat mit seinem Auto den Skateboardfahrer B übersehen und angefahren. B wurde dabei derart verletzt, dass er sich von einem Therapeuten den Rücken einrenken lassen musste. Die entstandenen Kosten möchte B von A erstattet bekommen.	**FF3** Kann B von A die Gewährung des Gebrauchs der Mietwohnung verlangen?	**A3** Herausgabe einer Sache	
F 3.6 A ist bewegungsfaul und bittet die Nachbarin B aus dem 3. Stock, einen Brief für ihn zur Post zu bringen. Er verspricht ihr dafür den Mindestlohn von aktuell 12,41 € pro Stunde. Als sie wieder zurückkommt, verlangt sie für den zeitlichen Aufwand von anderthalb Stunden 18,61 €.	**FF4** Hat A gegen B einen Anspruch auf Übergabe und Übereignung?	**A4** Erfüllung eines vertraglichen Versprechens	
F 3.7 B schreit in ihrem gemieteten Zimmer, weil sie sich von inneren Zwängen befreien möchte. Der Vermieter A verwehrt B daraufhin den Zugang zur Mietwohnung. B verlangt für die Dauer des Mietvertrages einen Zugang zur Mietwohnung.	**FF5** Kann A von B die Herausgabe verlangen?	**A5** Schmerzensgeld	
F 3.8 Die Verkäuferin A eines Vintage-Second-Hand-Ladens hat B drei Sweatshirts aus den siebziger Jahren für zusammen 165,00 € verkauft und übereignet. A wusste nicht, dass B minderjährig ist, und nun verweigern die Eltern die Zustimmung. A verlangt von B die Rückübereignung der Sweatshirts.	**FF6** Hat B gegen A einen Anspruch auf Vergütung der erbrachten Leistung?	**A6** Gewährung der vereinbarten Vergütung	

Siehe Anhang 3.6

Weitere Online-Übungen 3.2

3.2 Zusammenführende Übung

Bisher haben Sie geübt, den Sachverhalt und die Fallfrage zu lesen und zu verstehen sowie die Rechtsnormen zu suchen. Es handelt sich dabei um die methodische Vorbereitung auf das Schreiben des Gutachtens.

Im Folgenden geht es darum, alle bisherigen Schritte der methodischen Vorbereitung anhand eines Falles zu üben, vom ersten Lesen des Falles bis zum Suchen der Normen. Die Aufgaben stellen eine Vorbereitung auf das Lesen von Normen und auf die sich anschließende Lösungsskizze (Einheit 12) sowie auf das Verfassen des Gutachtens (Einheiten 7 ff.) dar.

Wenn Sie die folgenden Aufgaben bearbeiten, können Sie sich an dem Schema zu den Lesephasen und zum Prozess der Normensuche orientieren, das Sie am Anfang dieser Einheit finden.

Aufgabe 3.10 Alle Lesephasen und die Normensuche üben

Bearbeiten Sie die folgenden Aufgaben.

Tätigkeit	Ihr persönlicher Kommentar zu möglichen Schwierigkeiten
1. Lesen Sie den Fall 3.9 und versuchen Sie, den Inhalt zu verstehen, ohne an juristische Zusammenhänge zu denken. Erzählen Sie den Fall nach.	
2. Lesen Sie den Sachverhalt ein zweites Mal und gliedern Sie ihn in Sachverhaltsabschnitte.	
3. Trennen Sie wichtige von unwichtigen Sachverhaltsinformationen, indem Sie die unwichtigen Teile durchstreichen oder die wesentlichen farbig markieren.	
4. Legen Sie, falls es sinnvoll ist, einen Zeitstrahl und eine Personenskizze an.	
5. Lesen Sie die Fallfrage. Konkretisieren Sie die Fallfrage.	
6. Kommen mehrere Personen vor und treten unter ihnen mehrere Rechtsbeziehungen auf, ermitteln Sie die möglichen Anspruchsziele und die jeweiligen Anspruchsgrundlagen.	

7. Lesen Sie den Sachverhalt und die Fallfrage ein weiteres Mal und schreiben Sie Ihre spontanen Ideen zu den jeweiligen Ansprüchen auf einen Notizzettel zu folgenden Aspekten: – im Sachverhalt angelegte Probleme, – evtl. Parallelfälle, die Sie kennen, – Anspruchsziele, – Argumente, – Normen, – sonstige auffällige Besonderheiten oder spontane Ideen.	
8. Suchen Sie nun anhand Ihres Notizzettels die Normen, die geeignet sein könnten, als Grundlage für das Rechtsbegehren zu dienen (Suchlesen). Nutzen Sie dabei Ihr Vorwissen, die Struktur des BGB und dessen Sachverzeichnis.	

Das eigene Verständnis überprüfen

Am Ende Ihrer Tätigkeit fügen Sie bitte einen persönlichen Kommentar in die Tabelle ein. Schreiben Sie, was gut funktioniert hat bzw. was Sie noch üben sollten.

Fall 3.9

Frau Schneider (S) arbeitet seit vielen Jahren bei der Gemeinde Burg. Aufgrund ihrer herausragenden Arbeit wurde sie zur Hauptsekretärin befördert. Diese Beförderung möchte Frau S gebührend feiern. Sie entschließt sich, eine neue Handtasche zu kaufen, da ihre alte Tasche stark abgegriffen ist und nicht mehr schön aussieht. Frau S möchte sich die lange Suche nach einer Handtasche in der Gemeinde Burg ersparen und bedient sich daher des Internets. Im Internetshop der Firma Lederwaren Glückskind (G) entdeckt sie eine ansprechende Handtasche mit der Bestellnummer 018 zum Preis von 150,00 €. Sie bestellt und bezahlt sofort online im Shop. Hierzu muss sie im „Warenkorb" selbst die Bestellnummer eingeben. Statt der Bestellnummer „018" schreibt sie aber versehentlich „0185". Unter dieser Bestellnummer führt die Firma jedoch einen Lederrucksack. Die später per E-Mail eingehende Bestellbestätigung über den Rucksack schaut sich Frau Schneider gar nicht mehr so genau an, da sie sich sehr auf ihre neue Tasche freut. Einige Tage später bekommt Frau S den Lederrucksack per Post geliefert. Anfangs ist sie sehr verärgert über die falsche Lieferung. Nach eingehender Prüfung ihrer Unterlagen stellt S ihr Versehen fest. Sofort ruft S bei G an und teilt der Firma mit, an dem Rucksack keinerlei Interesse zu haben. Sie erwarte, dass G den Lederrucksack zurücknehme.

Wie ist die Rechtslage?

Siehe Anhang 3.7

Wiederholungsfragen
Beantworten Sie folgende Fragen: a) Wie gehen Sie methodisch bei der Suche nach einer Anspruchsgrundlage vor? b) Welches Verfahren bietet sich für die systematische Suche nach einer Antwortnorm an? c) In welcher Schrittfolge gehen Sie vom ersten Lesen des Falles bis zum Suchen der Normen vor? d) Wie gehen Sie bei der 4. Lesephase vor?

Siehe Anhang 3.8

Vertiefungshinweise

Lagodny, O. (2012, S. 13–35): *Gesetzestexte suchen, verstehen und in der Klausur anwenden.*
Mann, T. & Tettinger, P. J. (2015, S. 107 f.): *Einführung in die juristische Arbeitstechnik.*
Pense, U. & Lüdde, J. S. (2022, S. 26–41): *Methodik der Fallbearbeitung im Studium und Examen. Wie schreibe ich eine Klausur?*
Reimer, F. (2012, S. 623–629): *Juristische Texte lesen – Hilfestellungen aus öffentlich-rechtlicher Sicht.* In: *Zeitschrift für das Juristische Studium 5/2012.*
Simon, H. (2022, S. 20–24, 27, 34): *Deutsche Rechtssprache. Ein Studien- und Arbeitsbuch mit Einführung in das deutsche Recht.*

Anhang 3: Suchen von Rechtsnormen

Anhang 3.1	zu Aufgabe 3.3

Aus dem Satz des Sachverhaltes aus Fall 1.1 lässt sich schlussfolgern, dass Stellvertretung in dem Gutachten zwar anzudenken, nicht aber zu prüfen ist, da es für eine Stellvertretung keine Anhaltspunkte im Sachverhalt gibt. Weiter liegt keine Abgabe seitens Eike H. vor, da keine willentliche Entäußerung in den Rechtsverkehr vorliegt.

Anhang 3.2 zu Aufgabe 3.4

Übersicht zum BGB

- 1. Buch
  AT
  §§ 1–240a
  - 2. Buch: Schuldrecht
    (Regelungen für verpflichtende Verträge)
    §§ 241–853
    - AT
      §§ 241–432
    - BT
      §§ 433–853
  - 3. Buch: Sachenrecht
    (Eigentum und Besitz)
    §§ 854–1296
  - 4. Buch: Familienrecht
    (Ehe und Familie)
    §§ 1297–1888
  - 5. Buch: Erbrecht
    (Erbfolge, Testament, Erbschein)
    §§ 1922–2385

Anhang 3.3 zu Aufgabe 3.5

Rechtsbegriffe	Normen
Geschäftsfähigkeit	§§ 104–113 BGB
Dienstvertrag	§ 611 BGB
Rechtsfähigkeit natürlicher Personen	§ 1 BGB
Kaufvertrag	§ 433 BGB
Mietrecht	§§ 535 ff. BGB
Pflichtverletzung bei Verträgen	§§ 280 ff. BGB
Unmöglichkeit der Leistung	§§ 280 I, III, 283 S. 1 BGB (anfänglich), 311a I, II S. 1 BGB (nachträglich)

Anhang 3.4	zu Aufgabe 3.6

Zum BGB

Frage	Paragraph des BGB
Ist eine Person Eigentümer einer Sache geworden?	§ 929 S. 1 BGB
In welchem Fall tritt die gesetzliche Erbfolge ein?	§ 1922 I BGB
Welche Pflichten entstehen dem Käufer aus dem Kaufvertrag?	§ 433 II BGB
Wann sind im Kaufrecht die Mängelansprüche verjährt?	§ 438 BGB
Unter welchen Voraussetzungen muss sich der Vertretene die Erklärung seines Vertreters zurechnen lassen?	§ 164 I S. 1 BGB
Wo ist die Wirkung der Anfechtung geregelt?	§ 142 I BGB
Wo ist die Minderjährigkeit geregelt?	§§ 106 ff. BGB

Anhang 3.5	zu Aufgabe 3.8

Fall 3.2

Mögliche Ansprüche:

- Anspruch des G auf Rückgabe des Mähdreschers aus dem Leihvertrag
- Anspruch des G auf Schadensersatz wegen Verzugs
- Anspruch des G auf Aufwendungsersatz

Konkretisierung der offenen Fallfrage und dazugehöriger Normen:
Ansprüche G → K ?

- Hat G gegen K einen Anspruch auf Rückgabe des Mähdreschers? § 604 I BGB (Rückgabepflicht aus dem Leihvertrag)
- Hat G gegen K einen Anspruch auf Schadensersatz wegen Verzugs? §§ 280 I, II, 286 BGB
- Hat G gegen K einen Anspruch auf Verzugszinsen? § 288 I 1 BGB
- Hat G gegen K einen Anspruch auf Aufwendungsersatz? § 284 BGB

Anhang 3.6 zu Aufgabe 3.9

ZR: Zuordnung der Fälle zu den Fallfragen, Anspruchszielen und Anspruchsgrundlagen

F 3.3	-	FF5	-	A3	-	§ 985 BGB
F 3.4	-	FF4	-	A1	-	§ 433 I 1 BGB
F 3.5	-	FF1	-	A5	-	§ 823 I i.V.m. § 253 II BGB
F 3.6	-	FF6	-	A6	-	§ 611 I 2. HS. BGB
F 3.7	-	FF3	-	A4	-	§ 535 I 1 BGB
F 3.8	-	FF2	-	A2	-	§ 812 I 1, 1. Alt. BGB

Anhang 3.7 zu Aufgabe 3.10

Zu 2.:

1. Sachverhaltsabschnitt: Ausstellung einer Handtasche im Internet bei der Firma G zum Preis von 150,00 € mit der Bestellnummer 018.
2. Sofortige Online-Bestellung durch Eingabe der falschen Bestellnummer 0185 im Warenkorb.
3. Sofortige Bezahlung im Voraus.
4. Zusendung der falschen Bestellung und Rücksendung der falschen Ware an die Firma G.

Zu 3.: (unwichtige Passagen durchstreichen)

Frau Schneider (S) ~~arbeitet seit vielen Jahren bei der Gemeinde Burg. Aufgrund Ihrer herausragenden Arbeit wurde sie zur Hauptsekretärin befördert. Diese Beförderung möchte Frau S gebührend feiern. Sie entschließt sich, eine~~ neue Handtasche zu kaufen, ~~da ihre alte Tasche stark abgegriffen ist und nicht mehr schön aussieht.~~
~~Frau S möchte sich die lange Suche nach einer Handtasche in der Gemeinde Burg ersparen und~~ bedient sich ~~daher~~ des Internets. Im Internetshop der Firma Lederwaren Glückskind (G) entdeckt Frau Schneider (...) und bestellt und bezahlt sofort im Online-Shop (...).
Einige Tage später bekommt Frau S den Lederrucksack per Post geliefert. (...) Sie erwarte, dass G den Lederrucksack zurücknehme.
Wie ist die Rechtslage?

Zu 4.:

1	2	3	4
Kauf einer Handtasche im Internet	Handtasche mit Bestellnr.: 018 zu 150,00 €	Frau S schreibt statt 018: 0185; schaut sich Bestellbestätigung nicht mehr an, bezahlt	Lieferung des Lederrucksacks statt Handtasche; S hat kein Interesse am Lederrucksack

Zu 5.:

Hat G gegen S einen Anspruch auf Kaufpreiszahlung?
Muss G den Lederrucksack zurücknehmen?

Zu 6.:

Ansprüche von G → S:
§ 433 II BGB (Kaufpreiszahlung); § 122 I BGB (Schadensersatzpflicht des Anfechtenden, bei Anfechtung); § 985 BGB (Herausgabe, dinglich), falls S den Kaufpreis für den Lederrücksack nicht zahlen möchte; § 812 I 1, 1. Alt. BGB (Rückübereignung, bereicherungsrechtlich)
Ansprüche von S → G:
§ 433 I 1 BGB (Übergabe und Übereignung der Handtasche), i.E. (-), da kein Vertrag zustande gekommen ist.
§§ 985, 812 I 1, 1. Alt. BGB (Herausgabe/Rückübereignung der 150,00 €, wenn S den Rucksack zurückgibt?)

zu 7.: Ein Notizzettel könnte folgendermaßen aussehen

Notizzettel	
Anspruchsziele:	Kaufpreiszahlung/Schadensersatzpflicht des Anfechtenden/ Herausgabe, Rückübereignung?
Gegenrechte?	
Anspruchsgrundlage:	433 Abs. 1, 2 BGB? 122 I BGB? 812 I 1, 1. Alt. BGB (ungerechtfertigte Bereicherung)? 823 I BGB (deliktische Haftung)?
Liegt Angebot von G vor?	
Problem: Invitatio ad offerendum, Parallelfall: Schaufensteranzeige/Chiffreanzeige	
Angebot im Internet?	
Widerruf der Erklärung von S?	Man weiß doch: Internet unzuverlässig
Bestellbestätigung = Annahme?	Verschulden von S: darf es G angelastet werden?
Abgabe – Zugang?	Frauenquote eingehalten? Personalrat? Herausragende Arbeit?
offerta ad incertas personas?	

Dieser Notizzettel kann als Arbeitsgrundlage für den weiteren Prozess des Schreibens dienen. Zu bedenken ist, dass er nicht vollständig ist und auch Angaben enthält, die später bei der Prüfung wieder gestrichen werden können (z.B. fehlt Anfechtung nach § 119 ff. BGB, das muss in der Lösungsskizze notiert werden, es fehlt auch § 985 BGB Herausgabe, während z.B. § 823 gar nicht in Betracht kommt).

Anhang 3.8 zu den Wiederholungsfragen

zu a)
Wenn Sie eine Antwortnorm anhand eines Falles suchen, schauen Sie sich die Fallfrage an und dann den Sachverhalt und überlegen, aus welcher Norm sich – ausgehend vom Anspruchsziel – der Anspruch herleitet. Im Zivilrecht schaut man immer auf die Rechtsfolge und überlegt dann, welche Norm von der Rechtsfolgeseite her das Anspruchsziel des Anspruchstellers deckt.

zu b)
Für die systematische Suche nach einer Norm, die einen Anspruch regelt (Anspruchsnorm), sollte man das Anspruchsziel kennen. Dann schaut man zuerst ins Inhaltsverzeichnis des BGB. Hat man dort nichts gefunden, schaut man ins Abkürzungsverzeichnis. Hilfreich bei der Suche ist es, die Struktur des BGB zu kennen.

zu c)
S. Übersicht in Einheit 3.1

zu d)
Sie suchen zunächst die fallentscheidende Norm mit Hilfe der Binnengliederungen der Kodifikationen, d. h. der Gliederungsprinzipien und des Inhaltsverzeichnisses des Gesetzgebers. Dann lesen Sie die passenden Normen. Schließlich überzeugen Sie sich davon, ob zu der Norm Sonderregelungen existieren.

Teil B

Hintergrundwissen aneignen

Um ein Gutachten schreiben zu können, brauchen Sie grundlegende juristische Kenntnisse. Sie betreffen das Wissen über

- Normarten,
- die Prüfungsreihenfolge,
- den Prüfungsaufbau,
- das Zitieren von Normen.

In den drei folgenden Einheiten 4, 5 und 6 haben Sie die Möglichkeit, das nötige Hintergrundwissen zu erwerben, das Sie für die Anwendung der Gutachtentechnik brauchen. Sie können aber diese Einheiten auch überspringen und direkt in Teil C mit den Einheiten 7 bis 13 weiterarbeiten.

4. Normarten

Übersicht

A Sachverhalt erschließen, Fallfrage verstehen, Rechtsnormen suchen	**Einheit 1** Einführung in die Fallbearbeitung	**Einheit 2** Lesen von Sachverhalten, Fallfragen und Bearbeitungshinweisen	**Einheit 3** Suchen von Rechtsnormen	
B Hintergrundwissen aneignen	**Einheit 4** Normarten	**Einheit 5** Prüfungsreihenfolge und Prüfungsaufbau	**Einheit 6** Zitieren	
C Gutachten schreiben	**Einheit 7** Struktur eines Gutachtens	**Einheit 8** Obersätze bilden	**Einheit 9** Voraussetzungen formulieren und definieren	
	Einheit 10 Subsumieren	**Einheit 11** Ergebnisse formulieren	**Einheit 12** Lösungsskizzen entwerfen	**Einheit 13** Auslegungsmethoden

Ach du meine Güte!

In dieser Einheit erarbeiten Sie sich …

… fachlich
- ein Verständnis der Funktion von Antwortnormen, Gegennormen und Hilfsnormen,
- die Bedeutung von grundlegenden Rechtsbegriffen.

… hinsichtlich Methodik und Lernstrategien,
- welche Bedeutung die Kenntnis der Normarten bei der Suche nach einschlägigen Normen hat,
- die Bedeutung von Rechtsbegriffen mit Hilfe von verlässlichen Hilfsmitteln zu klären.

… sprachlich,
- welche wiederkehrenden Formulierungen auf die Normarten verweisen,
- sich Rechtsbegriffe zu erschließen und zu definieren.

Wenn Sie ein Gutachten schreiben, brauchen Sie Normen, mit deren Hilfe Sie die Ansprüche, die Sie prüfen, auf eine gesetzliche Grundlage stellen. Es gibt nun verschiedene Arten von Normen. Für Sie ist es wichtig zu wissen, welche unterschiedliche Funktion die Normarten bei der gutachterlichen Prüfung übernehmen.

Die Frage nach einem Anspruchsziel folgt folgendem Muster:

Wer?	will **was?**	von **wem**?	**woraus**?
	Anspruch auf …		§§
Betti	erhebt Anspruch auf Kaufpreiszahlung	gegen Bernd	aus § 433 II BGB.

Fachwortschatz erwerben

In der juristischen Fachsprache gibt es eine Fachbegrifflichkeit, die Sie sich aneignen müssen, um fachsprachlich angemessen kommunizieren zu können. Im Folgenden finden Sie dazu einige Beispiele.

Aufgabe 4.1 Rechtsbegriffe klären

a) Klären Sie, was unter den folgenden Rechtsbegriffen zu verstehen ist, und nennen Sie zu der Definition Normen aus dem BGB, in denen dieser Begriff eine Rolle spielt.

Begriff	Definition	In welcher Norm spielt der Begriff ggf. eine Rolle?
Anspruch		
Anspruchsgegner:in	ist derjenige/diejenige, der/die den Anspruch zu Fall bringen möchte, z. B. Käufer:in, Verkäufer:in, Schuldner:in	
Anspruchsziele		
Regelbeispiele		
Vermutungen/ Fiktionen		
Anspruchsteller:in		
Legaldefinition		

Siehe Anhang 4.1

b) Wo findet man Erklärungen für die Begriffe?

Normarten kennenlernen

Die ersten drei W-Fragen sind in einer konkreten Fallfrage vorgegeben:

Hat Betti gegen Bernd einen Anspruch auf Kaufpreiszahlung?

Ihnen bleibt also die Aufgabe, die passende Anspruchsgrundlage zu suchen: das „Woraus?". Im Folgenden möchten wir Ihnen zeigen, welche Normen des BGB für die Beantwortung der Fallfrage in Betracht kommen.

Aufgabe 4.2 Vorwissen zu den Normarten aktivieren

Beantworten Sie folgende Fragen oder informieren Sie sich:

- Was versteht man unter einer Antwortnorm, Gegennorm und Hilfsnorm?
- Welche Rolle spielen diese Normarten bei der Beantwortung einer Fallfrage?

Siehe Anhang 4.2

Aufgabe 4.3 Normen zu Normarten suchen

Suchen Sie Normen des BGB für alle drei Normarten, die bei der Beantwortung der Fallfrage von Fall 3.9 eine Rolle spielen könnten (zur Lösung siehe die Übersicht nach Aufgabe 4.9).

4.1 Die Antwortnormen/Anspruchsnormen

In einer Fallfrage wird gefragt, ob z.B. Betti (wer?) einen Anspruch auf Kaufpreiszahlung (was?) gegen Bernd (von wem?) hat. Es geht also allgemein um eine mögliche Rechtsfolge (Kaufpreiszahlung), die aus dem gegebenen Tatbestand eines Falles folgt.

Mit Hilfe von Anspruchsnormen kann man die Fallfrage prüfen. Sie sind nämlich entsprechend strukturiert, indem sie einen Tatbestand (abstrakten Sachverhalt) und eine Rechtsfolge (ein Tun oder ein Unterlassen) nach folgendem Muster miteinander in eine rechtliche Beziehung bringen:

Wenn xy (Tatbestand), dann vz (Rechtsfolge).[1]

Online-Materialien (4.1): Hier finden Sie Informationen und Sprachübungen zum Aufbau von Antwortnormen.

Eine Norm, die Tatbestandsvoraussetzungen nennt und die eine entsprechende Rechtsfolge enthält, ist zur Prüfung von Fallfragen geeignet. Man nennt sie Antwortnorm oder Anspruchsgrundlage. Ansprüche können sich z.B. auf Zahlung, Herausgabe, Schadensersatz, Unterlassung beziehen.

Wichtig für Sie ist zu wissen, dass ausschließlich Normen eine Anspruchsgrundlage darstellen können, in denen ein Tun oder Unterlassen verlangt wird und die somit eine Rechtsfolge enthalten. Wenn Sie einen Sachverhalt entsprechend der Fallfrage auf seine juristische Relevanz prüfen, gehen Sie immer von einer möglichen Rechtsfolge aus und suchen – zunächst – nach einer Antwortnorm.

1 Ausführliche Erläuterungen dazu in Bunn, L. & Kacik, G. (2019, Kap. 2.4)

Aufgabe 4.4 Normen hinsichtlich der Normarten unterscheiden

Handelt es sich bei den folgenden Normen des BGB um eine Antwortnorm? Prüfen Sie, ob es bei den Normen (abstrakte) Antworten auf die drei W-Fragen gibt (**wer** will **was** von **wem**?).

§ 985	§ 105 I	§ 194 I	§ 2	§ 12 1	§ 280 I 1	§ 812 I 1, 1. Alt.
ja						

Siehe Anhang 4.3

Aufgabe 4.5 Nach Formulierungen suchen

Suchen Sie in den Normen des BGB nach Formulierungen, die auf den Anspruch eines Tuns oder Unterlassens des Anspruchstellers/der Anspruchstellerin hinweisen.

Typische Formulierungen in Anspruchsgrundlagen	§§ des BGB
… kann fordern …	

Siehe Anhang 4.4

Aufgabe 4.6 Antwortnormen zu konkreten Fallfragen suchen

In Aufgabe 3.10 haben Sie unter 5. die abstrakte FF zu Fall 3.9 konkretisiert und sind möglicherweise zu folgenden konkreten FF gekommen:

a) Hat die Firma Lederwaren Glückskind (G) Anspruch auf Kaufpreiszahlung für den Lederrucksack gegen Frau Schneider (S) in Höhe von 150,00 €?
b) Hat S bei einer Anfechtung eine Schadensersatzpflicht gegenüber der Firma G?
c) Hat die Firma G gegen S Anspruch auf Rückübereignung des Lederrucksacks?

Suchen Sie die Antwortnorm(en) für diese Fallfragen zu Fall 3.9.

Siehe Anhang 4.5

4.2 Die Hilfsnormen

Bevor Sie FF 1 in Aufgabe 4.6 mit Hilfe von § 433 II BGB beantworten können, müssen Sie zunächst prüfen, ob überhaupt ein Kaufvertrag zustande gekommen ist. § 433 beginnt nämlich mit der Formulierung „Durch den Kaufvertrag …". Ein gültiger Kaufvertrag ist somit die Voraussetzung für mögliche Verpflichtungen der Vertragsparteien.

Bei dieser Prüfung, ob ein gültiger Vertrag zustande gekommen ist, handelt es sich nicht um eine Prüfung von Ansprüchen, sondern um die Prüfung eines Tatbestandsmerkmals. Sie suchen deshalb im Gesetz auch keine Antwortnorm, sondern sogenannte **Hilfsnormen**.

Zuhilfenahme

Ist überhaupt ein Anspruch entstanden? Ist das TBM *Zustandekommen eines Vertrags* erfüllt?

Zuhilfenahme →

Hilfsnormen
§§ 145 ff. BGB

Vertrag nicht zustande gekommen
(TBM nicht erfüllt, keine Ansprüche)

Vertrag zustande gekommen
(TBM erfüllt, evtl. Ansprüche)

Hilfsnormen helfen bei der Prüfung von Tatbestandsmerkmalen.

In Hilfsnormen finden Sie zwar einen Tatbestand, aber kein Anspruchsziel eines Anspruchstellers. Zu den Hilfsnormen gehören u.a. Definitionsnormen.

Aufgabe 4.7 Hilfsnormen suchen

Stellen Sie sich vor, Sie haben – ausgehend von der Rechtsfolge – zur gutachterlichen Prüfung einiger Fälle folgende Anspruchsgrundlagen gefunden:
§ 985 BGB; § 433 I BGB; § 823 I BGB

a) Ermitteln Sie die Tatbestandsmerkmale dieser Normen.
b) Ermitteln Sie die Hilfsnormen, die Sie zur gutachterlichen Prüfung dieser TBM brauchen.

Siehe Anhang 4.6

4.3 Die Gegennormen

Ein Anspruch lässt sich durch Einwendungen bzw. Einreden verhindern, vernichten oder hemmen. Beispielsweise kann man die Wirksamkeit einer Willenserklärung anfechten. Die für diese Anfechtung notwendigen Normen aus dem Anfechtungsrecht (§§ z. B. §§ 142 I, 119 ff. BGB) nennt man Gegennormen.

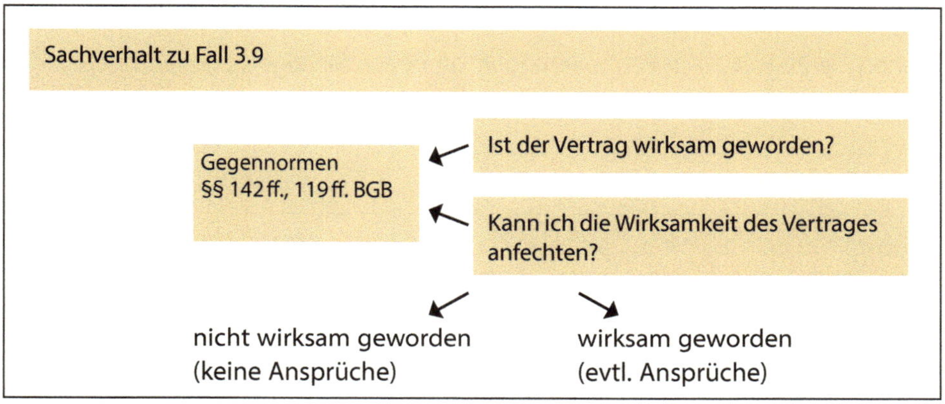

Gegennormen helfen dabei, die Rechtsfolgen der Anspruchsgrundlage ganz oder teilweise auszuschließen.

Beispiel

Ein Vertrag kann für nichtig erklärt werden, wenn beispielsweise nach § 134 BGB ein Verstoß gegen ein Gesetz vorliegt. Dies ist der Fall, wenn z. B. Wucherzinsen (§ 138 II BGB) genommen werden oder Schwarzarbeit nach dem Schwarzarbeitsbekämpfungsgesetz vorliegt.

Aufgabe 4.8 Gegennormen suchen

Suchen Sie weitere Beispiele für Gegennormen, mit denen man eine mögliche Anspruchsgrundlage in Frage stellen kann.

Siehe Anhang 4.7

Aufgabe 4.9 Sprachübung: Formulierungen suchen

Suchen Sie im BGB nach Formulierungen, an denen Sie eine Gegennorm erkennen können.

Typische Formulierungen in Gegennormen	§§ des BGB
erlischt	362 I, 364 I, 397 I

Siehe Anhang 4.8

Die Funktion der drei Normarten im Überblick im Prozess der gutachterlichen Prüfung (stark vereinfachte Übersicht)

Lesen	Sachverhalt Fall 3.9
Lesen evtl. Fallfrage konkretisieren	Abstrakte Fallfrage: Wie ist die Rechtslage? *Konkretisieren* Konkrete Fallfrage z. B.: Hat G gegen S einen Anspruch auf Kaufpreiszahlung?
Anspruchsziele bestimmen	Mögliche Anspruchsziele: • Herausgabe, Rückübereignung • Kaufpreiszahlung • …
Anspruchsnormen im BGB suchen	Hier z. B. §§ 433 II, 122 I, 812 I 1, 1. Alt., 985
TBM bestimmen	bei § 985 BGB: Eigentümer, Besitzer, Sache

Prüfungsaufbau Schritt 1: Ist überhaupt ein Anspruch entstanden?
Innerhalb der Anspruchsprüfung: Ist überhaupt ein (Kauf-) Vertrag zwischen den Vertragsparteien wirksam zustande gekommen? (Keine Anspruchsprüfung!!)
Nötig: Hilfsnormen.

Hilfsnormen im BGB suchen	§§ 145 ff.

Wenn ein Vertrag zustande gekommen ist: Prüfung, ob ein Anspruch entstanden ist

TBM prüfen (Viererschritt)	Eigentümer, Besitzer, Sache im Viererschritt prüfen

Prüfungsaufbau Schritt 2: Ist der Anspruch erloschen?

Gegenrecht prüfen Dazu: **Gegennormen** suchen	z. B. Anfechtung: § 142 I BGB, §§ 119 ff.

Prüfungsaufbau Schritt 3: Ist der Anspruch durchsetzbar?

Aufgabe 4.10 Hilfsnormen und Gegennormen auf Fälle anwenden

Schauen Sie sich den Fall 3.2 an. Brauchen Sie hier bei der Beantwortung der FF Hilfsnormen bzw. Gegennormen? Begründen Sie Ihre Entscheidung.

Wiederholungsfragen
Beantworten Sie folgende Fragen: a) Was versteht man unter Antwortnorm, Gegennorm und Hilfsnorm? b) Wie lautet der abstrakte Merksatz für die Formulierung eines Norm-Obersatzes? c) Was sind typische Formulierungen für eine Anspruchsgrundlage?

Wenn Sie Probleme haben, die Fragen zu beantworten, lesen Sie bitte die entsprechenden Stellen in diesem Kapitel.

Vertiefungshinweise

Kohler-Gehrig, E. (2017, S. 40–48): *Einführung in das Recht. Technik und Methoden der Rechtsfindung.*

Lange, B. (2015, S. 252, 265, 276): *Jurastudium erfolgreich: Planung, Lernstrategie, Zeitmanagement.*

Metzler-Müller, K. & Füglein, F. (2022, S. 28–33): *Wie löse ich einen Privatrechtsfall? Aufbauschemata – Mustergutachten – Klausurschwerpunkte.*

Pense, U. & Lüdde, J. S. (2022, S. 22, 26–32): *Methodik der Fallbearbeitung im Studium und Examen: Wie schreibe ich eine Klausur?*

Von Münchhausen, M. & Püschel, I. P. (2002, S. 83 f., 104): *Lernprofi Jura. Wie Sie Jura richtig lernen. Lerntechnik, Klausurtechnik, Hausarbeitstechnik, Lernmotivation, Examensmanagement.*

Anhang 4: Normarten

Anhang 4.1	zu Aufgabe 4.1

Begriff	Definition	In welcher Norm spielt der Begriff ggf. eine Rolle?
Anspruch	Der Begriff des Anspruchs ist im BGB legaldefiniert. Ein Anspruch ist das Recht, von einem anderen ein Tun oder Unterlassen zu verlangen, z. B. eine Forderung geltend zu machen.	§ 194 Abs. 1 BGB
Anspruchsgegner:in	ist derjenige/diejenige, der/die den Anspruch zu Fall bringen möchte, z. B. Käufer:in, Verkäufer:in, Schuldner:in.	z. B. § 433 I, II BGB
Anspruchsziele	ergeben sich aus der Rechtsfolge der Anspruchsgrundlage. Sie betreffen das Begehren des Anspruchstellers/der Anspruchstellerin.	z. B. Kaufpreiszahlung, § 433 II BGB
Regelbeispiele	sind Konkretisierungen von (meist unbestimmten) Tatbestandsmerkmalen, die die Anwendung erleichtern sollen, aber weder zwingend noch abschließend sind.	z. B. § 573 II BGB
Vermutungen/ Fiktionen	sind Normen, mit denen Schwierigkeiten bei der Sachverhaltsfeststellung begegnet werden sollen.	z. B. §§ 1006 BGB, 1923 II BGB
Anspruchsteller:in	ist derjenige/diejenige, der/die einen Anspruch geltend macht, z. B. Käufer:in, Verkäufer:in, Gläubiger:in.	z. B. § 433 I, II BGB
Legaldefinition	ist eine Norm, die vom Gesetzgeber verwendete Begriffe verbindlich definiert.	z. B. §§ 194 I BGB, 121 I S. 1 BGB

Anhang 4.2	zu Aufgabe 4.2

Begriff	Erklärung	In welcher Norm spielt der Begriff ggf. eine Rolle?
Antwortnorm	Unter einer Antwortnorm versteht man eine Rechtsnorm, mit deren Hilfe Sie eine mögliche Antwort auf die Fallfrage geben können. Diese Antwort ergibt sich aus der Rechtsfolge der Anspruchsgrundlage. Daher denkt man immer von der Rechtsfolgenseite her und schaut, ob die Rechtsfolge der Norm sich mit dem Anspruchsziel in der Fallfrage deckt.	z.B. in § 433 I, II; § 985; § 823 I BGB
Gegennorm	Eine Gegennorm stellt ein Gegenrecht desjenigen/derjenigen dar, der/die den Anspruch zu Fall bringen möchte.	z.B. § 134 BGB
Hilfsnorm	Unter einer Hilfsnorm versteht man eine Norm, die einen abstrakten Rechtsbegriff konkretisiert, wie z.B. den Begriff der Sache. Andererseits bestimmen aber auch solche Hilfsnormen, wie ein Vertrag zustande kommt. Diese Klärung benötigt man, um z.B. das Zustandekommen eines Kaufvertrags zu prüfen.	z.B. § 90 BGB; §§ 145ff. BGB

Funktion der Normarten

Diese Normarten spielen eine wichtige Rolle bei der Anfertigung eines Gutachtens. Die Antwortnormen prüft man im Norm-Obersatz (s. Einheit 8). Die Gegennormen prüft man bei der Entstehung eines Anspruchs unter dem Punkt Wirksamkeit, aber auch bei dem Erlöschen/Untergang eines Anspruchs und auch bei der Durchsetzbarkeit eines Anspruchs.

Die Hilfsnormen werden zur Konkretisierung von TBM als Ergänzung zur Antwort-/Gegennorm herangezogen.

Anhang 4.3	zu Aufgabe 4.4

985	105 I	194 I	2	12 1	280 I 1	812 I 1, 1. Alt.
ja	Gegennorm	Hilfsnorm	Legaldefinition	ja	ja	ja

Man erkennt eine Antwortnorm an bestimmten Formulierungen (s. Aufgabe 4.5), in denen sich ein Anspruchsziel ausdrückt.

Anhang 4.4 zu Aufgabe 4.5

Typische Formulierungen in Anspruchsgrundlagen	§§ des BGB
ist (für den Schaden) verantwortlich	830 I 1, 989, 990 I 1
kann fordern/ist berechtigt zu/ kann (zurück) gefordert werden	326 IV iVm. 346, 488 III 3, 516 II S. 3 iVm. § 812, 531 II iVm. § 812, 695 S. 1, 951 I 1 iVm. 812
wird/ist zu verpflichten; wird/ist verpflichtet	179 I, 347 I 1, 433 I, II, 488 I 1, 2, 535 I, II, 546 I, 604 I, 607 I 1, 611 I, 631 I, 667 (ggf. iVm. 681 S. 1 oder 687 II 1), 670, 678, 812 I 1, 1.Alt., 812 I 2, 816 I 1 (i.V.m. 818), 816 II, 823 I (i.V.m. 249), II, 826, 831 I 1, 988
kann + Verb (verlangen, zurücktreten, verpflichten, verweigern, widerrufen/bewirken lassen, zurücktreten …)	12 S. 1, 280 I, 241 II (ggf. i.V.m. III, 282), 280 I bzgl. Pflichten aus 677, 280 I i.V.m. 311 II i.V.m. 241 II, 280 I, III, 283 S. 1, 280 I, III, 281 I 1, 1. Alt., 284, 285 I, 2, 311a II 1, 437 Nr. 2 i.V.m. 323 I, 437 Nr. 3, 440, 280 ff., 530 I, 536 a I, II, 634 Nr. 4, 670 analog (ggf. i.V.m. 683), 861 I, 862 I 1, 2, 985, 994 I 1, 996, 1004 I, 1007 I, II 1, 1233 II, 437 Nr. 2 i.V.m. 3231
hat zu + Verb	122 I, 258 S. 1, 823 I i.V.m. 251 I, 437 Nr. 2 i.V.m. 323 I i.V.m. 346 I, II, 535 I S. 2, 3, 365, 987 I, 993 I, 991 II
ist zu/sind zu + Verb	437 Nr. 2 i.V.m. 323 I i.V.m. 346 I, 347 II, 348, 437 Nr. 2, 2. Alt. i.V.m. 441 IV
behält den Anspruch/steht der Anspruch zu	326 II 1, 340 II 1, 628 I S.2
bleibt verpflichtet	326 III 1
verpflichtet sich	662
steht das Recht (nicht) zu	530 II, 596 II
kann nur	469 II 1
ist berechtigt	539 II
ist befreit von	536 I 1
bleibt außer Betracht	536 Abs. 1 a)
wird das Recht begründet	2174
hat Gewähr zu leisten	365
hat herauszugeben	987 I, 993 I 1. Hs
ist erforderlich	311 I
erfolgt im Wege	1147
kommt er in Verzug	280 I, II, 286 I
so haftet er	992 i.V.m. 823 ff.
hat einen Fehler	§ 3 I ProdHaftG
geht über	774 I 1, 1143 I 1, 1225 I 1, 426 II 1

Hinweise auf Anspruchsgrundlagen ergeben sich manchmal auch aus den nicht amtlichen Überschriften, z. B. in der BGB-Ausgabe des Beck Verlages: „Anspruch" (§§ 985, 812 BGB), „Haftung" (§§ 831–839a BGB), „Schadensersatzpflicht" (§§ 823, 280 BGB).

Die wichtigsten Anspruchsgrundlagen sollte man für eine Klausur im Kopf haben.

Anhang 4.5 zu Aufgabe 4.6

Folgende Antwortnormen sind relevant:

Zu Fallfrage a)	§ 433 II BGB
Zu Fallfrage b)	§ 122 I BGB
Zu Fallfrage c)	§ 812 I 1, 1. Alt. BGB

Anhang 4.6 zu Aufgabe 4.7

Zu § 985 BGB: § 90 BGB (Sache) und § 854 I BGB (Besitzer)

Zu § 433 I 1 BGB: §§ 145 ff. BGB (Vertrag)

Zu § 823 I BGB: § 249 BGB (Schadensumfang) und § 276 BGB (Verschulden)

Anhang 4.7 zu Aufgabe 4.8

Beispiele für Gegennormen

Sittenwidrigkeit eines Rechtsgeschäftes:	§ 138 I, II BGB
Schwarzarbeit:	§ 134 BGB in Verbindung mit SchwarzArbG
Nichtwirksamwerden einer Willenserklärung:	§ 130 I 2 BGB
Erlöschen eines Schuldverhältnisses:	§§ 362 I, 397 I BGB
Nicht-Eintreten des Erwerbs von Eigentum:	§ 935 I 1 BGB

Anhang 4.8 zu Aufgabe 4.9

Typische Formulierungen in Gegennormen	§§ des BGB
erlischt	362 I, 364 I, 397 I
ist nichtig/ist als nichtig anzusehen	105 I, 134, 138 I, 142 I,
wird nicht wirksam	130 I 2,
ist berechtigt zu verweigern/kann verweigern/kann verweigert werden	214 I, 526 S. 1, 519 I, 275 II, 273 I, 320 I 1, 320 I 2
kann + Verb (abwenden/ablehnen/zurücktreten/aufrechnen …	273 III, 367 II, 323 I, 324, 326 V 1. HS., 387
tritt nicht ein	935 I 1
ist nicht mehr gebunden	355 I 1
kann klagen	322 II
entfällt der Anspruch	326 I 1
ist ausgeschlossen	275 I
dies gilt nicht, wenn	280 I 2

5. Prüfungsreihenfolge und Prüfungsaufbau

Übersicht

A Sachverhalt erschließen, Fallfrage verstehen, Rechtsnormen suchen	**Einheit 1** Einführung in die Fallbearbeitung	**Einheit 2** Lesen von Sachverhalten, Fallfragen und Bearbeitungshinweisen	**Einheit 3** Suchen von Rechtsnormen	
B Hintergrundwissen aneignen	**Einheit 4** Normarten	**Einheit 5** Prüfungsreihenfolge und Prüfungsaufbau	**Einheit 6** Zitieren	
C Gutachten schreiben	**Einheit 7** Struktur eines Gutachtens	**Einheit 8** Obersätze bilden	**Einheit 9** Voraussetzungen formulieren und definieren	
	Einheit 10 Subsumieren	**Einheit 11** Ergebnisse formulieren	**Einheit 12** Lösungsskizzen entwerfen	**Einheit 13** Auslegungsmethoden

Normprüfdienst

In dieser Einheit lernen Sie …

… fachlich,
- bei der Prüfung von Rechtsbegehren die Prüfungsreihenfolge zu beachten,
- bei der Prüfung von Anspruchsgrundlagen einem Prüfungsaufbau zu folgen,
- dass die Normarten eine bestimmte Funktion und einen festen Platz innerhalb des Prüfungsaufbaus haben.

… hinsichtlich Methodik und Lernstrategien,
- Normen entsprechend der Prüfungsreihenfolge zu prüfen,
- bei der Prüfung von Anspruchsgrundlagen, die dem Prüfungsaufbau folgen, immer den Bezug zum Sachverhalt herzustellen.

… sprachlich,
- schematische Darstellungen fachlicher Zusammenhänge zu versprachlichen.

Vorbemerkungen

Es gibt Fälle, bei deren Bearbeitung mehrere Antwortnormen relevant sind. Ein Beispiel, an dem dies deutlich wird:

Fall 5.1

K hat seiner Bekannten P zur Vorbereitung auf die BGB-AT-Klausur für zwei Tage sein Fachbuch zur Gutachtentechnik geliehen. P „vergisst" aber immer wieder, es K zurückzugeben. K braucht das Buch aber dringend bei seiner eigenen Vorbereitung.
Wie ist die Rechtslage?

Diese allgemeine Fallfrage müssen Sie konkretisieren, um Anspruchsziele zu entwickeln. In Fall 5.1 entwickeln Sie dabei mehrere Anspruchsziele:

Abstrakte Fallfrage:
Wie ist die Rechtslage?

konkretisieren →

Konkrete Fallfragen:
- Hat K gegen P einen Anspruch auf **Herausgabe** des Buches?
- Hat P eine **Rückgabepflicht** des Buches?

Sie haben zwei mögliche Anspruchsziele ermittelt, die Sie mit unterschiedlichen Antwortnormen gutachterlich prüfen müssen. Es stellt sich die Frage, in welcher sinnvollen Reihenfolge Sie die Anspruchsziele prüfen.

Aufgabe 5.1 Normen finden

Welche Normen kommen zur Beantwortung der beiden Fallfragen als Anspruchsgrundlagen in Betracht?

Siehe Anhang 5.1

Aufgabe 5.2 Vorwissen über die Prüfungsreihenfolge abrufen

Überlegen Sie, in welcher Reihenfolge Sie die beiden Antwortnormen (s. Anhang 5.1) prüfen würden und begründen Sie Ihre Entscheidung.

Prüfungsreihenfolge und Prüfungsaufbau

Bei einer Fallbearbeitung ist es zunächst erforderlich, dass Sie alle Ansprüche ermitteln, die zur Beantwortung der Fallfrage vorliegen können. Gibt es in einem Fall mehrere beteiligte Personen, teilt man sie in Zweiergruppen auf und entwickelt die Ansprüche der Personen untereinander.

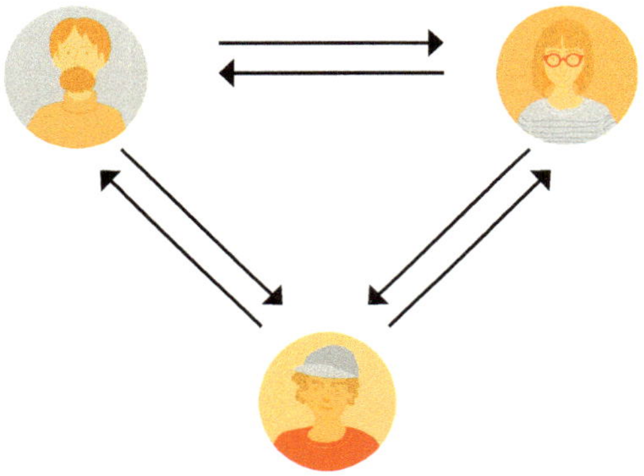

Bei drei beteiligten Personen gibt es bis zu 6 unterschiedliche Konstellationen.

Haben Sie eine offene oder mehrere konkrete Fallfragen, müssen alle Ansprüche geprüft werden. Häufig müssen Sie dabei für die Prüfung eines Anspruchs mehrere Anspruchsgrundlagen hinzuziehen.

Bei mehreren zu prüfenden Ansprüchen ist es notwendig, die Anspruchsgrundlagen in einer hierarchisch angeordneten Reihenfolge zu prüfen. Wird ein Tatbestand einer höherrangigen Norm bejaht, so schließt dies häufig die Tatbestandserfüllung der nachrangigen Norm aus, die dann nicht mehr geprüft werden muss.

Prüfungsreihenfolge der Anspruchsarten

Vertragliche Ansprüche

Quasivertragliche Ansprüche

Dingliche/**S**achenrechtliche Ansprüche

Deliktische Ansprüche

Ansprüche aus ungerechtfertigter **B**ereicherung

Man prüft also z.B. zunächst einen vertraglichen Anspruch. Wird dieser verneint, prüft man einen der folgenden Ansprüche, z.B. einen dinglichen.

Merksatz: **V**iel **Q**uatsch **s**chreibt **d**er **B**earbeiter.

Aufgabe 5.3 Prüfungsreihenfolge üben

1. Informieren Sie sich, was man unter den Anspruchsarten versteht. Suchen Sie Beispiele.
2. In welcher Reihenfolge müssen Sie die §§ 122 I, 179 I, 280 I, 823 I BGB prüfen?

Siehe Anhang 5.2

Aufgabe 5.4 Anspruchsgrundlagen suchen

Suchen Sie im BGB nach weiteren Anspruchsgrundlagen für die 5 in der obigen Übersicht dargestellten Anspruchsarten.

Siehe Anhang 5.3

Sie haben für Ihren Fall 3.9 die ursprünglich abstrakte Fallfrage konkretisiert (Aufgabe 3.10 und Anhang 3.7, Nr. 5) und dadurch mehrere Fallfragen mit unterschiedlichen Anspruchszielen (Aufgabe 3.14, Nr. 7) erhalten:

- Kaufpreiszahlung
- Schadensersatzpflicht des Anfechtenden
- Herausgabe, Rückübereignung

Anschließend haben Sie die folgenden relevanten Anspruchsgrundlagen gefunden (Aufgabe 3.10, Nr. 8):

Ansprüche von G → S:
- § 433 II BGB auf Kaufpreiszahlung
- § 122 I BGB auf Schadensersatz
- § 985 BGB auf Herausgabe; § 812 I 1, 1. Alt. BGB auf Rückübereignung des Rucksacks

Ansprüche von S → G:
- § 433 I 1 BGB auf Übergabe und Übereignung der Handtasche (im Ergebnis (-), da kein Vertrag zustande gekommen ist).
- §§ 985, 812 I 1, 1. Alt. BGB auf Herausgabe, Rückübereignung der 150,00 €, wenn S den Rucksack zurückgibt.

Jedes dieser Anspruchsziele muss nun gesondert geprüft werden. Zunächst legen Sie entsprechend der obigen Übersicht die Reihenfolge fest, nach der Sie prüfen:

Prüfungsreihenfolge (mit Normen des BGB)

Ansprüche G gegen S	**Ansprüche S gegen G**
vertraglich § 433 II	vertraglich § 433 I 1
quasivertraglich § 122 I	
dinglich § 985	dinglich § 985
bereicherungsrechtlich § 812 I 1, 1. Alt.	bereicherungsrechtlich § 812 I 1, 1. Alt.

Das Aufbaumuster einer Anspruchsprüfung

Sie prüfen nun jedes dieser Anspruchsziele in der dargestellten Reihenfolge. Die Prüfung von Ansprüchen, die in der Hierarchie niedriger sind, kann in der Praxis entfallen, wenn die Prüfung bereits ergeben hat, dass ein höheres Anspruchsziel besteht.[1]

Wenn Sie die Anspruchsgrundlagen gefunden haben (z.B. § 433 I 1 BGB), ermitteln Sie die Tatbestandsmerkmale (z.B. Kaufvertrag, Wirksamkeit, s. Einheiten 7–11) und prüfen die Anspruchsgrundlage nach folgendem 3-schrittigen Muster:

1 Im Studium ist jedoch ein Gutachten anzufertigen und daher umfassend zu prüfen, also sind i.d.R. auch die nachrangigen Anspruchsziele zu prüfen, wenn Sie bereits ein höheres Anspruchsziel bejaht haben, wie z.B. nach § 433 I 1 BGB und § 122 I BGB.

Aufbaumuster einer Anspruchsprüfung im Zivilrecht (am Beispiel vertraglicher Ansprüche – Kaufvertrag)

I Anspruch entstanden?

I 1

Prüfung des Sachverhalts, ob die **Tatbestandsvoraussetzungen** der entsprechenden Anspruchsgrundlage vorliegen.
Vertragliche Ansprüche entstehen z. B. aus einem Vertrag, der durch zwei übereinstimmende Willenserklärungen zustande kommt (s. Bunn & Kacik 2019, Bd. 1 dieser Reihe). Geprüft wird die Einigung beim Vertragsschluss: Antrag (Angebot), Annahme, Wirksamwerden des Antrags im Zeitpunkt der Annahme. Wirksamwerden der Annahme. Andere Ansprüche sind möglich.

Sie prüfen z. B. das TBM Kaufvertrag der Anspruchsgrundlage § 433 I bzw. § 433 II BGB

↓

§§ 145 ff. BGB
evtl. § 164 I BGB evtl. §§ 130 ff. BGB
(bei vertraglichen Ansprüchen)

I 2

Prüfung von rechtshindernden Einwendungen

Damit ein Anspruch bestehen bleibt, dürfen keine rechtshindernden Einwendungen vorliegen.

Sie prüfen z. B.

↓

• Geschäftsunfähigkeit	§§ 104 f. BGB
• gesetzliches Verbot	§ 134 BGB
• offener Dissens	§ 154 I BGB
• Anfechtung	§ 142 I i.V.m. §§ 119 ff. BGB

Ergebnis der Prüfung: Wenn der Anspruch entstanden ist, wird geprüft, ob er möglicherweise erloschen ist (Schritt II).

II Anspruch erloschen?

Prüfung von rechtsvernichtenden Einwendungen

Damit ein entstandener Anspruch nicht erlischt, dürfen keine rechtsvernichtenden Einwendungen bestehen.

Sie prüfen z. B.

↓

• Erfüllung	§§ 362 ff. BGB
• Hinterlegung	§§ 372 ff. BGB
• Aufrechnung	§§ 387 ff. BGB
• Widerruf	§§ 355 f. BGB
• Anfechtung	§ 142 I i.V.m. §§ 119 ff. BGB (alternativ)
• …	

Ergebnis der Prüfung: Wenn ein Anspruch entstanden und nicht erloschen ist, wird geprüft, ob er wegen rechtshemmender Einwendungen oder Einreden trotzdem nicht durchsetzbar ist (Schritt III).

III Anspruch durchsetzbar?

Prüfung von rechtshemmenden Einwendungen (Einreden)

Ein Anspruch, der entstanden und nicht erloschen ist, muss auf seine Durchsetzbarkeit geprüft werden.

Sie prüfen z.B.

• Einrede der Bereicherung	§ 821 BGB
• Arglisteinrede	§ 853 BGB
• Einrede des nichterfüllten Vertrages	§ 320 I BGB
• …	

Gesamtergebnis der Prüfung: Eine Person hat nur dann einen Anspruch, wenn dieser entstanden, nicht erloschen und durchsetzbar ist.

Das Schema muss bei Schritt I 1 (Prüfung der TBM) entsprechend der Anspruchsgrundlage modifiziert werden. Bei deliktischen Ansprüchen etwa (z.B. § 823 I BGB) entspricht der Prüfungsaufbau demjenigen eines Straftatbestandes, weil die TBM von § 823 I (Tatbestand, Rechtswidrigkeit, Schuld) dem Prüfungsaufbau eines Straftatbestandes entsprechen.
Die weiteren Schritte II und III werden häufig nur im Urteilsstil erwähnt, wenn der Sachverhalt für deren Prüfung keine Anhaltspunkte hergibt.

Aufgabe 5.5 Das Aufbaumuster einer Anspruchsprüfung erläutern

Erläutern Sie das Aufbaumuster anhand der konkreten Sachverhaltsangaben des Falles 3.9. Ordnen Sie die für den Fall relevanten Normen dem Aufbaumuster zu.

Aufgabe 5.6 Normarten dem Aufbaumuster zuordnen

An welcher Stelle spielen in diesem Aufbaumuster Anspruchsgrundlagen, Hilfsnormen und Gegennormen eine Rolle?

Aufgabe 5.7 Die Schritte II und III des Aufbaumusters konkretisieren

a) Tragen Sie in die folgende Tabelle die fehlenden Gegennormen des BGB ein.
b) Tragen Sie die Begriffe der Tabelle in das obige Aufbaumuster einer Anspruchsprüfung ein, wo sie eine Rolle spielen.

Rechtsbegriffe	§ des BGB	**Rechtsbegriffe**	§ des BGB
Verjährung	§ 214 I BGB	Formnichtigkeit	
Rücktritt vom Vertrag		Sittenwidrigkeit	
Stundung		Mangelnde Geschäftsfähigkeit	
Zurückbehaltungsrecht		Erlöschen durch Leistung	

Siehe Anhang 5.4

Aufgabe 5.8 Das Aufbaumuster auf einen Fall anwenden

Ordnen Sie die einschlägigen Rechtsnormen zum Fall 3.9 dem Aufbaumuster zu.

Siehe Anhang 5.5

Aufgabe 5.9 Normen den Prüfungsschritten zuordnen

Entscheiden Sie, ob es sich bei den folgenden Normen des BGB um rechtshindernde, rechtsvernichtende Einwendungen oder um rechtshemmende Einwendungen (Einreden) handelt, ohne auf das Schema zu schauen.
§§ 134, 138 I, 362 I, 387, 397 I, 314 I 1, 346 I, 214 I, 320 I 1 BGB.

Siehe Anhang 5.6

Übersicht über das Vorgehen

1. Sachverhalt, Fallfrage?	**Sachverhalt verstehen, Fallfrage konkretisieren**	
2. Welche Anspruchsziele bestehen?	**Rechtsbegehren ermitteln** (s. Online-Materialien 3.1)	
3. Welches Gesetz ist hinzuzuziehen?	**Gesetz ermitteln** i.d.R. das BGB	
4. Welche Anspruchsgrundlagen sind einschlägig?	**Anspruchsgrundlagen suchen** z. B. für: Herausgabe Rückgabepflicht bei Leihvertrag	
5. In welcher Reihenfolge prüfe ich die Anspruchsgrundlagen?	**Prüfungsreihenfolge beachten** → vertraglich § 604 I BGB z. B. vertraglich (Rückgabepflicht aus Leihvertrag) vor dinglich (Herausgabe) → dinglich § 985 BGB	vertraglich § 604 I BGB quasivertraglich dinglich § 985 BGB ungerechtfertigte Bereicherung
6. Wie ist die Prüfung des Anspruchs aufgebaut?	**Prüfungsaufbau beachten** 1. Prüfung des vertraglichen Anspruchs z. B. aus § 604 I BGB: • Anspruch entstanden • Anspruch erloschen • Anspruch durchsetzbar 2. Prüfung des dinglichen Anspruchs z. B. aus § 985 BGB • Anspruch entstanden • Anspruch erloschen • Anspruch durchsetzbar	Prüfung aller TBM, z. B.: TBM 1: Leihvertrag TBM 2: entliehene Sache TBM 3: Ablauf der Zeit TBM 1: Eigentümer TBM 2: Besitzer TBM 3: Sache

Aufgabe 5.10 Prüfungsreihenfolge und Prüfungsaufbau versprachlichen

a) Erklären Sie einem juristischen Laien den Aufbau und die Logik der obenstehenden Übersicht.
b) Warum sollte man bei einer gutachterlichen Prüfung die angegebene Prüfungsreihenfolge einhalten?
c) Notieren Sie alles, was Sie an der Übersicht nicht verstanden haben.

Wiederholungsfragen
Beantworten Sie folgende Fragen: a) Warum gibt es eine Reihenfolge bei der Prüfung von Ansprüchen? b) Entwickeln Sie das Aufbaumuster einer Anspruchsprüfung anhand des § 823 I BGB (Schadensersatz).

Siehe Anhang 5.7

Vertiefungshinweise

Kohler-Gehrig, E. (2017, S. 17–20, 41, 50 f.): *Einführung in das Recht. Technik und Methoden der Rechtsfindung.*

Lagodny, O. (2012, S. 1–40, 117–123): *Gesetzestexte suchen, verstehen und in der Klausur anwenden.*

Lange, B. (2015, S. 254–258, 276 f.): *Jurastudium erfolgreich: Planung, Lernstrategie, Zeitmanagement.*

Lutz, P. & Willers, S. M. (2022, S. 9 ff.; 119 ff.; 245, 256 ff.): *Die wichtigsten Schemata 2022: Zivilrecht, Strafrecht, Öffentliches Recht.*

Metzler-Müller, K. & Füglein, F. (2022, S. 40–44): *Wie löse ich einen Privatrechtsfall? Aufbauschemata – Mustergutachten – Klausurschwerpunkte.*

Pense, U. & Lüdde, J. S. (2022, S. 41–48): *Methodik der Fallbearbeitung im Studium und Examen: Wie schreibe ich eine Klausur?*

Reimer, F. (2012, S. 625), *Juristische Texte lesen – Hilfestellungen aus öffentlich-rechtlicher Sicht.* In: Zeitschrift für das Juristische Studium 5/2012.

Richter, H.-P. (2021, S. 9–14, 22): *Juristische Grundkurse, BGB Allgemeiner Teil.*

Von Münchhausen, M. & Püschel, I. P. (2002, S. 80–86, 101, 103–105.): *Lernprofi Jura. Wie Sie Jura richtig lernen. Lerntechnik, Klausurtechnik, Hausarbeitstechnik, Lernmotivation, Examensmanagement.*

Anhang 5: Prüfungsreihenfolge und Prüfungsaufbau

Anhang 5.1	zu Aufgabe 5.1

Herausgabe, § 985 BGB
Rückgabepflicht bei Leihvertrag, § 604 I BGB

Anhang 5.2	zu Aufgabe 5.3

2.
Vertragliche Ansprüche vor dinglichen Ansprüchen, § 604 I BGB also vor § 985 BGB.

3. §§ 280 I, 122 I, 179 I, 823 I BGB
Die Normen sind in dieser Reihenfolge zu prüfen, da § 280 I BGB vertragliche Schadensersatzansprüche regelt, §§ 122 I, 179 I BGB regeln vertragsähnliche Ansprüche und § 823 I BGB regelt einen gesetzlichen Schadensersatzanspruch.

Anhang 5.3	zu Aufgabe 5.4

Vertragliche Schadensersatzansprüche:	§§ 437 Nr. 3, 311a Abs. 2 S. 1 BGB
Quasivertragliche Ansprüche:	§ 122 I BGB, § 179 Abs. 1 BGB
Dingliche Ansprüche:	§§ 861 f., 985, 1004, 1007, 1227 BGB
Deliktische Ansprüche:	§ 823 I BGB i.V.m. § 249 I BGB, § 833 S. 1 BGB
Ansprüche aus ungerechtfertigter Bereicherung:	§§ 812 ff. BGB

Anhang 5.4 zu Aufgabe 5.7

Rechtsbegriffe	§§ des BGB Schritte	Rechtsbegriffe	§§ des BGB Schritte
Verjährung	214 I Schritt III	Formnichtigkeit	125 S. 1 Schritt I 2
Rücktritt vom Vertrag	323 I, 346 I Schritt II	Sittenwidrigkeit	138 I, II Schritt I 2
Stundung	468 I Schritt III	Mangelnde Geschäftsfähigkeit	105 ff. Schritt I 2
Zurückbehaltungsrecht	273 I, 320 I Schritt III	Erlöschen durch Leistung	362 I Schritt II

Anhang 5.5 zu Aufgabe 5.8

Anspruch entstanden: § 433 I, II BGB; §§ 145 ff. BGB (Schritt I 1)

Rechtshindernde Einwendungen: §§ 119 ff. BGB (Schritt I 2), ggf. Schritt II.

Anhang 5.6 zu Aufgabe 5.9

Rechtshindernde Einwendungen: §§ 134, 138 I BGB

Rechtsvernichtende Einwendungen: §§ 362 I, 387, 397 I, 314 I 1, 346 I BGB

Rechtshemmende Einwendungen (Einreden): §§ 214 I, 320 I 1 BGB

Anhang 5.7 Lösungen zu den Wiederholungsfragen

zu a)
Es gibt eine Reihenfolge bei der Prüfung von Ansprüchen, da es verschiedene Antwortnormen zu einer Fallfrage geben kann, die in einem Konkurrenzverhältnis zueinanderstehen. Die Prüfungsreihenfolge ist zwingend und berücksichtigt die Systematik unseres Rechtssystems.

Zu b)
Prüfungsaufbau zu einem Anspruch auf Schadensersatz (nach § 823 I BGB)
Schritt I 1 (Anspruch entstanden)

1 Tatbestand, Prüfung von
- (1) Rechtsgutsverletzung
- (2) Rechtsgutshandlung
- (3) Kausalität zwischen Rechtsgutshandlung und Rechtsgutsverletzung

2 Rechtswidrigkeit
- (1) Rechtswidrigkeit

3 Schuld
- (1) Verschulden

4 Schaden

5 Kausalität zwischen Rechtsgutsverletzung und eingetretenem Schaden

Die Schritte I 2, II und III werden nur dann durchgeführt, wenn es Anhaltspunkte im Sachverhalt gibt, die diese Prüfung erfordern.

6. Zitieren der Normen

Übersicht

A Sachverhalt erschließen, Fallfrage verstehen, Rechtsnormen suchen	**Einheit 1** Einführung in die Fallbearbeitung	**Einheit 2** Lesen von Sachverhalten, Fallfragen und Bearbeitungshinweisen	**Einheit 3** Suchen von Rechtsnormen	
B Hintergrundwissen aneignen	**Einheit 4** Normarten	**Einheit 5** Prüfungsreihenfolge und Prüfungsaufbau	**Einheit 6** Zitieren	
C Gutachten schreiben	**Einheit 7** Struktur eines Gutachtens	**Einheit 8** Obersätze bilden	**Einheit 9** Voraussetzungen formulieren und definieren	
	Einheit 10 Subsumieren	**Einheit 11** Ergebnisse formulieren	**Einheit 12** Lösungsskizzen entwerfen	**Einheit 13** Auslegungsmethoden

Zitieren

In dieser Einheit erarbeiten Sie sich …
… fachlich, • wie man Normen ausführlich und in abgekürzter Form korrekt zitiert.

6.1 Sinn und Zweck des richtigen Zitierens

Eine Norm besteht häufig aus mehreren Absätzen, Sätzen, Alternativen, Varianten usw. In der folgenden Norm sind die Absätze durch die Ziffern in Klammern und die Sätze durch die hochgestellten Ziffern kenntlich gemacht.

Beispiel aus dem BGB

> **§ 433 Vertragstypische Pflichten beim Kaufvertrag.** (1)^{1} Durch den Kaufvertrag wird der Verkäufer einer Sache verpflichtet, dem Käufer die Sache zu übergeben und das Eigentum an der Sache zu verschaffen.^{2} Der Verkäufer hat dem Käufer die Sache frei von Sach- und Rechtsmängeln zu verschaffen.
> (2) Der Käufer ….

Will man sich auf einen bestimmten Teil dieser Norm beziehen, muss man genau diesen Teil benennen, damit der Leser weiß, um welchen Teil der Norm es sich handelt. Die Teile einer Norm werden deshalb nach bestimmten Regeln bezeichnet.
Beispiel: § 433 Abs. 1 S. 1 BGB

6.2 Zitierweisen

Aufgabe 6.1 Zitieren von Paragrafen

Antworten Sie in der korrekten Zitierweise.
In welchen Paragrafen …
a) … finden sich Angaben zum Herausgabeanspruch einer beweglichen Sache?
b) … ist die Rechtsfähigkeit einer natürlichen Person geregelt?
c) … finden sich Angaben zum Kaufvertrag?
d) … findet man die Nichtigkeit der Willenserklärung bei Geschäftsunfähigen?

Siehe Anhang 6.1

Ausführliche und abgekürzte Zitierweise

Es gibt eine ausführliche und abgekürzte Zitierweise. Statt *Abs. 1* kann man *I* schreiben, statt *S. 1* einfach eine *1*, wenn eine römische Zahl vorausgeht.

Aufgabe 6.2 Zitieren von Paragrafen und Absätzen

Suchen Sie zu den folgenden Normangaben die dazugehörenden Textstellen im BGB.

a) § 433 Abs. 2 BGB
b) § 441 Abs. 1 S. 1 BGB
c) § 1763 III b) BGB
d) § 433 I 1 BGB

Siehe Anhang 6.2

Zitierweise von Paragrafen und Absätzen

Beschreibung	Ausführliche Zitierweise	Abgekürzte Zitierweise
eine Norm	§ 1 BGB	§ 1 BGB
zwei Normen	§§ 1, 2 BGB	§§ 1 f. BGB
mehrere Normen	§§ 1–89 BGB	§§ 1 ff. BGB
ein Absatz einer Norm	§ 433 Abs. 1 BGB	§ 433 I BGB § 433 (1) BGB
ein Absatz und ein Satz einer Norm	§ 433 Abs. 1 S. 1 BGB	§ 433 I 1 BGB
eine Norm mit einem Buchstaben und einem Satz	§ 90a S. 1 BGB	§ 90a S. 1 BGB

Die Ebene unterhalb des **Paragrafen** ist der **Absatz**, die Ebene unterhalb des Absatzes ist der **Satz**. Zitierbeispiel: § 27 Abs. 1 S. 1 BGB / § 27 I 1 BGB.

Häufig tragen später ins Gesetz eingefügte Paragrafen oder Artikel nach der Nummer einen **Buchstaben**. Dieser ist hinter der Nummer ohne Leerzeichen anzugeben. Beispiel: § 356b BGB

Aufgabe 6.3 Zitieren mit Paragrafen, Absätzen, Sätzen, Buchstaben

Wie zitiert man folgende Textstellen aus den §§ 24–32 BGB ausführlich und abgekürzt?

Gesetzestext	Zitierweise	
	ausführlich	abgekürzt
a) Als Sitz eines Vereins gilt, wenn nicht ein anderes bestimmt ist, der Ort, an welchem die Verwaltung geführt wird.		
b) Besteht der Vorstand aus mehreren Personen, so wird der Verein durch die Mehrheit der Vorstandsmitglieder vertreten.		
c) Sind Organmitglieder oder besondere Vertreter nach Absatz 1 Satz 1 einem anderen zum Ersatz eines Schadens verpflichtet, […], so können sie von dem Verein die Befreiung von der Verbindlichkeit verlangen.		

Siehe Anhang 6.3

Beim Zitieren benutzt man entweder bei allen Angaben die verkürzte Zitierweise, oder aber bei allen die ausführliche. In der Klausur raten wir Ihnen, die abgekürzte Zitierweise zu wählen, um Zeit zu sparen.

Aufgabe 6.4 Beispiele im Gesetz suchen

Füllen Sie im folgenden Schema die leeren Kästchen aus, indem Sie Beispiele im Gesetz suchen.

Weitere Zitierweisen	Beispiele
Halbsatz Halbsätze entstehen i.d.R., wenn ein Satz durch Semikolon geteilt wird. Sie werden mit Halbs., HS oder Hs. abgekürzt.	§ 108 Abs. 2 S. 1, 2. HS BGB § 108 II 1, 2. HS BGB „eine vor der Aufforderung dem Minderjährigen gegenüber erklärte Genehmigung oder Verweigerung der Genehmigung wird unwirksam."
Alternative, Variante, Fall Wenn eine Norm eine sinngemäße Aufteilung hat, entstehen Alternativen (2) oder Varianten (mind. 3). Alternativen werden mit **„Alt."** und Varianten mit **„Var."** abgekürzt. In einer Variante kann eine Alternative stecken, aber nicht umgekehrt.	

Aufzählung	
Sind Aufzählungen in Normen durchnummeriert, so ist die Nummer mit „Nr." zu zitieren. Ist die Aufzählung alphabetisch gegliedert, wird der Buchstabe angegeben.	
Gesetzesname	
Das Zitat wird mit der Nennung des jeweiligen Gesetzes geschlossen.	
Normenkette	
Die Abkürzung i.V.m. bedeutet „in Verbindung mit" und wird verwendet, um einen Paragrafen oder Absatz eines Gesetzes mit weiteren zu verbinden bzw. auf diese zu verweisen. Man nennt die verbundenen Normen Normenkette.	
Kommasetzung	
Folgen zwei arabische Zahlen aufeinander, müssen beide arabischen Zahlen durch ein Komma voneinander getrennt werden.	

Aufgabe 6.5 Falsche Zitierweisen erkennen

Entscheiden und begründen Sie, welche Zitierweise richtig ist bei …

1.) … einer Anspruchsprüfung auf Schadensersatz:

a) § 823 Abs. 1 BGB b) § 823 BGB
c) § 823 Abs. 2 BGB d) § 823 I BGB

2.) … einer Anfechtung wegen arglistiger Täuschung:

a) § 123 b) § 123 Abs. 2 S. 1 BGB c) § 123 I 1. Alt. BGB
d) § 123 Abs. 1, 1. Alt. BGB e) § 123 Abs. 1 S. 1

Siehe Anhang 6.4

Die Zitierweise im Gutachten unterscheidet sich von der Nomenklatur, die Sie in publizierten Gesetzen finden. So steht im BGB (Textausgabe bei C.H. Beck) die Nummer für den Absatz in Klammern, der Satz wird als Hochzahl angegeben. Aus diesem Grund wird in der folgenden Tabelle die Zitierweise des Gesetzes aufgenommen und der Zitierweise im Gutachten gegenübergestellt.

Vollständige Übersicht über die Zitierweisen am Beispiel des BGB

Bezeichnung	**Zitierweisen** **ausführlich**	**abgekürzt**	**Nomenklatur im Gesetz**
1 kompletter Paragraf	§ 1 BGB	-	§ 1
2 komplette Paragrafen	§§ 1, 2 BGB oder §§ 1 f. BGB	-	§ 1, § 2
Mehrere komplette Paragrafen	§§ 1–3 BGB oder §§ 1, 2, 3 BGB oder §§ 1 ff. BGB		§ 1, § 2, § 3
Paragraf mit Absatz	§ 7 Abs. 1 BGB	§ 7 I BGB	§ 7 (1)
Paragraf mit Absatz und Satz	§ 9 Abs. 1 S. 1 BGB	§ 9 I 1 BGB	§ 9 (1)^{1}
Paragrafenkette	§ 311 Abs. 1 BGB in Verbindung mit § 241 Abs. 2 BGB	§ 311 I i.V.m. § 241 II BGB	§ 311 (1), § 241 (2)
Paragraf mit Nummer und Buchstabe	§ 438 Abs. 1 Nr. 1a) BGB	§ 438 I Nr. 1a) BGB	§ 438 (1) 1. a)
Paragraf mit Alternative	§ 812 Abs. 1 S. 1, 1. Alt. BGB	§ 812 I 1, 1. Alt. BGB	§ 812 (1)^{1} (Im Gesetzestext sind 2 Alternativen versprachlicht durch das Wort „oder".)
Paragrafen mit Variante	§ 823 Abs. 1 Var. 3 BGB	§ 823 I Var. 3 oder 3. Var. BGB	Im Gesetzestext inhaltlich strukturiert, nicht formal
Paragrafen mit Halbsatz	§ 631 Abs. 1 HS 1 BGB § 631 Abs. 1, 1. HS BGB	§ 631 I HS 1 BGB	Im Gesetzestext werden zwei Halbsätze durch ein Komma sichtbar gemacht, in § 993 BGB aber durch ein Semikolon.

Beim Zitieren gilt die Reihenfolge: § (+ Buchstabe), Abs., S., Nr., Alt./Var., HS/Hs. Werden mehrere Paragrafen zitiert, spricht man von **Paragrafenketten.**

Beispiel:
Der Anspruch auf Rückgewähr einer Kaufsache wegen eines sachmangelbedingten Rücktritts nach erfolglosem Setzen einer Nachfrist ergibt sich aus §§ 437 Nr. 2, 323 Abs. 1, 346 Abs. 1 BGB.

Aufgabe 6.6 Textstellen richtig zitieren

Zitieren Sie die vier farblich markierten Textpassagen des § 218 BGB[1]

a)
(1) [1]Der Rücktritt wegen nicht oder nicht vertragsmäßig erbrachter Leistung ist unwirksam, wenn der Anspruch auf Leistung oder der Nacherfüllungsanspruch verjährt ist und der Schuldner sich hierauf beruft.

b)
[2]Dies gilt auch, wenn der Schuldner nach § 275 Abs. 1 bis 3, § 439 Abs. 3 oder § 635 Abs. 3 nicht zu leisten braucht und der Anspruch auf Leistung oder der Nichterfüllungsanspruch verjährt wäre.

c)
[3] 216 Abs. 2 Satz 2 bleibt unberührt.

d)
(2) § 214 Abs. 2 findet entsprechende Anwendung.

Siehe Anhang 6.5

Aufgabe 6.7 Zitierte Textpassagen im BGB finden

Markieren Sie die Textpassagen in Ihrem BGB, die durch die folgenden Zitierungen ausgedrückt werden.

(1) § 14 Abs. 1 BGB **(2)** § 90a S. 3 BGB **(3)** § 631 Abs. 1, 2. Hs. BGB
(4) § 812 Abs. 1 S. 1 Alt. 1 BGB **(5)** § 438 Abs. 1 Nr. 1 a) BGB

Online-Materialien (6.1, 6.2 und 6.3):
Hier finden Sie weitere Übungen zum korrekten Zitieren.

1 Ob die Sätze einer Norm durch eine Hochzahl bezeichnet sind oder nicht, hängt von der Textsammlung des Verlages ab.

Wiederholungsfragen
Beantworten Sie folgende Fragen: a) Warum ist die exakte Zitierweise in der Klausur wichtig? b) Wie zitiere ich Absatz und Satz, Alternative, Halbsatz, Nummer, Buchstabe in der ausführlichen und in der abgekürzten Zitierweise?

Siehe Anhang 6.6

Vertiefungshinweise

Beck, S. (2013, S. 8): *Leitfaden für Erstsemester.* Universität Bonn.

Lippmann, S. & Scholz, L. (2014, S. 9–11): *Das BGB für ausländische Studierende – Übungen zu Rechtssprache und Methodik.*

Lange, B. (2015, S. 278): *Jurastudium erfolgreich: Planung, Lernstrategie, Zeitmanagement.*

Roos, A. & Taube, C. (2012, S. 6): *Grundlagen der Klausurtechnik. Januar 2012.* Ruhr-Universität Bochum.

Simon, H. (2022, S. 22, 34–39): *Deutsche Rechtssprache. Ein Studien- und Arbeitsbuch mit Einführung in das deutsche Recht.*

Anhang 6: Zitieren der Normen

Anhang 6.1	zu Aufgabe 6.1

Angabe	Alternative	Erläuterung
a) § 985 BGB		Bezieht man sich auf einen kompletten Paragrafen ohne Angabe von Absätzen und Sätzen usw., dann schreibt man § + Nr. der Norm + Gesetz.
b) §§ 1, 2 BGB	§§ 1f. BGB	Bezieht man sich auf zwei komplette Normen, schreibt man §§ + Nummer der ersten Norm, Nummer der zweiten Norm + Gesetz oder: §§ + Nummer der ersten Norm + f. + Gesetz
c) §§ 433–453 BGB	§§ 433 ff. BGB	Bezieht man sich auf mehr als zwei komplette Paragrafen, schreibt man §§ + Nummern der Normen. Alternativ: §§ + Nr. + ff. + Gesetz

d) § 105 Abs. 1 BGB § 105 I BGB Beachten Sie das Leerzeichen zwischen Abs. und Zahl.

Aus der Übersicht wird deutlich, dass es eine ausführliche und eine abgekürzte Zitierweise gibt. In der Klausur empfehlen wir die abgekürzte Zitierweise, damit Sie Zeit sparen.

Anhang 6.2 zu Aufgabe 6.2

a) § 433 Abs. 2 BGB:	(2) Der Käufer ist verpflichtet, dem Verkäufer [...] abzunehmen.
b) § 441 Abs. 1 S. 1 BGB:	(1) [1]Statt zurückzutreten, kann der Käufer [...] mindern.
c) § 1763 III b) BGB:	Das Annahmeverhältnis darf nur aufgehoben werden, wenn die Aufhebung eine erneute Annahme des Kindes ermöglichen soll.
d) § 433 I 1 BGB:	(1) [1]Durch den Kaufvertrag wird der Verkäufer einer Sache verpflichtet (...) zu verschaffen.

Anhang 6.3 zu Aufgabe 6.3

a) § 24 BGB b) § 26 Abs. 2 S. 1 / § 26 II 1 BGB c) § 31a Abs. 2 S. 1 BGB / § 31a II 1 BGB

Anhang 6.4 zu Aufgabe 6.5

Richtig	Falsch
1. a) § 823 Abs. 1 BGB d) § 823 I BGB	b) § 823 BGB c) § 823 Abs. 2 BGB
2. c) § 123 I 1. Alt. BGB d) § 123 Abs. 1, 1. Alt. BGB	a) § 123 (nur Teile der Norm sind relevant) b) § 123 Abs. 2 S. 1 BGB (sachlich falsch) e) § 123 Abs. 1 S. 1 (Es gibt nur einen Satz in der Norm, der keine Zahl erhält. Wichtig ist, die 1. Alternative zu benennen.)

Anhang 6.5 zu Aufgabe 6.6

a) § 218 I 1, 1. Var. BGB / § 218 Abs. 1 Satz 1, 1. Var. BGB
b) § 218 I 2, 3. Alt. BGB / § 218 Abs. 1 S. 2, 3. Alt. BGB
c) § 218 I 3 BGB / § 218 Abs. 1 S. 3 BGB
d) § 218 II BGB / § 218 Abs. 2 BGB

Anhang 6.6 Lösungen zu den Wiederholungsfragen

zu a):
Die exakte Zitierweise ist in der Klausur wichtig, damit der Korrektor weiß, welche Situation des Gesetzes man in Bezug zu der Fallfrage genau prüft. Jeder Absatz, Satz, Halbsatz und Buchstabe und jede Alternative und Nummer behandelt eine bestimmte abstrakte Situation im Gesetz. Daher muss genau zitiert werden, was man exakt im konkreten Fall prüft. Eine nicht exakte Zitierung stellt einen Systemfehler dar und führt zu Punktabzügen in der Klausur.

zu b):
Für einen Absatz verwendet man eine römische Zahl, für einen Satz verwendet man eine arabische Zahl. Alternative kürzt man mit Alt. ab, Halbsatz wird mit HS/Hs. abgekürzt, Nummer mit Nr., Buchstabe mit dem jeweiligen Buchstaben z. B. a). Alt., HS, Nr., a) werden in der ausführlichen und abgekürzten Zitierweise gleich verwendet.

Teil C

Gutachten schreiben

7. Die Struktur eines Gutachtens

Übersicht

A Sachverhalt erschließen, Fallfrage verstehen, Rechtsnormen suchen	**Einheit 1** Einführung in die Fallbearbeitung	**Einheit 2** Lesen von Sachverhalten, Fallfragen und Bearbeitungshinweisen	**Einheit 3** Suchen von Rechtsnormen	
B Hintergrundwissen aneignen	**Einheit 4** Normarten	**Einheit 5** Prüfungsreihenfolge und Prüfungsaufbau	**Einheit 6** Zitieren	
C Gutachten schreiben	**Einheit 7** Struktur eines Gutachtens	**Einheit 8** Obersätze bilden	**Einheit 9** Voraussetzungen formulieren und definieren	
	Einheit 10 Subsumieren	**Einheit 11** Ergebnisse formulieren	**Einheit 12** Lösungsskizzen entwerfen	**Einheit 13** Auslegungsmethoden

Gutachten schreiben

In dieser Einheit lernen Sie ...

... fachlich,
- sich einen Überblick über die Struktur eines Gutachtens zu verschaffen,
- dass ein Gutachten durch die Ebenen, die Zwischenschritte und die Viererschritte gegliedert wird.

... hinsichtlich Methodik und Lernstrategien,
- zwischen der Struktur des Gutachtens, die Sie mitdenken, und dem, was Sie tatsächlich schreiben, zu unterscheiden.

... sprachlich,
- Formulierungen, die beim Schreiben eines Gutachtens üblich sind, funktional zu verwenden.

7.1 Einführung

Gutachtentechnik – was ist das?

Jeder juristische Fall, der Ihnen vorgelegt wird, enthält eine Fallfrage. Um diese methodisch abgesichert beantworten zu können, wurde die Gutachtentechnik entwickelt. Sie ist ein methodisches Verfahren, mit dessen Hilfe Sie zu einer Antwort gelangen und dabei die logischen und argumentativen Denkschritte festhalten.

Worin besteht der Gutachtenstil?

Von der Gutachtentechnik ist der Gutachtenstil zu unterscheiden. Mit dem Gutachtenstil bezeichnen wir die sprachliche Form des Gutachtens.[1]

Häufige Probleme beim Verstehen der Gutachtentechnik

Ein Gutachten hat eine festgelegte Grundstruktur mit dem Hauptmerkmal des sog. Viererschritts. Wenn Sie ein ausformuliertes Gutachten lesen, werden Sie aber Schwierigkeiten haben, die Vierschrittigkeit im Gutachten zu erkennen. Woran liegt das?

Ein Gutachten ist, je nach der Komplexität eines Falles, verschachtelt und verzweigt aufgebaut.[2] Die Denkschritte werden i.d.R. nicht vollständig verbalisiert, einige Teile verbergen sich als gedachte Struktur hinter dem Text des Gutachtens

1 Auf den unterschiedlichen terminologischen Gebrauch von Gutachtenstil und Gutachtentechnik verweist auch Gauseweg, S. (2021, S. 104) mit Verweis auf Lagodny, O. & Mansdörfer, M. & Putzke, H. (2014, S. 157 f.). In der Literatur wird häufig unter Gutachtenstil die Gutachtentechnik verstanden. Dieser Begriffsbestimmung möchten wir uns nicht anschließen, sondern beide Begriffe voneinander unterscheiden (vgl. auch Lange, 2015, S. 284).

2 In der Einheit 11 haben wir diese Verschachtelung an einem Fallbeispiel visualisiert.

und sind sprachlich nicht sichtbar. Einem Studienanfänger kann deshalb die Orientierung beim Lesen eines Gutachtens schwerfallen.

Hintergrund dieser verkürzten Darstellung ist das Gebot einer ökonomischen Darstellung und einer Schwerpunktsetzung innerhalb eines Gutachtens. Von dem Viererschritt werden daher Teile ausgelassen, wenn diese in Bezug auf die Fallfrage nicht geprüft werden müssen oder aber als Wissen beim Leser vorausgesetzt werden können. Sie können zudem auch im Feststellungsstil (Behauptungsstil) formuliert werden.

Diese verkürzte Darstellung erschwert nicht nur das Verstehen der logischen Struktur, sondern auch das Verfassen eines Gutachtens. Viele Studierende lernen deshalb autorisierte Gutachten auswendig wie ein Muster, das sie auf alle Fälle anwenden wollen. Sie reproduzieren jedoch dadurch in Prüfungen ein starres, gelerntes Schema. In der Folge entstehen in ihren Gutachten inhaltliche Schwachstellen, denn bei jeder gutachterlichen Behandlung einer Rechtsfrage muss eine Schwerpunktsetzung vorgenommen und damit von dem auswendig gelernten Muster abgewichen werden. Die Struktur Ihres Gutachtens müssen Sie also immer an den konkreten Sachverhalt eines Falles anpassen.

Konsequenzen

Wir sind der Überzeugung, dass Sie nur dann ein Gutachten schreiben können, wenn Sie die logische Grundstruktur eines Gutachtens verstanden haben.[3] Dazu müssen Sie vor allem auch wissen, welche gedanklichen Schritte verdeckt bleiben und nicht aufgeschrieben werden. Wir versuchen, mit dieser Schwierigkeit umzugehen, indem wir eine formale Gliederung von Gutachten vorstellen, in der alle gedanklichen Schritte aufgeführt sind. Dadurch möchten wir die Vierschrittigkeit auch dort sichtbar machen, wo sie in der Gliederung und auch in den Formulierungen nicht sichtbar ist.

Unser Ziel ist es also, dass Sie die Gutachtentechnik verstehen. Außerdem möchten wir, auf der Basis Ihres Fachwissens, Ihre fachsprachliche Entwicklung fördern. Dazu brauchen Sie ein Verständnis der Textsorte Gutachten und die sprachlichen Mittel, das Gutachten zu schreiben.

Die Struktur eines Gutachtens

Im Folgenden sehen Sie die vereinfachte Struktur eines Gutachtens für das ZR. Es ist verschachtelt, d. h., es enthält mehrere Ebenen.[4] In der Darstellung der Struktur sind lediglich drei Ebenen dargestellt. Gutachten können aber auch weitere Ebenen enthalten, wie Sie in den folgenden Einheiten sehen werden.

---

3 Stellvertretend für Dozierende, die bemängeln, dass Studierende nur über ein mangelndes Verständnis der gedanklichen Struktur von Gutachten verfügen, sei hier Gauseweg, S. (2021, S. 102 f.) genannt.

4 In der Einheit 11 finden Sie eine alternative Visualisierung in Form einer Schachtel.

Im Anschluss an die Strukturskizze erläutern wir Ihnen die Gliederungspunkte Schritt für Schritt überblicksartig und noch ohne Einzelheiten, damit Sie zu einem groben Gesamtverständnis kommen. In den sich anschließenden Einheiten werden wir Ihnen diese Schritte vertiefend und ausführlicher erläutern. Nicht alle Schritte, die wir in dem Schema dargestellt haben, werden auch tatsächlich in einem Gutachten formuliert, sie werden aber mitgedacht.

Schema eines Gutachtens

Ebenen:
I II III

- I 1 Norm-Obersatz
- I 2 Voraussetzungen/Definition
- I 3 Subsumtion i.w.S.
  - II a Zwischenschritt a: **Anspruch entstanden?**
    - II 1 Obersatz
    - II 2 Definition
    - II 3 Subsumtion i.w.S:
      - Prüfung Tatbestandsmerkmal a
        - III 1 a Tatbestands-Obersatz
        - III 2 a Definition
        - III 3 a Subsumtion i.e.S.
        - III 4 a Zwischenergebnis
      - Prüfung Tatbestandsmerkmal b
        - III 1 b Tatbestands-Obersatz
        - III 2 b usw.
    - II 4 Zwischenergebnis
- I 4 a Zwischenergebnis zu Zwischenschritt a
  - II b Zwischenschritt b (mit Prüfung wie bei Zwischenschritt a): **Anspruch erloschen?**
  - II c Zwischenschritt c (mit Prüfung wie bei Zwischenschritt a): **Anspruch durchsetzbar?**
- I 4 Gesamtergebnis aller Zwischenergebnisse

7.2 Erläuterungen

Die Ebenen

Wir unterscheiden bei einem Gutachten mehrere Ebenen. Auf der ersten Ebene wird das generelle Ziel des Gutachtens, das sog. Anspruchsziel, in einem Norm-Obersatz dargestellt und nach der gutachterlichen Methode geprüft. Zur Prüfung des Norm-Obersatzes sind i.d.R. Teilprüfungen auf einer untergeordneten Ebene (der 2., 3. oder sogar 4. Ebene) notwendig, die dazu dienen, den Prüfvorgang der ersten Ebene durchzuführen.

Die Vierschrittigkeit

An der Übersicht wird zunächst deutlich, dass die Prüfung eines möglichen Anspruchs grundsätzlich in vier Schritten erfolgt. Hinter diesen Schritten verbirgt sich die Struktur einer Denkbewegung als ein methodisches Verfahren.

Diese Kennzeichnung der gutachterlichen Methode, die man in der Literatur fast durchgängig findet, stellt allerdings eine Vereinfachung dar. Während bei der Prüfung ab der zweiten Ebene, auf der die TBM geprüft werden, alle vier Schritte aufgeschrieben werden, ist dies auf der ersten Ebene nicht der Fall. Welche Gründe dafür vorliegen, werden wir im Folgenden Schritt für Schritt erklären.[5]

1. Ebene, Schritt I 1: Der Norm-Obersatz

Der Norm-Obersatz bildet den ersten Schritt in der Methodik der Gutachtentechnik. Er stellt eine mögliche Antwort auf die Fallfrage dar. Da die Antwort erst noch verifiziert werden soll, handelt es sich bei dem Norm-Obersatz um eine Hypothese. Sie enthält eine Angabe zur Norm (s. Einheit 8), auf die Sie sich bei der folgenden Prüfung beziehen wollen, und heißt deshalb auch Norm-Obersatz. Im ZR handelt es sich bei diesen Normen um Anspruchsgrundlagen.

Aufgabe 7.1 Formulierungen für Norm-Obersätze suchen

Suchen Sie in der Literatur je drei Beispiele für einen Normobersatz und tragen Sie diese in den folgenden Kasten ein:

Ebene I 1

Norm-Obersätze

1:

2:

3:

Siehe Anhang 7.1

---

5 Während die Darstellung an dieser Stelle abstrakt bleibt, weil sie nur der groben Orientierung dient, finden Sie in den folgenden Einheiten Beispiele für die Anwendung auf konkrete Fälle und praktische Übungen zum Schreiben.

Im Norm-Obersatz auf der ersten Ebene formulieren Sie, wie Sie mit Hilfe einer Anspruchsnorm die Fallfrage beantworten möchten. Im ZR geht es dabei immer um die Prüfung von Ansprüchen (wer will was von wem woraus?). Zur Erinnerung: Eine Anspruchsgrundlage besteht formal aus zwei Teilen: dem Tatbestand und der Rechtsfolge.[6] Die in der Anspruchsnorm angegebene Rechtsfolge tritt nur dann ein, wenn der Tatbestand, der im Gesetz genannt wird, auch in dem konkreten Fall vorliegt. Der Tatbestand enthält Tatbestandsmerkmale (TBM) oder Tatbestandsvoraussetzungen, in § 985 BGB z. B. die Begriffe Sache, Besitzer und Eigentümer. Diese TBM müssen Sie vierschrittig prüfen, was auf einer nachfolgenden Ebene geschieht.

Zwischenschritt 1

Bei der Gliederung des Gutachtens müssen Sie neben den angesprochenen Ebenen der Prüfung von TBM (im Schema die 3. Ebene) auch das Aufbaumuster (s. Einheit 5) beachten. Für die Formulierung der Zwischenschritte

Anspruch entstanden?
Anspruch erloschen?
Anspruch durchsetzbar?

haben wir eine eigene Ebene (die 2.) eingefügt. Damit möchten wir Ihnen erleichtern, beim Lesen eines Gutachtens die einzelnen Sätze der systematischen Gliederung zuzuordnen.

Nach der Formulierung des Normobersatzes beginnen Sie deshalb mit der Prüfung, ob der Anspruch überhaupt entstanden ist (Zwischenschritt 1), und prüfen, ob die Tatbestandsmerkmale der Anspruchsgrundlage (sowie auch die ungeschriebenen TBM, die Sie nicht im Gesetz finden) in dem konkreten Sachverhalt vorliegen. Man könnte die Zwischenschritte im Anschluss an den Norm-Obersatz in einem eigenen Typ von Obersatz (s.a. Einheit 8) verbalisieren:

Zwischenschritte:	*B hat Anspruch auf Schadensersatz, wenn der Anspruch entstanden, nicht erloschen und durchsetzbar ist.*

Diesen Obersatz für die Zwischenschritte formuliert man nicht, bedenkt ihn aber und überlegt sich, ob man jeden der Zwischenschritte prüfen muss.

1. Ebene, Schritt I 2: Die Voraussetzungen / Die Definition

In den meisten Lehrbüchern wird die Methodik des Gutachtenstils als ein Viererschritt beschrieben, bei dem nach dem Obersatz die Definition folgt. Dies ist auf der ersten Ebene nicht der Fall, falls Sie, was üblicherweise vorliegt, eine Schachtelprüfung durchführen. Haben Sie den Norm-Obersatz

B könnte gegen C einen Anspruch auf Schadensersatz aus § 823 I BGB haben,

6 Zur Vertiefung s. Bunn, L. & Kacik, G. (2019, S. 31–42).

so ist eine Definition des Begriffs *Schadensersatz* nicht zielführend für Ihr Gutachten. Entsprechend dem Prüfungsaufbau müssen Sie nämlich zuerst klären, ob der Anspruch überhaupt entstanden ist. Was Sie brauchen ist eine Definition, aus der laut Gesetz (oder ungeschriebenen Merkmalen) hervorgeht, unter welchen Voraussetzungen ein **Anspruch** entsteht, in diesem Fall auf Schadensersatz. Eine zielführende Definition könnte also lauten:

> *Unter einem **Anspruch auf Schadensersatz** versteht man ein Rechtsbegehren, für dessen Durchsetzung folgende Voraussetzungen erfüllt sein müssen: …*

Eine derartige Definition eines Anspruchs enthält also Voraussetzungen. Diese Voraussetzungen müssen Sie formulieren, indem Sie diese zunächst aus der Anspruchsgrundlage ermitteln und dann im Anschluss an den Norm-Obersatz und den Zwischenschritt 1 auflisten:

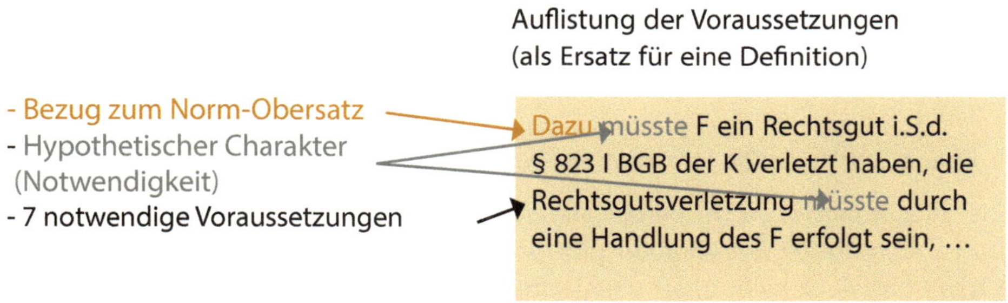

Im Unterschied zum Norm-Obersatz wird hier nicht das **Modalverb *können*** (als Ausdruck einer **Möglichkeit**) benutzt, sondern ***müssen*** (als Ausdruck einer **Notwendigkeit**).

Der Charakter einer Definition ist in dieser Auflistung sprachlich nicht mehr sichtbar. Da der Anspruch hypothetisch ist und man erst noch prüfen muss, ob die Voraussetzungen wirklich vorliegen, wird die Nennung der Voraussetzungen auch im Konjunktiv II formuliert. Bei der Nennung von Voraussetzungen, die gegeben sein müssten, damit der Anspruch entstehen kann, handelt es sich auch um Obersätze: um TB-Obersätze. Anstelle einer derartigen Auflistung können Sie alternativ die TB-Obersätze auf einer nachfolgenden Ebene formulieren.

Aufgabe 7.2 Den Aufbau von Gutachten ermitteln

- Suchen Sie mehrere Gutachten.
- Notieren Sie deren Aufbau entsprechend dem oben dargestellten Schema. Hilfestellung: Die einzelnen Teile des Gutachtens werden in folgender alphanumerischer Bezeichnung dargestellt: A, I, 1., a), aa).

Aufgabe 7.3 Voraussetzungen aus einer Anspruchsgrundlage ermitteln

Tragen Sie in den Kasten die Voraussetzungen aus der Anspruchsgrundlage ein.[7]

Voraussetzungen

§ 985 BGB:

Siehe Anhang 7.2

Aufgabe 7.4 Formulierungen von Voraussetzungen suchen

Anhand der folgenden Aufgabe sollen Sie sehen, dass die TBM entweder als Voraussetzungen auf der ersten Ebene formuliert werden oder in TB-Obersätzen auf der dritten Ebene.

- Suchen Sie Gutachten. Identifizieren Sie darin den Norm-Obersatz und schauen Sie, ob die Voraussetzungen bereits auf der ersten Ebene formuliert sind.
- Suchen Sie Gutachten, bei denen die TBM erst auf der 3. Ebene genannt werden.

1. Ebene Schritt I 3: Die Subsumtion i.w.S.

Die Subsumtion zum Normobersatz erscheint i.d.R. nicht als ein eigener Textteil. Da es nämlich keine Definition gibt (sondern die Auflistung von TBM), kann der Sachverhalt auch nicht unter eine Definition subsumiert werden. Bevor Sie auf der 1. Ebene subsumieren, erfolgt auf der 3. Ebene die Prüfung der TBM. Die Subsumtion auf der 1. Ebene entfällt und ergibt sich summativ aus den Zwischenergebnissen einer nachfolgenden Ebene. Wir nennen die Subsumtion auf der ersten Ebene deshalb Subsumtion im weiteren Sinne (i.w.S.), weil sie die Subsumtionen der 3. Ebene (Subsumtionen im engeren Sinne) umfasst.

Wird es notwendig, ein TBM ausführlicher auf einer weiteren Unterebene zu prüfen, so gibt es auch auf der Ebene eine Subsumtion i.w.S. und erst auf der weiteren Ebene Subsumtionen i.e.S.

1. Ebene Schritt I 4: Das Gesamtergebnis

Das Gesamtergebnis schließt die Vierschrittigkeit auf der ersten Ebene ab und fasst die Ergebnisse auf dieser Ebene zusammen. Evtl. müssen alle drei Zwischenschritte nicht nur mitgedacht, sondern auch formuliert werden, wenn sie für die Fallbearbeitung von Bedeutung sind.

→ Für ein Gutachten gilt das Gebot der Ökonomie. Was nicht für die Falllösung von Bedeutung ist, wird auch nicht gutachterlich formuliert, sondern allenfalls im Feststellungsstil erwähnt.

---

7 TBM werden i.d.R. aus der Norm abgeleitet, es gibt aber auch TBM, die nicht im Gesetz stehen.

2. Ebene / 3. Ebene: Die Zwischenschritte und die Prüfung der TBM: Die Vierschrittigkeit

Die Zwischenschritte (2. Ebene) beziehen sich auf den Prüfungsaufbau. Man kann deren Prüfung auch als eigene Ebene nummerieren. Der Viererschritt des Zwischenschritts wird häufig nicht formuliert, statt dessen formuliert man im Anschluss an die 1. Ebene nur den Satz „Dazu müsste der Anspruch entstanden sein" auf der 2. Ebene und nimmt dann die Prüfung der Tatbestandsmerkmale auf der 3. Ebene vor. Dies geschieht im klassischen Viererschritt, der sprachlich auch realisiert wird. Die TBM werden definiert, unter die Definition kann dann der Sachverhalt subsumiert werden. Die Prüfung eines jeden TBM schließt mit einem Zwischenergebnis, bevor die Prüfung des nächsten TBM beginnt. Die Zwischenergebnisse fügen sich zur Subsumtion i.w.S. zusammen.

Aufgabe 7.5 Aussagen über den Gutachtenstil (GS) einordnen

Entscheiden Sie, ob die folgenden Aussagen richtig (r) oder falsch (f) sind. Fügen Sie eine Begründung hinzu.

Aussage	r	f
1) Den verkürzten GS wenden Sie an, wenn Sie einen Prüfungsschritt als unproblematisch ansehen.		
2) Wenn Sie genügend Zeit haben, wenden Sie immer den GS an.		
3) Durch die Verwendung des GS machen Sie deutlich, dass Sie zwischen unproblematischen und problematischen Voraussetzungen unterscheiden können.		
4) Durch die Verwendung des GS machen Sie deutlich, dass Sie bei der Prüfung inhaltliche Schwerpunkte setzen können.		
5) Wenn man unsicher ist, ob man das Merkmal gar nicht nennen sollte (weil es offensichtlich unproblematisch ist), kann man es kurz im verkürzten GS erwähnen.		
6) Am besten behandelt man grundsätzlich alles im GS.		
7) Im Urteilsstil (US) wird das Ergebnis am Anfang genannt (und evtl. begründet), im GS steht das Ergebnis am Schluss.		
8) Die Konjunktionen *weil* und *denn* werden in einem US verwendet.		
9) Im GS wird im Obersatz der Konjunktiv II oder eine alternative Formulierung verwendet.		
10) In einem Gutachten kann stellenweise der US verwendet werden.		
11) Der US ist kürzer und prägnanter als der GS.		

Siehe Anhang 7.3

Vertiefungshinweise

Bunn, L. & Kacik, G. (2019, S. 31–42): *Deutsch als Fremdsprache für Juristen. Lehr- und Lernmaterialien zum Zivilrecht.*

Gauseweg, S. (2021, S. 101–105): *Aktiver Einstieg in facheigene Textsorten. Werkstattbericht eines schreibintensiven juristischen Tutoriums.*

Krebs, P. & Becker, M. (2017, S. 1 ff.): *Der Gutachtenstil (samt Formulierungshilfen).* Universität Siegen.

Lange, B. (2015, S. 258, 262–278, 282–286): *Jurastudium erfolgreich: Planung, Lernstrategie, Zeitmanagement.*

Metzler-Müller, K. & Füglein, F. (2022, S. 28–32, 34–49): *Wie löse ich einen Privatrechtsfall? Aufbauschemata – Mustergutachten – Klausurschwerpunkte.*

Pense, U. & Lüdde, J. S. (2022, S. 93-95, 103–108, 125–130): *Methodik der Fallbearbeitung im Studium und Examen: Wie schreibe ich eine Klausur?*

Richter, H.-P. (2021, S. 9–14): *Juristische Grundkurse, BGB Allgemeiner Teil.*

Simon, H. (2022, S. 26–30, 38 f., 240–245): *Deutsche Rechtssprache. Ein Studien- und Arbeitsbuch mit Einführung in das deutsche Recht.*

von Münchhausen, M. & Püschel, I. P. (2002, S. 83–86, 88–90, 100–106): *Lernprofi Jura. Wie Sie Jura richtig lernen. Lerntechnik, Klausurtechnik, Hausarbeitstechnik, Lernmotivation, Examensmanagement.*

Anhang 7: Die Struktur eines Gutachtens

Anhang 7.1	zu Aufgabe 7.1

Beispiele: E könnte gegen B einen Anspruch auf Herausgabe des Autos aus § 985 BGB haben.

M könnte gegen den Verkäufer einen Anspruch auf Übergabe und Übereignung der Tafel Schokolade aus § 433 I 1 BGB haben.

H könnte gegen G einen Anspruch auf Schadensersatz gem. § 823 I BGB haben.

Anhang 7.2	zu Aufgabe 7.3

§ 985 BGB:

Tatbestandsmerkmale:

- Sache
- Besitzer
- Eigentümer
- kein Recht zum Besitz (§ 986 BGB) (Einwendung als Gegennorm)

Anhang 7.3	zu Aufgabe 7.5

Aussage	r	f
1) Den verkürzten GS wenden Sie an, wenn Sie einen Prüfungsschritt als unproblematisch ansehen.	x	
2) Wenn Sie genügend Zeit haben, wenden Sie immer den GS an.		x
3) Durch die Verwendung des GS machen Sie deutlich, dass Sie zwischen unproblematischen und problematischen Voraussetzungen unterscheiden können.	x	
4) Durch die Verwendung des GS machen Sie deutlich, dass Sie bei der Prüfung inhaltliche Schwerpunkte setzen können.	x	
5) Wenn man unsicher ist, ob man das Merkmal gar nicht nennen sollte (weil es offensichtlich unproblematisch ist), kann man es im verkürzten Gutachtenstil erwähnen.	x	
6) Am besten behandelt man grundsätzlich alles im GS.		x
7) Im Urteilsstil (US) wird das Ergebnis am Anfang genannt (und evtl. begründet), im GS steht das Ergebnis am Schluss.	x	
8) Die Konjunktionen *weil* und *denn* werden im US verwendet.	x	
9) Im GS wird im Obersatz der Konjunktiv II oder eine alternative Formulierung verwendet.	x	
10) In einem Gutachten kann stellenweise der US verwendet werden.	x	
11) Der US ist kürzer und prägnanter als der GS.	x	

8. Obersätze bilden

Übersicht

A Sachverhalt erschließen, Fallfrage verstehen, Rechtsnormen suchen	**Einheit 1** Einführung in die Fallbearbeitung	**Einheit 2** Lesen von Sachverhalten, Fallfragen und Bearbeitungshinweisen	**Einheit 3** Suchen von Rechtsnormen	
B Hintergrundwissen aneignen	**Einheit 4** Normarten	**Einheit 5** Prüfungsreihenfolge und Prüfungsaufbau	**Einheit 6** Zitieren	
C Gutachten schreiben	**Einheit 7** Struktur eines Gutachtens	**Einheit 8** Obersätze bilden	**Einheit 9** Voraussetzungen formulieren und definieren	
	Einheit 10 Subsumieren	**Einheit 11** Ergebnisse formulieren	**Einheit 12** Lösungsskizzen entwerfen	**Einheit 13** Auslegungsmethoden

Gutachtentreppe

In dieser Einheit lernen Sie ...

... fachlich,
- in welchen vier Schritten ein Gutachten aufgebaut wird,
- wie ein verschachteltes Gutachten aufgebaut ist,
- Norm-Obersätze, Zwischenschritts-Obersätze und Tatbestands-Obersätze voneinander zu unterscheiden,
- welche Funktionen Norm-Obersätze und TB-Obersätze in einem Gutachten übernehmen,
- welche Elemente (Norm-)Obersätze haben.

... hinsichtlich Methodik und Lernstrategien,
- den Norm-Obersatz als den ersten Schritt der Gutachtentechnik zu verstehen,
- von Fallfragen ausgehend Norm-Obersätze zu bilden,
- typische Fehler bei der Bildung von Obersätzen zu vermeiden.

... sprachlich,
- wie man Obersätze formuliert,
- Hypothesen durch den Konjunktiv II auszudrücken,
- Umschreibungen für den Konjunktiv II in Norm-Obersätzen anzuwenden,
- mit welchen Präpositionen Sie einen sprachlichen Bezug zur Norm herstellen können,
- welche Adverbien Sie in Tatbestands-Obersätzen benutzen können.

Im Gutachten gibt es auf unterschiedlichen Ebenen Obersätze. Da sie stets am Anfang des Viererschritts stehen, können sie gut darüber orientieren, wenn die Ebene gewechselt wird oder auf der gleichen Ebene ein neuer Viererschritt durchgeführt wird.

Die Obersätze lassen sich sprachlich und auch funktional in drei Typen unterscheiden:

1. Ebene	**Norm-Obersatz**	**Die Norm-Obersätze** stehen auf der 1. Ebene. Sie enthalten eine **Hypothese**, mit deren Verifizierung Sie die Fallfrage beantworten möchten.
2. Ebene	Zwischenschritts-Obersatz	**Die Zwischenschritts-Obersätze** stehen auf der 2. Ebene. Mit ihnen formuliert man das Ansinnen, einen Zwischenschritt entsprechend dem **Prüfungsaufbau** zu prüfen. Sie werden häufig nicht aufgeschrieben, sondern nur mitgedacht.
3./4. Ebene	Tatbestands-Obersatz	**Die Tatbestands-Obersätze** findet man auf nachfolgenden Ebenen zur Prüfung der **Voraussetzungen**.

Zur Orientierung über den spezifischen Platz, an dem die Typen von Obersätzen in einem Gutachten verwendet werden, schauen Sie bitte in Einheit 11 in die Darstellung einer Schachtelprüfung.

8.1 Die Funktion eines Norm-Obersatzes

Mit dem Verfassen eines Gutachtens sollen Sie während Ihrer Ausbildung zeigen, dass Sie eine gestellte Fallfrage zu einem Sachverhalt juristisch bearbeiten können. Diese Bearbeitung besteht im ZR in der Regel aus einer Prüfung von Anspruchszielen.

Sie beginnen ein Gutachten mit dem sog. Norm-Obersatz. Er enthält die Hypothese, mit der Sie eine Antwort auf die Fallfrage geben möchten. Geleitet vom Norm-Obersatz untersuchen Sie, ob eine bestimmte Rechtsfolge eintritt oder nicht. Ob sich diese mögliche Antwort anhand der Gesetzeslage vertreten lässt, werden Sie in Ihrem Gutachten mit Hilfe der sogenannten Gutachtentechnik prüfen.

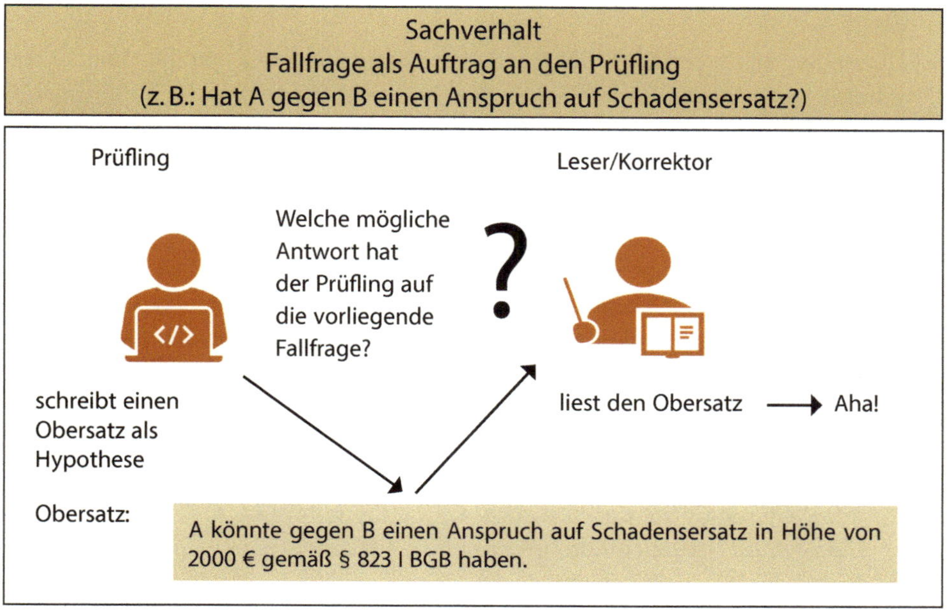

Durch diesen Obersatz erfährt der Leser/die Leserin, dass der Verfasser/die Verfasserin des Gutachtens einen möglichen Schadensersatzanspruch des A in Betracht zieht und nach § 823 I BGB prüfen möchte, ob dieser Anspruch vorliegt oder nicht.

8.2 Die Bestandteile von Norm-Obersätzen

Obersätze enthalten bestimmte Elemente in einer festgelegten sprachlichen Form. Um Sie für diese Besonderheiten zu sensibilisieren, finden Sie in der folgenden Übung eine Reihe von juristischen Sätzen, die sich sprachlich voneinander unterscheiden und deshalb nicht alle als Obersatz geeignet sind. Durch die Veränderung der sprachlichen Form erhält der Satz in dem Gutachten nämlich eine andere Funktion.

Aufgabe 8.1 Sprachliche Besonderheiten in Formulierungen erkennen

1. Überlegen Sie, worin sich die folgenden Sätze sprachlich voneinander unterscheiden, und tragen Sie Ihre Ergebnisse in die Tabelle ein.
2. Überlegen Sie, welche juristische Funktion die Sätze haben (definieren, Obersatz bilden, urteilen usw.).
   a) Fraglich ist, ob das Hinlegen der Cognacflasche auf das Laufband ein Angebot darstellt.
   b) Das Ohr ist keine Sache, da es kein körperlicher Gegenstand ist.
   c) Das Hinlegen der Cognacflasche auf das Laufband ist ein Angebot. Durch das Hinlegen sind alle wesentlichen Vertragsbestandteile (Kaufgegenstand, -parteien, -preis) erfüllt, so dass der Vertragspartner mit einem bloßen „Ja" zustimmen kann.
   d) A könnte gegen B einen Anspruch auf Übergabe und Übereignung der Flasche gemäß § 433 I 1 BGB haben.
   e) Des Weiteren dürfte der Anspruch nicht erloschen sein.
   f) Der Anspruch ist auch durchsetzbar.

Satz	Sprachliche Merkmale	Juristische Funktion
a)		
b)		
c)		
d)	Konjunktiv II als Ausdruck einer Möglichkeit; Norm wird genannt	Eine Norm soll geprüft werden, das Ergebnis ist offen (Prüfungsabsicht): Norm-Obersatz
e)		
f)		

Siehe Anhang 8.1

Die Bestandteile von Norm-Obersätzen verstehen

Die Norm-Obersätze haben im ZR eine einheitliche Struktur. Ihre sprachlichen Besonderheiten können Sie sich im Folgenden erarbeiten.

Die Formulierung des Norm-Obersatzes ergibt sich im ZR aus dem Merksatz:

Wer Anspruchssteller	**will was** Anspruchsziel	**von wem** Anspruchsgegner	**woraus?** Anspruchsgrundlage
M	Anspruch auf Übergabe und Übereignung des VW-Busses	gegen P	gemäß § 433 I 1 BGB

Den Obersatz setzen Sie aus diesen vier Elementen zusammen und könnten ihn dann folgendermaßen formulieren („gegen P" haben wir dabei vorgezogen):

> *M könnte gegen P einen Anspruch auf Übergabe und Übereignung des VW-Busses gem. § 433 I 1 BGB haben.*

Erläuterungen bezüglich des Anspruchsziels

- Im Obersatz formulieren Sie in Anlehnung an die Fallfrage, dass eine bestimmte Rechtsfolge eintreten könnte. Sie ist aber noch nicht bewiesen. Deshalb benutzen Sie häufig den Konjunktiv II, der zum Ausdruck bringt, dass es sich bei der Rechtsfolge lediglich um eine noch unbewiesene Möglichkeit handelt – oder Sie benutzen sprachliche Ersatzformen (s. 8.3).
- Die Rechtsfolge wird sprachlich nicht so formuliert wie im Sachverhalt (*M will den VW-Bus endlich haben*), sondern es wird, angelehnt an die konkret gestellte Fallfrage (*Hat M einen Anspruch auf <u>Übergabe und Übereignung</u> des VW-Busses?)*, das Anspruchsziel fachsprachlich benannt.

Erläuterungen bezüglich der Anspruchsgrundlage

- Im Gutachten sollen Sie prüfen, ob gemäß dem Sachverhalt des Falles eine Rechtsfolge eintritt. Um das zu prüfen, ziehen Sie eine Anspruchsgrundlage hinzu, in der diese mögliche Rechtsfolge gesetzlich geregelt ist. Diese Anspruchsgrundlage müssen Sie finden und dann im Obersatz nennen. Derartige Obersätze mit Nennung der Norm heißen deshalb Norm-Obersätze.
- Es gibt auch Situationen, in denen sich ein Anspruch aus einem Vertrag anstatt einer Norm ergibt. Es kann dann zusätzlich der Vertragstyp genannt werden („… aus einem Mietvertrag gemäß § xy…").

Aufgabe 8.2 Norm-Obersätze aus Stichwörtern formulieren

Formulieren Sie aus den folgenden Stichwörtern jeweils einen Norm-Obersatz:

	1	2	3
wer	A	C	E
will was	Herausgabe des Kronleuchters	Schadensersatz	Kaufpreiszahlung i.H.v. 750 €
von wem	B	D	F
woraus	§ 985 BGB	§ 823 I BGB	§ 433 II BGB

Siehe Anhang 8.2

Aufgabe 8.3 Norm-Obersätze zu Fällen bilden

Im Folgenden finden Sie einfach formulierte Fälle.

a) Ermitteln Sie zunächst das mögliche Anspruchsziel.

b) Suchen Sie mit Hilfe des Anspruchsziels die einschlägige Norm des BGB.

c) Bilden Sie eine konkrete Fallfrage.

d) Formulieren Sie einen Norm-Obersatz.

Nr.	Fall	Anspruchs-ziel	Norm/Fallfrage	Norm-Obersatz
1	G hat den Pullover der H zerrissen.			
2	I leiht J sein Auto für eine Woche. J gibt das Auto nach der Leihfrist nicht zurück.			
3	Der siebenjährige Max kauft und bezahlt eine Tafel Schokolade, der Verkäufer gibt sie aber nicht heraus.			

Siehe Anhang 8.3

8.3 Sprachliche Besonderheiten I

Die sprachlichen Besonderheiten von Norm-Obersätzen werden aus der Perspektive der Schreibenden behandelt. Zugrunde liegt die Frage, was der Verfasser/die Verfasserin des Gutachtens ausdrücken möchte und welche sprachlichen Mittel er/sie dazu nutzen kann.

Eine Hypothese mit Hilfe des Konjunktiv II oder mit Umschreibungen ausdrücken

Ein Norm-Obersatz enthält eine mögliche Antwort auf die Fallfrage. Zwischen Norm-Obersatz und Fallfrage besteht deshalb sprachlich ein direkter Bezug. Der Obersatz stellt eine Hypothese dar, welche Rechtsfolge sich aus dem Sachverhalt ergeben könnte. Mit Hilfe des Gutachtens soll diese mögliche Rechtsfolge anhand der Gesetzeslage und mit Bezug zum Sachverhalt verifiziert werden.

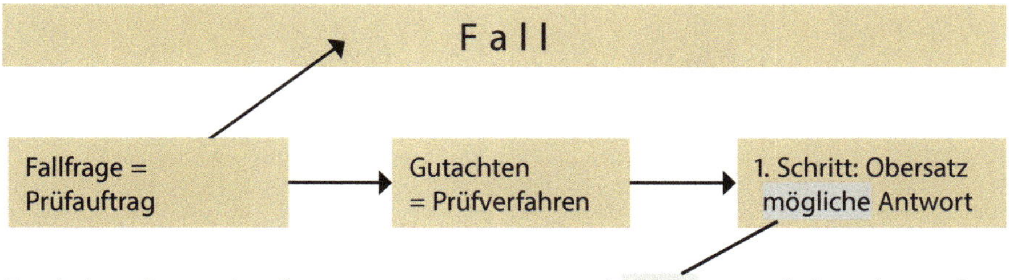

Hat A einen Anspruch auf Schadensersatz?

A könnte gegen B einen Anspruch auf Schadensersatz gem. § 823 I BGB haben.

Der Verfasser/Die Verfasserin macht mit dem Konjunktiv II deutlich, dass es sich bei dem Norm-Obersatz um eine zu prüfende Hypothese handelt.

Der Konjunktiv II hat im Deutschen unterschiedliche Funktionen. Drei Beispiele:
- Höflichkeit Könnten Sie mir bitte den Schaden bezahlen?
- Irrealität Wenn er mein Freund wäre, würde ich keinen Anspruch stellen.
- **Möglichkeit** Er **könnte** mein Bild gestohlen haben.

Konjunktiv	Funktionen	Zeitebene	Grammatische Form
I	Indirekte Rede (Rede der Beteiligten)	Gegenwart Vergangenheit	Präsens (sie könne) Perfekt (sie habe können)
II	Möglichkeit Irrealität/Höflichkeit/ ...	Gegenwart Vergangenheit	Präteritum (sie könnte) Plusquamperfekt (sie hätte können)

Wie aus der Tabelle zu ersehen ist, benutzt man im Obersatz den Konjunktiv II als Ausdruck der Möglichkeit und verwendet eine Gegenwartsform mit dem grammatischen Präteritum.

Zu beachten:

Am häufigsten werden die Modalverben ***können*** **(im Norm-Obersatz** als Ausdruck einer Möglichkeit) und ***müssen*** **(im TB-Obersatz** als Ausdruck einer notwendigen Voraussetzung, s. Einheit 8.4) in der 3. Person verwendet.

Formen des Konjunktiv II in der Gegenwart (grammatisches Präteritum)

ich könnt**e**	ich müsst**e**
du könnt**est**	du müsst**est**
er/sie/es könnte	er/sie/es müsste
wir könnt**en**	wir müsst**en**
ihr könnt**et**	ihr müsst**et**
sie könnten	sie müssten

Aufgabe 8.4 Sprachliche Fehler korrigieren

a) Beschreiben Sie die (sprachlichen und inhaltlichen) Fehler der folgenden Norm-Obersätze.

b) Tragen Sie die korrekten Obersätze in die Tabelle ein

Fehlerhafte Obersätze	Fehlerbeschreibung	Korrigierte Obersätze
1 A könnte gegen die Firma F einen Anspruch auf die Photovoltaikanlage gem. § 433 I BGB gehabt haben.		
2 A hat gegen Z einen Anspruch auf Zahlung von 33 500 €.		
3 A könnte gegen B einen Anspruch auf Herausgabe des Autos gem. § 280 I BGB haben.		
4 Wahrscheinlich hat A gegen B einen Anspruch auf Herausgabe des VW-Busses.		

Siehe Anhang 8.4

Sprachliche Umschreibungen des Konjunktiv II kennenlernen und anwenden

Neben dem Konjunktiv II gibt es andere sprachliche Mittel, um eine Aussage als Hypothese zu kennzeichnen.

Redemittel als Alternative für den Konjunktiv II	
Möglicherweise Eventuell	hat K einen Anspruch ....
In Betracht kommt	ein Anspruch von K ....
Fraglich ist, Zu prüfen ist, Zu prüfen gilt, Zu untersuchen ist, Zweifelhaft ist,	ob K einen Anspruch ...... hat. ↓ Die Konjunktion ***ob*** drückt die Ungewissheit aus: Das Ergebnis der Prüfung ist offen.

Aufgabe 8.5 Den Konjunktiv II umschreiben

Wandeln Sie die folgenden Obersätze so um, dass Sie den Konjunktiv II vermeiden.

Obersätze umwandeln	
mit Konjunktiv II	ohne Konjunktiv II
1 A könnte gegen Z einen Anspruch auf Kaufpreiszahlung i.H.v. 33 500 € gem. § 433 II BGB haben.	
2 A könnte gegen die Firma F einen Anspruch auf Übergabe und Übereignung der Photovoltaikanlage gem. § 433 I 1 BGB haben.	

Siehe Anhang 8.5

Aufgabe 8.6 Den Konjunktiv II verwenden

Benutzen Sie in den folgenden Obersätzen den Konjunktiv II.

Obersatz ohne Konjunktiv II	Obersatz mit Konjunktiv II
1 Es ist fraglich, ob A gegen B einen Anspruch auf Herausgabe des Autos gem. § 985 BGB hat.	
2 Möglicherweise hat das Museum gegen B durch das Besprühen eines Gemäldes einen Anspruch auf Schadensersatz gem. § 823 II BGB i.V.m. § 303 II StGB.	
3 Zu prüfen ist, ob A gegen B einen Anspruch auf Zahlung der ausstehenden Miete gem. § 535 II BGB hat.	

Siehe Anhang 8.6

Den Bezug zur Norm ausdrücken

In einem Norm-Obersatz geben Sie die Norm an, auf die Sie sich bei der Prüfung beziehen. Diesen Bezug zur Norm können Sie mit zwei unterschiedlichen Präpositionen herstellen. Häufig finden Sie *gem.* (gemäß), einige Autoren ziehen aber auch die Präposition *aus* oder *i.S.d.* (im Sinne des) vor.

Beispiel: A könnte gegen B aus / gem. / i.S.d. § 985 einen Anspruch auf Herausgabe des Rucksacks haben.

8.4 Tatbestands-Obersätze und ihre Stellung im Gutachten

Ein Norm-Obersatz enthält i.d.R. die zu prüfende Norm. In dieser Norm sind nun bestimmte Tatbestandsmerkmale bzw. -voraussetzungen enthalten. Sie müssen vom Sachverhalt erfüllt sein, damit ein Anspruch entsteht. Betrachtet man den Denkprozess beim Schreiben des Gutachtens, ist es deshalb zunächst notwendig, alle TBM der Norm zu bestimmen. Sie werden anschließend einzeln auf der 3. Ebene geprüft. (Die 2. Ebene haben wir den Zwischenschritten vorbehalten, sie wird aber sprachlich nicht 4-schrittig realisiert.)

In den folgenden Aufgaben geht es zunächst darum zu üben, TBM zu bestimmen. Anschließend haben wir Ihnen ein verschachteltes Gutachten vorgegeben. Sie sollen dazu die Norm-Obersätze und die TB-Obersätze formulieren.

Aufgabe 8.7 Tatbestandsmerkmale bestimmen

Bestimmen Sie zu den folgenden Normen die TBM.

Norm	Tatbestandsmerkmale
§ 1007 I BGB	
§ 284 BGB	
§ 433 I 1 BGB	

Siehe Anhang 8.7

Die TBM werden geprüft, um zu entscheiden, ob die Hypothese des Norm-Obersatzes erfüllt ist oder nicht. Jedes TBM bekommt bei der Prüfung in einem ersten Schritt wieder einen Obersatz, den sog. **Tatbestands-Obersatz**. Es ergibt sich somit für das Gutachten eine Struktur mit mehreren Ebenen: Auf der 1. Ebene steht der Norm-Obersatz. Es schließt sich – als Ersatz für eine Definition – eine Auflistung der TBM an. Diese Auflistung kann auf der 1. Ebene entfallen. Stattdessen kann es auf der 3. Ebene für jedes TBM einen eigenen Tatbestandsobersatz geben.[1]

Auf jeder Ebene gibt es eine vierschrittige Prüfung (mit Ausnahme der 2. Ebene, auf der die Zwischenschritte angekündigt werden). Auf der 1. Ebene wird allerdings die Definition i.d.R. durch Voraussetzungen ersetzt. Weiterhin ist auf der 1. Ebene die Subsumtion (i.w.S., s. dazu Einheit 9)[2] nicht verbalisiert.

Aufgabe 8.8 Obersätze bilden

Fügen Sie in dem folgenden Gutachten den Norm-Obersatz und die sieben TB-Obersätze ein.

Fall 8.1

F hat aus Eifersucht die Sportschuhe der K aufgeschnitten.
Hat K Anspruch auf Schadensersatz?

1 Die grundsätzlichen Erläuterungen dazu finden Sie in Einheit 7.

2 Die Bezeichnungen Subsumtion im engen Sinne (i.e.S.) und Subsumtion im weiten Sinne (i.w.S.) werden in Einheit 10 erläutert. Wir beziehen uns auf Lange (2015, S. 259) und auf die Übersicht von Krebs & Becker (2017, S. 1), Universität Siegen.

Aufbau des Gutachtens

1. Ebene

Norm-Obersatz: ...

Zwischenschritt 1: Anspruch entstanden? (= 2. Ebene)

Ermitteln: TBM aus § 823 I BGB

(1) Rechtsgutsverletzung[3]
(2) Rechtsgutshandlung[4]
(3) Kausalität[5] zwischen Rechtsgutshandlung und Rechtsgutsverletzung
(4) Rechtswidrigkeit
(5) Verschulden
(6) Schaden
(7) Kausalität zwischen Rechtsgutsverletzung und eigetretenem Schaden

Voraussetzungen (TBM)/Definition (werden als TB-Obersätze auf die 2. Ebene verlagert)

Subsumtion (i.w.S.) (wird nicht verbalisiert, sondern umfasst die gesamte 2. Ebene)

3. Ebene (= Subsumtion i.w.S.)

TBM prüfen (als Voraussetzungen)

TB-Obersatz 1 (Rechtsgutsverletzung): ...
Definition
Subsumtion (i.e.S.)
Zwischenergebnis 1

TB-Obersatz 2 (Rechtsgutshandlung): ...

Gesamtergebnis (aus allen Zwischenergebnissen)

Zwischenschritt 2: Anspruch erloschen?

Zwischenschritt 3: Anspruch durchsetzbar?

Gesamtergebnis (aus allen Zwischenschritte)

Siehe Anhang 8.8

3 Der Begriff *Rechtsgutsverletzung* ist in § 823 I BGB als Begriff nicht enthalten, sondern stellt eine Zusammenfassung der Begriffe *Leben, Körper, Gesundheit* usw. dar.

4 Mit dem Begriff *Rechtsgutshandlung* stellt sich die Frage, ob die Rechtsgutsverletzung durch aktives Tun oder durch Unterlassen erfolgt ist.

5 Es muss eine Kausalität (innerer Zusammenhang) zwischen Rechtsgutshandlung und Rechtsgutsverletzung bestehen.

Aufgabe 8.9 Obersätze zu einem Fall bilden

Bearbeiten Sie den folgenden Fall 8.2, indem Sie
a) den Norm-Obersatz bilden,
b) die TBM suchen,
c) für jedes TBM einen TB-Obersatz bilden.

Fall 8.2

Sara Maria ist im Besitz eines Autos, das dem Benjamin gehört. Benjamin verlangt die Herausgabe des Wagens von Sara Maria.
Hat Benjamin Anspruch auf Herausgabe des Wagens von Sara Maria?

Siehe Anhang 8.9

Aufgabe 8.10 Obersätze zu Gegennormen bilden

Bei den folgenden Normen handelt es sich um Gegennormen:

- Anfechtung § 142 I BGB
- Minderjährigkeit §§ 106 ff. BGB
- Erfüllung § 362 I BGB.

In der Prüfungsreihenfolge werden sie bei den Zwischenschritten 2 und 3 behandelt (s. Aufbau des Gutachtens).
Bilden Sie Obersätze zu einem beliebigen Fall.

Siehe Anhang 8.10

Sie müssen bei der Prüfung eines jeden TBM einen Obersatz bilden, durch den der Fallbezug hergestellt wird.

8.5 Sprachliche Besonderheiten II

Liegen mehrere TBM vor und damit auch mehrere TB-Obersätze, wird dies sprachlich mit bestimmten Adverbien ausgedrückt. Diese weisen darauf hin, dass mehrere Prüfungen von TBM aufeinander folgen.

Beispiel:	TB-Obersatz zu Merkmal 1:	**Hierzu** müsste es sich bei der Ausstellung der Ware im Schaufenster des Geschäfts um ein Angebot handeln.
	TB-Obersatz zu Merkmal 2:	**Weiterhin** müsste A das Angebot angenommen haben.

Aufgabe 8.11 Wortschatz erweitern

Streichen Sie aus der folgenden Liste die Adverbien oder Phrasen, die man bei der Formulierung von Tatbestandsobersätzen nicht benutzen sollte.

(1) zunächst (2) später (3) übermorgen
(4) ferner (5) des Weiteren (6) am Schluss
(7) weiter (8) viel weiter (9) darüber hinaus
(10) auch (11) hierfür (12) hierzu
(13) drittens (14) außerdem (15) außer dem
(16) zusätzlich (17) zweitens (18) überdies
(19) schließlich (20) am Anfang (21) weiterhin
(22) endlich (23) häufig (24) nicht zu vergessen
(25) noch (26) zudem (27) jedoch

Aufgabe 8.12 Adverbien der Reihenfolge der TBM-Prüfung zuordnen

Tragen Sie die Adverbien aus Aufgabe 8.11 in das folgende Schema ein:

Prüfung des 1. TBM	des 2., 3. oder 4. TBM	des letzten TBM
Hierzu	Des Weiteren	Am Schluss

Folgende Übungen zu Norm-Obersätzen finden Sie online:
Obersätze zu Fallfragen bilden (Online-Übung 8.1)
Obersätze zu den Anspruchsarten im ZR bilden (Online-Übung 8.2)
Obersätze zum Fall 3.23 bilden (Online-Übung 8.3)
Übungen zur Vermeidung von typischen Fehlern (Online-Übung 8.4)

8.6 Zwischenschritts-Obersätze

In Einheit 5 haben wir Ihnen den Prüfungsaufbau vorgestellt, der aus drei Schritten besteht:

Anspruch entstanden?
Anspruch erloschen?
Anspruch durchsetzbar?

Diese Schritte innerhalb eines Gutachtens haben wir in Einheit 7 als Zwischenschritte bezeichnet. Sie stellen die zweite Ebene innerhalb eines Gutachtens dar. Diese zweite Ebene lässt sich auch in dem bereits bekannten Viererschritt darstellen.[6] Am Anfang steht wieder ein Obersatz, den wir auch Zwischenschritts-Obersatz (ZS-O) nennen.

Beispiel: *Zunächst müsste der Anspruch auf Kaufpreiszahlung entstanden sein.*

Aufgabe 8.13 ZS-O und Norm-Obersatz voneinander unterscheiden

Beschreiben Sie anhand der folgenden Beispiele die Unterschiede zwischen einem ZS-O und einem Norm-Obersatz.

ZS-O
Zunächst müsste der Anspruch auf Kaufpreiszahlung entstanden sein.

Norm-Obersatz
A könnte gegen B einen Anspruch auf Kaufpreiszahlung in Höhe von 100 € aus § 433 II BGB haben.

Erklären Sie insbesondere, warum im ZS-O das Verb *müssen*, im Norm-Obersatz das Verb *können* verwendet wird.

Siehe Anhang 8.11

Das Identifizieren des ZS-O hilft Ihnen beim Lesen als ein Signal, die 2. Ebene und damit die Struktur des Gutachtens zu erkennen.

---

6 Diese vier Schritte auf der zweiten Ebene werden in einem Gutachten aber nicht alle formuliert. Erläuterungen dazu finden Sie in Einheit 11.

Wiederholungsfragen
Beantworten Sie folgende Fragen: a) Welche Funktionen haben in einem Gutachten der Norm-Obersatz und die TB-Obersätze? b) Welche Elemente enthalten die Norm-Obersätze? c) Was versteht man unter einem verschachtelten Gutachten? d) Warum benutzt man im Obersatz häufig den Konjunktiv II?

Siehe Anhang 8.12

Vertiefungshinweise

Krebs, P. & Becker, M. (2017, S. 1 ff.): *Der Gutachtenstil (samt Formulierungshilfen).*

Lange, B. (2015, S. 258, 262–264, 282–284, 300 f.): *Jurastudium erfolgreich: Planung, Lernstrategie, Zeitmanagement.*

Lutz, P. & Willers, S. M. (2022, S. 245): *Die wichtigsten Schemata 2022: Zivilrecht, Strafrecht, Öffentliches Recht.*

Metzler-Müller, K. & Füglein, F. (2022, S. 28–30, 44–49): *Wie löse ich einen Privatrechtsfall? Aufbauschemata – Mustergutachten – Klausurschwerpunkte.*

Pense, U. & Lüdde, J. S. (2022, S. 95, 103–106, 125–130): *Methodik der Fallbearbeitung im Studium und Examen: Wie schreibe ich eine Klausur?*

Richter, H.-P. (2021, S. 9–14): *Juristische Grundkurse, BGB Allgemeiner Teil.*

Simon, H. (2022, S. 26–30, 38 f., 42 f., 148 f., 241–245, 258 f.): Deutsche *Rechtssprache. Ein Studien- und Arbeitsbuch mit Einführung in das deutsche Recht.*

Von Münchhausen, M. & Püschel, I. P. (2002, S. 89–90): *Lernprofi Jura. Wie Sie Jura richtig lernen, Lerntechnik, Klausurtechnik, Hausarbeitstechnik, Lernmotivation, Examensmanagement.*

Anhang 8: Obersätze bilden

Anhang 8.1 zu Aufgabe 8.1

Satz	Sprachliche Merkmale	Juristische Funktion
a)	Indirekte Frage, keine Feststellung; Möglichkeit; keine Norm wird genannt	Etwas, was geprüft werden soll (**Absicht**); Prüfen eines TBM
b)	Aussage; keine Norm; Begründung (kausal)	**Ergebnis** von etwas, was geprüft worden ist (TBM), und **Begründung**
c)	Indikativ, Aussage bzw. Feststellung; Norm wird nicht genannt; Begründung	**Ergebnis** einer Untersuchung mit Begründung
d)	Konjunktiv II als Ausdruck einer Möglichkeit; Norm wird genannt	Eine Norm soll geprüft werden, das Ergebnis ist offen **(Prüfungsabsicht)**: Norm-Obersatz
e)	Konjunktiv II als Ausdruck einer Möglichkeit; eine Voraussetzung für etwas, Norm wird nicht genannt	Etwas, was geprüft werden soll (**Absicht**) (Zwischenschritt des Anspruchaufbaus)
f)	Aussage als Feststellung, keine Norm genannt	**Ergebnis** von etwas ohne Begründung

Die angeführten Sätze entsprechen jeweils einem bestimmten Sprachstil mit besonderen Aufgaben: Urteilsstil, Gutachtenstil, Feststellungsstil.

Anhang 8.2 zu Aufgabe 8.2

Die Norm-Obersätze heißen

1 A könnte gegen B einen Anspruch auf Herausgabe des Kronleuchters gemäß § 985 BGB haben.

2 C könnte gegen D einen Anspruch auf Schadensersatz gem. § 823 I BGB haben.

3 E könnte gegen F einen Anspruch auf Zahlung des Kaufpreises i.H.v. 750 € gem. § 433 II BGB haben.

Sprachliche Varianten finden Sie in Einheit 8.3.

Anhang 8.3 zu Aufgabe 8.3

Nr.	Fall	Anspruchsziel	Norm/Fallfrage	Norm-Obersatz
1	G hat den Pullover der H zerrissen.	Schadensersatz	§ 823 I BGB / Hat H gegen G einen Anspruch auf Schadensersatz?	H könnte gegen G einen Anspruch auf Schadensersatz gem. § 823 I BGB haben.
2	I leiht J sein Auto für eine Woche. J gibt das Auto nach der Leihfrist nicht zurück.	Rückgabe	§ 604 I BGB / Hat I gegen J einen Anspruch auf Rückgabe des Autos?	I könnte gegen J einen Rückgabeanspruch des Autos aus § 604 I BGB haben.
3	Der siebenjährige Max kauft und bezahlt eine Tafel Schokolade, der Verkäufer gibt sie aber nicht heraus.	Übergabe und Übereignung	§ 433 I 1 BGB / Hat Max gegen den Verkäufer einen Anspruch auf Übergabe und Übereignung der Tafel Schokolade?	Max könnte gegen den Verkäufer einen Anspruch auf Übergabe und Übereignung der Tafel Schokolade aus § 433 I 1 BGB haben.

Anhang 8.4 zu Aufgabe 8.4

Fehlerhafte Obersätze	Fehlerbeschreibung	Korrigierte Obersätze
1 A könnte gegen die Firma F einen Anspruch auf die Photovoltaikanlage gem. § 433 I BGB gehabt haben.	Der Anspruch muss entsprechend der Norm beschrieben sein (Übergabe und Übereignung). Zitierung ungenau. Der Infinitiv steht im Präsens.	A könnte gegen die Firma einen Anspruch auf Übergabe und Übereignung der Photovoltaikanlage aus § 433 I 1 BGB haben.
2 A hat gegen Z einen Anspruch auf Zahlung von 33 500 €.	Der Anspruch muss im Konj. II formuliert sein. Die Norm muss genannt werden.	A könnte gegen Z einen Anspruch auf Zahlung des Kaufpreises i.H.v. 33 500 € aus § 433 II BGB haben.
3 A könnte gegen B einen Anspruch auf Herausgabe des Autos gem. § 280 I BGB haben.	§ 280 I BGB regelt nicht Herausgabe, sondern Schadensersatz.	A könnte gegen B einen Anspruch auf Schadensersatz i.H.v. 3450 € gem. § 280 I BGB haben.
4 Wahrscheinlich hat A gegen B einen Anspruch auf Herausgabe des VW-Busses.	Das Adverbial „Wahrscheinlich" ist Ausdruck einer Vermutung und hier unzulässig. Auszudrücken ist der Hypothesencharakter (Konj. II) und die Angabe der Anspruchsgrundlage.	A könnte gegen B einen Anspruch auf Herausgabe des VW-Busses gemäß § 985 BGB haben.

Anhang 8.5 zu Aufgabe 8.5

Obersätze umwandeln	
mit Konjunktiv II	Ohne Konjunktiv II
1 A könnte gegen Z einen Anspruch auf Kaufpreiszahlung i.H.v. 33 500 € gem. § 433 II BGB haben.	Zu prüfen ist, ob A gegen Z einen Anspruch auf Kaufpreiszahlung i.H.v. 33 500 € aus § 433 II BGB hat.
2 A könnte gegen die Firma F einen Anspruch auf Übergabe und Übereignung der Photovoltaikanlage gem. § 433 I 1 BGB haben.	Zu prüfen ist, ob A gegen die Firma F einen Anspruch auf Übergabe und Übereignung der Photovoltaikanlage aus § 433 I 1 BGB hat.

Anhang 8.6 zu Aufgabe 8.6

Obersatz ohne Konjunktiv II	Obersatz mit Konjunktiv II
1 Es ist fraglich, ob A gegen B einen Anspruch auf Herausgabe des Autos gem. § 985 BGB hat.	1 A könnte gegen B einen Anspruch auf Herausgabe des Autos gem. § 985 BGB haben.
2 Möglicherweise hat das Museum durch das Besprühen eines Gemäldes einen Anspruch auf Schadensersatz gegen B gem. § 823 II BGB i.V.m. § 303 II StGB.	2 Das Museum könnte durch das Besprühen eines Gemäldes gegen B einen Anspruch auf Schadensersatz gem. § 823 II BGB i.V.m. § 303 II StGB haben.
3 Zu prüfen ist, ob A gegen B einen Anspruch auf Zahlung der ausstehenden Miete gem. § 535 I BGB hat.	3 A könnte gegen B einen Anspruch auf Zahlung der ausstehenden Miete gem. § 535 II BGB haben.

Anhang 8.7	zu Aufgabe 8.7

Norm	Tatbestandsmerkmale
§ 1007 I BGB	früherer Besitz; heutiger Besitz; bei Besitzerwerb nicht in gutem Glauben;
§ 284 BGB	Voraussetzungen der §§ 281–283; Aufwendungen; im Vertrauen auf den Erhalt der Leistung/Billigkeit; keine Zweckverfehlung auch ohne Pflichtverletzung, § 284 am Ende;
§ 433 I 1 BGB	Kaufvertrag

Anhang 8.8	zu Aufgabe 8.8

Norm-Obersatz: *K könnte gegen F einen Anspruch auf Schadensersatz aus § 823 I BGB haben.*

TB-Obersatz zu Rechtsgutsverletzung: ***Dazu müsste F zunächst*** *ein Rechtsgut der K i.S.d. § 823 I BGB verletzt haben. In Betracht kommt eine Verletzung des Eigentums.*

TB-Obersatz zu Rechtsgutshandlung: ***Weiterhin müsste*** *die Rechtsgutsverletzung durch eine Handlung des F erfolgt sein.*

Anhang 8.9	zu Aufgabe 8.9

Zu a) Norm-OS: Benjamin könnte gegen Sara Maria einen Anspruch auf Herausgabe des Wagens aus § 985 BGB haben.

Zu b) TBM:

(1) Sache
(2) Besitzer
(3) Eigentümer
(4) kein Recht zum Besitz

Zu c) Tatbestands-Obersätze:

1) Zunächst müsste es sich bei dem Wagen um eine Sache handeln.
2) Weiterhin müsste Sara im Besitz des Wagens sein.
3) Außerdem müsste Benjamin der Eigentümer des Wagens sein.
4) Schließlich dürfte Sara Maria kein Recht zum Besitz nach § 986 I 1, 1. Alt. BGB haben.

Anhang 8.10 zu Aufgabe 8.10

Anfechtung:	F könnte jedoch die zum Vertragsschluss führende Willenserklärung gem. § 142 I BGB wirksam angefochten haben. Dies hätte zur Folge, dass die Willenserklärung als von Anfang an nichtig anzusehen ist.
Minderjährigkeit:	Die Willenserklärung des A könnte wegen seiner beschränkten Geschäftsfähigkeit aus den §§ 106 ff. BGB unwirksam sein.
Erfüllung:	Der Anspruch könnte wegen Erfüllung aus § 362 I BGB untergegangen sein.

Anhang 8.11 zu Aufgabe 8.13

Der Norm-Obersatz stellt eine Hypothese dar, die Sie mit dem Gutachten als Antwort auf die Fallfrage verifizieren möchten. Sie geben dem Leser in dem Norm-Obersatz eine mögliche Antwort auf die Fragen: Wer will was von wem woraus (s. Einheit 4). Bei der Hypothese handelt es sich um eine noch ungeklärte Möglichkeit, was Sie mit dem Modalverb können und dem Konjunktiv II zum Ausdruck bringen.

Der ZS-O signalisiert innerhalb der Struktur des Gutachtens die 2. Ebene. Die drei Zwischenschritte stellen notwendige Voraussetzungen dar, die für einen wirksamen Anspruch erfüllt sein **müssen**. Sie stehen nicht im Gesetz wie die Tatbestandsmerkmale, sondern markieren den Prüfungsaufbau.

Anhang 8.12 zu den Wiederholungsfragen

zu a)
Der Norm-Obersatz enthält eine Hypothese und hat die Funktion, eine mögliche Antwort auf die gestellte Fallfrage zu geben. Er enthält im ZR das Anspruchsziel. Die Norm im Obersatz des **ZR** bezeichnet man als **Anspruchsgrundlage**.

Die TB-Obersätze haben die Funktion, die Tatbestandsmerkmale der Anspruchsgrundlage bei der Prüfung, ob ein Anspruch besteht, einzuleiten.

zu b)
Der Norm-Obersatz im **ZR** enthält folgende Elemente: Wer (Anspruchsteller) will was (Anspruchsziel) von wem (Anspruchsgegner) woraus (Anspruchsgrundlage) (4 Ws)?

zu c)
Unter einem verschachtelten Gutachten versteht man eine mehrfache vierschrittige Einzelprüfung (Obersatz, Definition, Subsumtion, Zwischenergebnis) innerhalb des Gutachtens, die auf mehreren Ebenen stattfindet.

zu d)
Beim Obersatz handelt es sich um eine mögliche, noch zu prüfende Antwort auf die Fallfrage. Diese mögliche Antwort ist hypothetisch und noch nicht die tatsächliche Antwort, die im Ergebnis (4. Schritt) im Indikativ ausgedrückt wird. Um diesen hypothetischen Charakter auszudrücken, benutzt man im Obersatz häufig den Konjunktiv II.

9. Voraussetzungen formulieren und definieren

Übersicht

A Sachverhalt erschließen, Fallfrage verstehen, Rechtsnormen suchen	**Einheit 1** Einführung in die Fallbearbeitung	**Einheit 2** Lesen von Sachverhalten, Fallfragen und Bearbeitungshinweisen	**Einheit 3** Suchen von Rechtsnormen	
B Hintergrundwissen aneignen	**Einheit 4** Normarten	**Einheit 5** Prüfungsreihenfolge und Prüfungsaufbau	**Einheit 6** Zitieren	
C Gutachten schreiben	**Einheit 7** Struktur eines Gutachtens	**Einheit 8** Obersätze bilden	**Einheit 9** Voraussetzungen formulieren und definieren	
	Einheit 10 Subsumieren	**Einheit 11** Ergebnisse formulieren	**Einheit 12** Lösungsskizzen entwerfen	**Einheit 13** Auslegungsmethoden

Bleib ruhig, Aron!

In dieser Einheit lernen Sie ...

... fachlich,
- was man unter Voraussetzungen versteht,
- inwiefern das Formulieren der Voraussetzungen auf der ersten Ebene an die Stelle des Definierens tritt,
- welche Funktion eine Definition innerhalb eines Gutachtens übernimmt,
- was man unter Legaldefinitionen versteht,
- wie Sie ein TBM im Rahmen der vierschrittigen Prüfung definieren können,
- welche Rolle die vier Auslegungsmethoden beim Definieren spielen.

... hinsichtlich Methodik und Lernstrategien,
- Gutachten im Hinblick auf die Vierschrittigkeit zu entwerfen,
- Legaldefinitionen in Gesetzen zu finden,
- wie Sie Definitionen für eine Prüfung lernen sollten,
- wie Sie Definitionen selbst entwickeln können.

... sprachlich,
- mit Hilfe welcher Redewendungen Sie Begriffe definieren können.

Auf der ersten Ebene stellt das Definieren bzw. das Nennen der Voraussetzungen den zweiten Schritt der Prüfmethodik dar:

Obersatz bilden	(1)
Voraussetzungen formulieren/Definieren	(2)
Subsumieren (s. Einheit 10)	(3)
Ergebnis formulieren (s. Einheit 11)	(4)

9.1 Die Funktion von Voraussetzungen

Das Formulieren von Voraussetzungen auf der ersten Ebene[1]

Aufgabe 9.1 Die Funktion und die sprachliche Form von Voraussetzungen auf der ersten Ebene verstehen

a) Lesen Sie sich die Ausführungen zur Definition in Einheit 7 durch. Beschreiben Sie nun, warum es auf der ersten Ebene i.d.R. keine Definitionen gibt, sondern als zweiten Schritt eine Auflistung von Voraussetzungen.
b) Suchen Sie Gutachten und identifizieren Sie in ihnen die Voraussetzungen.

1 Zur Verwendung des Begriffs „Ebene" und zur Funktion von Voraussetzungen innerhalb der Vierschrittigkeit orientieren Sie sich bitte an Einheit 7 und an der Übersicht zu Beginn der Einheit 11 (Schachtelprüfung).

Orientieren Sie sich bitte bei den folgenden Ausführungen an der Übersicht zu Beginn der Einheit 11 (Schachtelprüfung), in der wir die Schritte aufgeführt und dadurch, zum besseren Verständnis, die Vierschrittigkeit auf allen Ebenen realisiert haben, auch wenn die Schritte in einem Gutachten nicht alle formuliert werden.

Auf der ersten Ebene haben Sie im ersten Schritt einen Norm-Obersatz formuliert. Als zweiter Schritt käme der juristischen Methodik folgend nun eine Definition, die aber auf der ersten Ebene i.d.R. entfällt, weil es keinen zu definierenden Begriff gibt. Stattdessen gehen Sie entsprechend dem Prüfungsaufbau (s. Einheit 5) zum ersten Zwischenschritt über und prüfen auf den folgenden Ebenen, ob der Anspruch entstanden ist. Dies geschieht mit Hilfe einer Anspruchsgrundlage (Norm).

Die Funktion von Voraussetzungen

Im Zivilrecht geht es immer darum zu prüfen, ob eine Rechtsfolge besteht, ob also in einem dargestellten Sachverhalt eine Person gegenüber einer anderen einen Anspruch hat oder nicht.

Beispiel: § 985 BGB

Norm-Obersatz:

Wer?	will **was?**	von **wem?**	**woraus?**
	Anspruch auf …		§§
Betti	erhebt Anspruch auf Herausgabe der Software	gegen Bernd	aus § 985 BGB.

Norm:

Der Eigentümer kann von dem Besitzer die Herausgabe der Sache verlangen.

In der Anspruchsgrundlage § 985 BGB, die zur Prüfung herangezogen wird, sind Voraussetzungen angegeben. Ihre Aufgabe besteht zunächst darin, diese Voraussetzungen zu ermitteln.

§ 985 BGB Der **Eigentümer** kann von dem **Besitzer** die Herausgabe der **Sache** verlangen.[2]

Fall 8.2: **Sara Maria ist im Besitz** des **Autos**, das dem **Benjamin gehört**. Benjamin verlangt die Herausgabe des Wagens von Sara Maria.

Diese Voraussetzungen des § 985 BGB müssen nach dem Willen des Gesetzgebers im Sachverhalt vorliegen, damit die Rechtsfolge (Herausgabe einer Sache) eintreten kann.[3]

Sie zählen die Voraussetzungen auf der ersten Ebene auf (anstelle der entfallenen Definition) oder alternativ erst auf der 3. Ebene. Viele der Schritte auf der ersten wie auf der zweiten Ebene (vierschrittige Erläuterung des Zwischenschritts) werden nur gedacht und rudimentär formuliert.[4]

Sie prüfen nun im Rahmen des ersten Zwischenschritts (2./3./evtl. 4. Ebene, Anspruch entstanden?), ob die Voraussetzungen, die in der Norm genannt werden, im Sachverhalt tatsächlich auch vorliegen:

abgleichen

Konkrete Sachverhaltsangaben ⟷ *abstrakte TBM der Norm*

Ist **Benjamin**, der die Herausgabe verlangt, der **Eigentümer** der Sache?
Ist **Sara Maria**, die die Sache herausgeben soll, die **Besitzerin** der Sache?
Handelt es sich bei dem **Auto** um eine **Sache**?

Diese Prüfung jedes einzelnen TBM geschieht nach der vierschrittigen gutachterlichen Methode auf der dritten Ebene und wird vollständig ausformuliert. Sie beginnen mit einem TB-Obersatz und schließen den zweiten Schritt an, die Definition des Begriffs.

1. Schritt: TB-Obersatz: Dazu müsste Benjamin der Eigentümer des Autos sein.
2. Schritt: Definition: ...
3. Schritt: Subsumtion: ...
4. Schritt: Ergebnis: ...

Diesen vierschrittigen Prozess durchlaufen Sie mit allen TBM auf der dritten Ebene.

---

2 Hinzu kommt das TBM „kein Recht zum Besitz" aus § 986 I 1, 1. Alt. BGB, das wir hier aus Gründen der Vereinfachung ausgespart haben.

3 Zur Ermittlung von TBM sehen Sie sich bitte noch einmal Einheit 8.4 und insbesondere Aufgabe 8.7 an.

4 Näheres in Einheit 11.

9.2 Die Funktion von Definitionen

Erst auf der dritten Ebene bei der Prüfung der Voraussetzungen spielen also die Definitionen eine Rolle.

Aufgabe 9.2 **Die Funktion einer Definition verdeutlichen**

Welche Aufgabe übernimmt innerhalb der Gutachtentechnik das Definieren von TBM?
Schreiben Sie anhand der folgenden Abbildung einen Text, in dem Sie einem juristischen Laien erklären, welche Funktion das Definieren innerhalb der Gutachtentechnik (auf der 3. Ebene) hat. Beschreiben Sie dabei den Prozess, ausgehend vom Lesen des Falls 8.2.

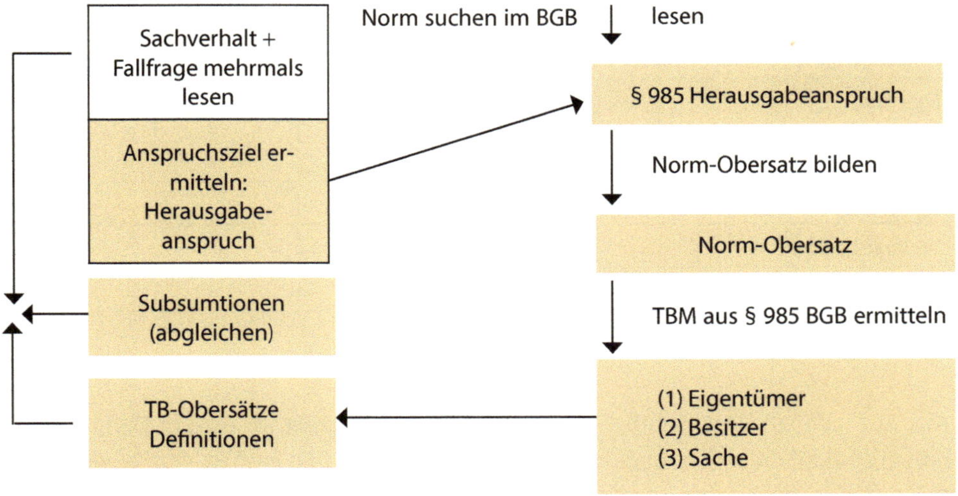

9.3 Definieren von Tatbestandsmerkmalen

Eine wesentliche Tätigkeit beim Schreiben eines Gutachtens besteht darin, TBM zu definieren (s.a. Einheit 7). Dies sollen Sie in der folgenden Aufgabe üben.

Aufgabe 9.3 **Begriffe mit Hilfe des Vorwissens definieren**

a) Was verstehen Sie unter dem Begriff *Willenserklärung*? Definieren Sie diesen Begriff, ohne Hilfsmittel in Anspruch zu nehmen.
b) Entscheiden Sie mit Hilfe der Definition, die Sie angefertigt haben, ob eine Kündigung eine Willenserklärung darstellt.

Legaldefinitionen kennenlernen

Für jedes TBM einer Norm, die Sie auf einen Sachverhalt anwenden wollen, müssen Sie eine Definition angeben. Sie dient im nachfolgenden dritten Schritt der Prüfung (Subsumieren, s. Einheit 10) als Schablone, die Sie zur Prüfung an den Sachverhalt legen. Es stellt sich für Sie die Frage, wo Sie diese Definitionen finden. Einige von ihnen findet man in Gesetzestexten. Man nennt sie **Legaldefinitionen**.

Aufgabe 9.4 Legaldefinitionen im Gesetz suchen

Gibt es zu den folgenden Begriffen eine Legaldefinition? Ermitteln Sie ggf. die Norm, in der die Legaldefinition enthalten ist.

Begriff	Legaldef. Ja/Nein?	ggf. Norm des BGB	Begriff	Legaldef. Ja/Nein?	ggf. Norm des BGB
Angebot			Genehmigung		
Eigentum			Angelegenheiten des täglichen Lebens		
Haustier			Abtretung		
unverzüglich			Anspruch		
Einwilligung			Grundstück		

Siehe Anhang 9.2

Aus Aufgabe 9.4 wird deutlich, dass es für einige Begriffe im Gesetz Definitionen gibt (Legaldefinitionen), und zwar in sog. Hilfsnormen (s. Einheit 4). Für viele Begriffe gibt es aber keine Legaldefinition. In diesen Fällen bekommen Sie die Definitionen aus der Rechtsprechung, aus der Lehre, oder aber Sie definieren die Begriffe selbst.

Was folgt daraus für Ihr Lernverhalten?

Für Prüfungen sollten sie alternativ:

- **Definitionen im Wortlaut auswendig lernen,**
- **Elemente aus den Definitionen auswendig lernen,**
- **im Zweifelsfall die Begriffe während der Prüfung selbst definieren anhand der 4 klassischen Auslegungsmethoden (Wortlaut, Systematik, Historie, Sinn und Zweck).**

Anhand zweier Fälle Begriffe definieren

Fall 9.1

Aron Fuchs bringt sein altes Röhrenradio in eine Spezialwerkstatt, um es reparieren zu lassen. Der Techniker Linus Harts ist von dem Radio begeistert und stellt es in sein Ferienhaus, um seine Freundin damit zu beeindrucken. Aron Fuchs hat aber Geldsorgen und möchte sein Röhrenradio abholen, um es zu verkaufen.
Kann Aron Fuchs von Linus Hart verlangen, dass ihm das Röhrenradio ausgehändigt wird?
Bearbeitungshinweis: Etwaige vertragliche Ansprüche sind nicht zu prüfen.

Wie gehen Sie vor?

- Mehrmaliges Lesen des Falles
- Aus dem Sachverhalt und der Fallfrage das Rechtsbegehren herausarbeiten. In Fall 9.1 geht es um einen Herausgabeanspruch.
- Suchen der Anspruchsgrundlage, in der die Rechtsfolge enthalten ist. Hier: § 985 BGB
- Bildung des Norm-Obersatzes auf der ersten Ebene

  Aron Fuchs könnte gegen Linus Hart einen Anspruch auf Herausgabe des Röhrenradios aus § 985 BGB haben.

- Ermitteln der Voraussetzungen (Tatbestandsmerkmale) aus der Anspruchsgrundlage[5]
  1. Sache
  2. Besitzer
  3. Eigentümer
- Formulieren der TBM auf der ersten Ebene nach dem Norm-Obersatz, Formulieren des Zwischenschritts auf der zweiten Ebene („Dazu müsste der Anspruch entstanden sein") und Prüfen der TBM gutachterlich auf der dritten Ebene. Der TB-OS lautet:

  Dazu müsste es sich bei dem Röhrenradio um eine Sache handeln.

5 Hinzu kommt ein zusätzliches TBM „kein Recht zum Besitz" aus § 986 I 1, 1. Alt. BGB.

Die Definition brauchen Sie anschließend für den Abgleich im 3. Schritt, für die Subsumtion (s. Einheit 10), bevor Sie im vierten Schritt ein Zwischenergebnis (s. Einheit 11) formulieren, ob das Röhrenradio eine Sache im Sinne der Definition (und somit der Norm) ist oder nicht. In der gleichen Vierschrittigkeit prüfen Sie die beiden anderen TBM Besitzer und Eigentümer.[6]

Aufgabe 9.5 Definitionen suchen

a) Finden Sie heraus, wo und wie die Begriffe *Sache* und *Besitzer* definiert werden.
b) Nennen Sie konkrete Beispiele für die Begriffe *Sache* und *Besitzer*.

Siehe Anhang 9.3

Wie bereits erwähnt, lässt sich nur ein geringer Teil der Begriffe legal definieren. Im folgenden Fall sollen Sie einen Begriff definieren, der nicht im Gesetz definiert ist.

Fall 9.2

Victor beschließt, sein veraltetes Handy zu verkaufen. Seine Kommilitonin Alina möchte es erwerben. Victor verlangt 21 € von ihr, und Alina ist damit einverstanden. Sie einigen sich darauf, am nächsten Morgen um 10 Uhr gemeinsam zu frühstücken und dass Victor das Handy mitbringt. Alina hat allerdings am nächsten Morgen kein Geld dabei.
Hat Victor gegen Alina einen Anspruch auf Kaufpreiszahlung für das Handy?

Der Norm-Obersatz zur Fallfrage kann lauten:

> *Victor könnte gegen Alina einen Anspruch auf Kaufpreiszahlung i.H.v. 21 € gem. § 433 II BGB haben.*

Aus § 433 II BGB ergibt sich nur, dass ein Käufer gegenüber einem Verkäufer verpflichtet ist, einen Kaufpreis zu zahlen und die Sache abzunehmen. Es handelt sich hierbei um vertragliche und nicht um dingliche Ansprüche (s. Prüfungsreihenfolge in Einheit 5). Demzufolge müssen Sie prüfen, ob ein Kaufvertrag zustande gekommen ist. Das TBM Kaufvertrag finden Sie in § 433 I BGB.

---

6 Wenn allerdings ein TBM ganz offensichtlich vorliegt, brauchen Sie es nicht in der Vierschrittigkeit zu prüfen, sondern formulieren im Feststellungstil oder im verkürzten Gutachtenstil, dass es sich bei dem Röhrenradio unzweifelhaft um eine Sache handelt, dass Benjamin der Eigentümer und Sara Maria die Besitzerin ist. Es gilt auch hier das Prinzip, ökonomisch zu formulieren und keine überflüssigen Sätze zu schreiben.

Wenn Sie eine relevante Norm gefunden haben, sollten Sie immer auch die benachbarten Normen des Gesetzes im Auge haben.

Aufgabe 9.6 TBM *Kaufvertrag* definieren

Für das TBM Kaufvertrag gibt es keine Legaldefinition. Suchen Sie im Internet, im Rechtswörterbuch, in der Fachliteratur oder in einem Zivilrechtskommentar (z. B. im Palandt) nach einer Definition.

In der Definition des Begriffs *Kaufvertrag* sind neue juristische Begriffe enthalten (Angebot und Annahme). Auch diese Begriffe müssen Sie nun zunächst in einem vierschrittigen Verfahren prüfen und dabei im 2. Schritt definieren. Sie prüfen also, ob ein Angebot abgegeben und ob es angenommen wurde. Erst dann können Sie entscheiden, ob ein Kaufvertrag vorliegt oder nicht.

Erscheinen in der Definition eines Begriffs (Kaufvertrag) neue juristische Begriffe (Angebot / Annahme), so müssen Sie diese auf der folgenden Ebene (hier: 4. Ebene) vierschrittig prüfen und Sie dann unter dem ursprünglichen Begriff (Kaufvertrag) auf der vorherigen (hier: 3. Ebene) subsumieren.

Der Begriff *Angebot*

Für den Begriff *Angebot* gibt es keine Legaldefinition. Eine Definition dieses Begriffs wurde deshalb von der Lehre bzw. der Rechtsprechung entwickelt.

Aufgabe 9.7 Definitionen beurteilen

a) Im Folgenden finden Sie drei Definitionen des Begriffs *Angebot*. Überlegen Sie, welche Definition Sie für angemessen halten. Oder brauchen Sie eine andere Definition?

Definition	Ihr Kommentar
1. Unter einem Angebot versteht man eine öffentliche Willenserklärung gegenüber einer anderen Person, die einen bestimmten Kaufpreis enthält, wodurch ein Vertragsschluss zustande kommen kann, indem der andere dem Angebot zustimmt.	
2. Ein Angebot ist das vorbehaltlose Einverständnis zum Ja gegenüber einer anderen Person. Weiter müssten noch die essentialia negotii (wesentliche Vertragsbestandteile) enthalten sein. Nicht notwendig müssen der Kaufpreis, der Kaufgegenstand und die Kaufparteien angeführt werden.	
3. Ein Angebot ist eine empfangsbedürftige Willenserklärung, durch die ein Vertragsschluss einem anderen in der Weise angetragen wird, dass das Zustandekommen des Vertrages nur von dessen Einverständnis abhängt und der Vertrag durch ein bloßes Ja entstehen kann. Die Willenserklärung muss auch die wesentlichen Vertragsbestandteile (essentialia negotii) Kaufpreis, Kaufgegenstand und Kaufparteien enthalten.	

b) Überlegen Sie mit Hilfe der Definition aus Aufgabe 9.7, für die Sie sich entschieden haben, welche Handlung in dem Fall 9.2 ein Angebot darstellt und begründen Sie Ihre Antwort.

Siehe Anhang 9.4

Aufgabe 9.8 Die Definition auf den Sachverhalt anwenden

Ist entsprechend Ihrer Definition das Ausstellen eines Kleidungsstückes im Schaufenster ein Angebot? Begründen Sie Ihre Antwort.

Siehe Anhang 9.5

9.4 Definieren mit Hilfe der Auslegungsmethoden

Wie bereits oben erwähnt, müssen Sie etliche Definitionen für eine Prüfung (im Wortlaut oder in Stichworten) auswendig lernen. Fällt Ihnen die Definition nicht ein, dann müssen Sie die Definition selbst entwickeln.

Definitionen entwickeln

Nehmen Sie an, in einem Sachverhalt geht es um die Abgabe / den Zugang einer Willenserklärung. Sie müssen nun, nach der Bildung der jeweiligen Tatbestandsobersätze, die drei Tatbestandsmerkmale *Willenserklärung, Abgabe, Zugang* definieren. Wie definieren Sie nun den Begriff *Abgabe*? Wenn Sie zu Hause sind, könnten Sie in einem Rechtswörterbuch nachschauen. Wenn Sie aber in einer Klausur sitzen, ist z. B. folgendes Vorgehen unter Zuhilfenahme von zwei **Auslegungsmethoden** möglich:

Abgabe? Ach ja, ich habe jemandem eine Erklärung zukommen lassen.
Aber ... Welche Absicht verfolgt der Gesetzgeber, wenn er „Abgabe" in einer Norm verwendet? Es muss etwas mit Erklärung, also mit meiner WE zu tun haben. Es geht wohl darum, wann ich eine WE rechtlich bindend abgegeben habe, oder?

2 Auslegungsmethoden

1. Vom Wortlaut her

2. Gesetzlicher Sinn und Zweck

Definition: Von Abgabe spricht man, wenn man bewusst/willentlich eine WE in den Rechtsverkehr einbringt, um eine Rechtsfolge herbeizuführen.

In der Definition des Begriffs *Abgabe* gibt es einen neuen Begriff (willentlich), den Sie nun erst definieren müssen, bevor Sie mit dem Begriff *Abgabe* weiterarbeiten können.

Überlegen Sie, wie Sie den Begriff willentlich definieren können.

Falls Ihnen in einer Prüfung die Definitionen von TBM nicht zur Verfügung stehen, müssen Sie die Begriffe selbst definieren. Dabei helfen Ihnen die 4 klassischen Auslegungsmethoden (Wortlaut, Systematik, Historie, Sinn und Zweck).

Aufgabe 9.9 Sich die Auslegungsmethoden erarbeiten und vortragen

a) Erkundigen Sie sich nach den vier Auslegungsmethoden und verfassen Sie schriftlich eine kurze Erklärung dieser Methoden.[7]
b) Definieren Sie den Begriff *Zugang*. Beantworten Sie dann die Frage, ob eine Kündigung eines Mietverhältnisses, die um 21 Uhr in den Briefkasten des Vermieters geworfen wurde, noch am gleichen Tag zugegangen ist.

Siehe Anhang 9.6

Aufgabe 9.10 Sprachliche Wendungen suchen und Begriffe definieren

a) Schauen Sie sich in einem Rechtswörterbuch, im Internet oder in der entsprechenden Fachliteratur Definitionen von Rechtsbegriffen an. Sammeln Sie die sprachlichen Wendungen, mit denen Sie einen Begriff definieren können.

Siehe Anhang 9.7

b) Entwickeln Sie für die nachfolgenden TBM entsprechend der Methode, die oben vorgestellt wurde, eine juristische Definition:
    § 164 I 1 BGB (Stellvertretung), darin das TBM: *eigene Willenserklärung*
    § 826 BGB, darin: *gute Sitten*

c) Vergleichen Sie anschließend Ihre Definition mit einer, die Sie in der Rechtsliteratur finden.

Eine Methode zum Lernen von Definitionen kennenlernen

Aufgrund der Vielzahl von Definitionen, die man kennen muss, kann es sinnvoll sein, sich Definitionen nicht wörtlich zu merken, sondern nur Elemente aus der Definition. In der Prüfung müssten Sie dann aus den Elementen komplette Sätze formen.

Beispiel
Sie wollen für eine Prüfung die Definition des Begriffs *Kausalität* (z. B. für § 823 I BGB, s. a. Einheit 10.1) lernen.

- 1. Schritt: Sie schauen sich eine akzeptierte Definition an: *Kausal ist jede Handlung, die nicht hinweggedacht werden kann, ohne dass der Erfolg in seiner konkreten Gestalt entfiele.*
- 2. Schritt: Sie suchen sich aus der Definition Begriffe, die Sie auswendig lernen müssen: Handlung wegdenken / Erfolg nicht entfallen.
- 3. Schritt: In der Prüfung stellen Sie zwischen den Elementen, die Sie gelernt haben, eine Beziehung her und formulieren einen Satz:

7 Eine ausführliche Behandlung der Auslegungsmethoden erfolgt in Einheit 13.

Definition: *Wenn man sich die Handlung wegdenkt und der Erfolg dadurch entfallen würde, dann besteht ein kausaler Zusammenhang zwischen Handlung und Erfolg.*

Diese selbst formulierte Definition können Sie in Ihrem Gutachten verwenden.

Aufgabe 9.11 Definitionen aus Stichworten entwickeln

Formulieren Sie zu den folgenden Stichworten Definitionen:

Zu definieren	Elemente	Formulierung
Antrag § 145 BGB	empfangsbedürftige Willenserklärung / vertragswesentliche Bestandteile, einfaches „Ja"	

9.5 Vertiefungsaufgaben

Aufgabe 9.12 Tatbestandsmerkmale definieren

In der Online-Übung 8.3 haben Sie Norm-Obersätze und Obersätze zu den TBM zum Fall 3.9 gebildet. Jede der dort erwähnten einschlägigen Normen enthält TBM.

- Definieren Sie die TBM, die Sie in den TB-Obersätzen angesprochen haben.
- Überlegen Sie, welche Schwierigkeiten Sie beim Definieren hatten.

Online-Übungen 9.1 und Erläuterungen zum Definieren

Vertiefungshinweise

Krebs, P. & Becker, M. (2017, S. 1ff.): *Der Gutachtenstil (samt Formulierungshilfen)*. Universität Siegen.

Lange, B. (2015, S. 258, 264–270, 284f., 300f.): *Jurastudium erfolgreich: Planung, Lernstrategie, Zeitmanagement.*

Metzler-Müller, K. & Füglein, F. (2022, S. 36, 38): *Wie löse ich einen Privatrechtsfall? Aufbauschemata – Mustergutachten – Klausurschwerpunkte.*

Palandt, O. (2021, § 7, Rn. 1): *Becksche Kurzkommentare, Bürgerliches Gesetzbuch.*

Pense, U. & Lüdde, J. S. (2022, S. 50-54): *Methodik der Fallbearbeitung im Studium und Examen: Wie schreibe ich eine Klausur?*

Richter, H.- P. (2021, S. 9–14): *Juristische Grundkurse, BGB Allgemeiner Teil.*
Simon, H. (2022, S. 26–30, 38 f., 81-84, 241-245): *Deutsche Rechtssprache. Ein Studien- und Arbeitsbuch mit Einführung in das deutsche Recht.*
von Münchhausen, M. & Püschel, I. P. (2002, S. 88–93, 199–205, 217–231): *Lernprofi Jura. Wie Sie Jura richtig lernen, Lerntechnik, Klausurtechnik, Hausarbeitstechnik, Lernmotivation, Examensmanagement.*

Wiederholungsfragen

Beantworten Sie folgende Fragen:
a) Warum benötigen Sie innerhalb der Gutachtentechnik Definitionen?
b) Wo finden Sie Definitionen?
c) Welche Methoden gibt es, sich auf das Definieren innerhalb einer Prüfung vorzubereiten?
d) Welche sprachlichen Mittel kann man benutzen, um einen Begriff zu definieren?
e) Welche Rolle spielen die Auslegungsmethoden beim Definieren?

Anhang 9.8

Anhang 9: Voraussetzungen formulieren und definieren

Anhang 9.1 zu Aufgabe 9.2

Nehmen wir einmal den Fall 8.2. Die Fallfrage zum Sachverhalt lautet, ob Benjamin einen Anspruch auf Herausgabe des Wagens hat. In der Fallfrage ist das Anspruchsziel bereits vorgegeben, und Sie ermitteln als einschlägige Norm den § 985 BGB, der drei TBM enthält: Eigentümer, Besitzer und Sache. Sie müssen nun prüfen, ob die Angaben im Sachverhalt diesen TBM entsprechen und somit der § 985 auf den Sachverhalt anwendbar ist.

Eines der TBM, das in § 985 BGB angegeben ist, ist der Begriff der Sache. Sie müssen nun abgleichen, ob der juristische Begriff der Sache, der in der Norm verwendet wird, mit den Sachverhaltsangaben (z. B. ein Wagen) übereinstimmt. Ist der Wagen (konkreter Sachverhalt) eine Sache (abstrakter Begriff des Gesetzes)?

Um diesen Abgleich vornehmen zu können, müssen wir den Begriff der Sache zunächst definieren. Diese Definition ist abstrakt, d. h. ohne konkrete Angaben zu einem Sachverhalt. Anschließend prüfen Sie, ob der Wagen (konkreter Begriff des Sachverhalts) unter diese abstrakte Definition fällt. Erst die Definition ermöglicht es also, das Gesetz auf den Fall anzuwenden.

Anhang 9.2 zu Aufgabe 9.4

Begriff	Legaldef. ja/nein?	ggf. Norm des BGB	Begriff	Legaldef. ja/nein?	ggf. Norm des BGB
Angebot	nein		Genehmigung	ja	§ 184 I
Eigentum	nein		Angelegenheiten des täglichen Lebens	nein	
Haustier	nein		Abtretung	ja	§ 398 S. 1
unverzüglich	ja	§ 121 I 1	Anspruch	ja	§ 194 I
Einwilligung	ja	§ 183 S. 1	Grundstück	nein	

Anhang 9.3 zu Aufgabe 9.5

Zu a)
Der Begriff der Sache ist legal definiert in § 90 BGB.
Wenn man nun davon ausgehen kann, dass ein Röhrenradio unzweifelhaft eine Sache ist, müssen Sie das Merkmal *Sache* nicht definieren. Vielmehr lassen sich alle vier Schritte (inkl. Subsumtion und Ergebnis) zusammengefasst folgendermaßen im **Urteilsstil** formulieren:

Das Röhrenradio ist eine Sache, vgl. § 90 BGB.

Der Begriff *Besitzer/Besitz* ist legal definiert in § 854 I BGB. Sie können den Wortlaut der Norm als Definition verwenden.

Anhang 9.4 zu Aufgabe 9.7

Zu a)

1. Diese Definition ist nicht richtig. Eine Willenserklärung ist keine öffentliche Willenserklärung. Darüber hinaus ist diese Definition zu unpräzise, da sie nicht alle wesentlichen Vertragsbestandteile (Kaufpreis, Kaufgegenstand, Kaufparteien) enthält.

2. Diese Definition ist nicht richtig. Eine Annahme stellt ein vorbehaltloses Einverständnis zum "Ja" dar und nicht das Angebot. Das Angebot muss alle wesentlichen Vertragsbestandteile enthalten. Daher stimmt es nicht, wenn in dieser Definition steht „... nicht notwendig ...".

3. Diese Definition ist richtig. Sie enthält alle Bestandteile für ein Angebot. Daher kann man mit dieser Definition arbeiten.

Zu b)
In Fall 9.2 stellt die Absicht des Victor, sein Handy zu verkaufen, und anschließend sein Verlangen von 21,- € das Angebot dar. Eine solche Handlung des Victor beinhaltet alle wesentlichen Vertragsbestandteile, also Kaufpreis (hier: 21,- €), Kaufgegenstand (hier: Handy), Kaufparteien (hier: Victor und Alina). Folglich kann Alina mit einem einfachen „Ja" den Vertrag zustande kommen lassen.

Anhang 9.5	zu Aufgabe 9.8

Das Ausstellen eines Kleidungsstücks stellt kein Angebot dar. Der/die Verkäufer:in möchte sich nicht rechtlich binden durch das Ausstellen einer Ware im Schaufenster. Vielmehr soll der/die Käufer:in das Angebot machen. Daher liegt in solchen Fällen von Ausstellungsstücken eine invitatio ad offerendum vor, also eine Aufforderung zur Abgabe eines Angebots.

Anhang 9.6	zu Aufgabe 9.9

zu b) Die Definition lautet: Nach der Rechtsprechung ist eine verkörperte empfangsbedürftige WE zugegangen, wenn sie in den Machtbereich des Empfängers gelangt ist, so dass dieser unter gewöhnlichen Umständen hiervon Kenntnis nehmen kann und dies von ihm auch nach Treu und Glauben erwartet werden muss.

Wortlautauslegung:
Der Wortlaut des § 130 I 1 BGB differenziert hier zwischen dem Zugang unter Abwesenden und dem Zugang unter Anwesenden, der gesetzlich nicht geregelt ist. Weiter muss zwischen der verkörperten Willenserklärung (WE), also einer schriftlichen Erklärung wie z. B. einer Kündigung, und der nicht verkörperten WE, also einer mündlichen Erklärung, unterschieden werden. Eine weitere Unterscheidung muss zwischen der Empfangsbedürftigkeit einer WE, also dass die Erklärung einem Erklärungsempfänger zugeht, und der Nicht-Empfangsbedürftigkeit einer WE getroffen werden.

Geht man vom Wortsinn aus, dann ist eine verkörperte empfangsbedürftige Willenserklärung (WE) wie eine Kündigung nach § 130 I 1 zugegangen, wenn die Kündigung an den Erklärungsempfänger übergeben/ausgehändigt worden ist. Nach dem Wortlaut ist die Kündigung, die um 21 Uhr in den Briefkasten des Vermieters geworfen worden ist, in den Machtbereich des Empfängers gelangt, so dass dieser unter gewöhnlichen Umständen hiervon Kenntnis nehmen kann. Jedoch kann dem Vermieter nach Treu und Glauben nicht zugemutet werden, dass er die Kündigung um 21 Uhr, also zur Nachtzeit, noch liest. Nach dem Wortlaut wäre die Kündigung erst am darauffolgenden Tag zugegangen.

Systematische Auslegung
Auch nach der Systematik, also der Gesamtbetrachtung der §§ 130 f. BGB mit §§ 145 ff. BGB ist zu erkennen, dass eine Willenserklärung nur dann letztlich wirksam wird, wenn sie rechtzeitig zugegangen ist. Nach der systematischen Auslegung wäre die Kündigung um 21 Uhr dem Vermieter auch erst am darauffolgenden Tag zugegangen.

Historische Auslegung
Aus didaktischen Gründen lassen wir hier die historische Auslegung raus. Um festzustellen, was der Gesetzgeber bei der Schaffung der Norm beabsichtigt hatte, müsste man in die Gesetzgebungsmaterialien des BGB (Mugdan) schauen.

Teleologische Auslegung (Sinn und Zweck)
Der Sinn und Zweck des § 130 I 1 BGB besteht darin, den Erklärungsempfänger zu schützen. Man würde den Schutzzweck jedoch unterlaufen, würde man es zulassen, den Erklärungsempfänger auch zur Nachtzeit zur Lektüre von Schriftstücken zu verpflichten. Eine solche Vorgehensweise kann von dem Erklärungsempfänger, wie hier dem Vermieter, nicht erwartet werden und würde gegen Treu und Glauben (siehe Wortlautauslegung) verstoßen. Nach der teleologischen Auslegung wäre die Kündigung um 21 Uhr dem Vermieter zwar eingeworfen, aber der Vermieter kann unter gewöhnlichen Umständen erst am darauffolgenden Tag davon Kenntnis nehmen.

Nach allen Formen der Auslegung ist die Kündigung um 21 Uhr dem Vermieter nicht am gleichen Tag zugegangen, sondern erst am darauffolgenden Tag, an dem man unter gewöhnlichen Umständen erwarten darf, dass der Briefkasten von dem Vermieter geleert wird.

Anhang 9.7 zu Aufgabe 9.10

Mögliche Formulierungen für Definitionen sind z. B.:

- „Unter einem/einer […] versteht man …"
- „Ein(e) […] ist … "
- „Als […] bezeichnet man … "
- …

Anhang 9.8 zu den Wiederholungsfragen

a) Erst mit Hilfe der Definition eines TBM können Sie prüfen, ob eine Norm auf den konkreten Sachverhalt angewendet werden kann oder nicht. Definieren Sie das TBM nicht, ist dessen Prüfung nicht möglich und Sie können die im Obersatz ausgedrückte Hypothese nicht verifizieren.
b) Definitionen finden Sie sowohl im Gesetz (Legaldefinitionen, Realdefinitionen) als auch in der Kommentarliteratur.
c) Wortlaut, Systematik, Historie, Sinn und Zweck
d) s. Anhang 9.7
e) Sie brauchen die Auslegungsmethoden, wenn Sie einen juristischen Begriff selbständig definieren.

10. Subsumieren

Übersicht

A Sachverhalt erschließen, Fallfrage verstehen, Rechtsnormen suchen	**Einheit 1** Einführung in die Fallbearbeitung	**Einheit 2** Lesen von Sachverhalten, Fallfragen und Bearbeitungshinweisen	**Einheit 3** Suchen von Rechtsnormen	
B Hintergrundwissen aneignen	**Einheit 4** Normarten	**Einheit 5** Prüfungsreihenfolge und Prüfungsaufbau	**Einheit 6** Zitieren	
C Gutachten schreiben	**Einheit 7** Struktur eines Gutachtens	**Einheit 8** Obersätze bilden	**Einheit 9** Voraussetzungen formulieren und definieren	
	Einheit 10 Subsumieren	**Einheit 11** Ergebnisse formulieren	**Einheit 12** Lösungsskizzen entwerfen	**Einheit 13** Auslegungsmethoden

Treffer

In dieser Einheit lernen Sie …

… fachlich,
- zwischen einer Subsumtion im weiten Sinne (i.w.S.) und einer im engen Sinne (i.e.S.) zu unterscheiden,
- welche Funktion das Subsumieren i.e.S. innerhalb eines Gutachtens übernimmt,
- dass eine Subsumtion i.e.S. aus einem Abgleich einer Definition mit Sachverhaltsangaben besteht.

… hinsichtlich Methodik und Lernstrategien,
- wie bei dem verkürzten Gutachtenstil subsumiert wird,
- wie Sie die Sachverhaltsangaben mit der Definition abgleichen.

… sprachlich,
- schlussfolgernde Adverbien zu benutzen,
- was für eine Textstruktur eine Subsumtion bzw. eine verkürzte Subsumtion aufweist,
- welche Formulierungen Sie bei einer verkürzten Subsumtion verwenden können.

10.1 Die Funktion des Subsumierens

Aufgabe 10.1 Die Methode des Subsumierens erklären

- Schauen Sie in der einschlägigen Literatur nach, was man unter einer Subsumtion versteht, ohne in den Anhang 10.1 zu schauen.
- Welche Funktion hat eine Subsumtion innerhalb eines Gutachtens?
- Schreiben Sie dazu eine Erklärung für einen juristischen Laien. Formulieren Sie auch, was Sie evtl. nicht verstanden haben.

Siehe Anhang 10.1

10.2 Das Wesen einer Subsumtion

Subsumtion im engen Sinne und im weiten Sinne voneinander unterscheiden

Wir unterscheiden zwischen einer Subsumtion im engen Sinne und einer im weiten Sinne. Diese Differenzierung findet sich u. a. bei Lange, B. (2015, S. 259) und erscheint uns aus methodischen Gründen sinnvoll. Wir werden im Folgenden darstellen, was wir unter einer Subsumtion i.w.S. und einer Subsumtion i.e.S. verstehen.

Beispiel: § 823 I BGB (Schadensersatz)
Wenn Sie einen Anspruch auf Schadensersatz prüfen, müssen Sie entsprechend dem Prüfungsaufbau (s. Einheit 5) im ersten Zwischenschritt feststellen, ob der Anspruch entstanden ist. Dazu ermitteln Sie aus der Anspruchsgrundlage, hier aus § 823 I BGB, die TB-Voraussetzungen *Rechtsgutsverletzung*, *Rechtsgutshandlung*, *Kausalität*, *Rechtswidrigkeit* und *Verschulden* und prüfen diese auf der nachfolgenden Ebene in dem vierschrittigen Verfahren (s. Einheit 7.1, Schema eines Gutachtens).

Aufgabe 10.2 Unterschiede im Aufbau auf der 1. und auf der 3. Ebene erkennen

Stellen Sie sich vor, eine Kommilitonin von Ihnen bittet Sie, ihr den Unterschied zwischen dem vierschrittigen Aufbau auf der 1. und dem auf der 3. Ebene zu erklären. Antworten Sie ihr und erklären Sie ihr den Unterschied. Schauen Sie sich dazu die Struktur des folgenden Gutachtens zum Zwischenschritt 1 an.

Formale Gesamtübersicht:

1. Ebene
1. Norm-Obersatz
2. Voraussetzungen (Anspruch entstanden, erloschen, druchsetzbar?)
3. Subsumtion i.w.S. (realisiert durch die 2. und 3. Ebene)

  2. Ebene
  1. Zwischenschritts-Obersatz 1 (Anspruch entstanden?)
  2. Definition (wird nicht realisiert)
  3. Subsumtion i.w.S. (wird realisiert durch die 3. Ebene)

    3. Ebene
    1. TB-Obersatz 1 zur Rechtsgutsverletzung
    2. Definition
    3. Subsumtion i.e.S.
    4. Zwischenergebnis

    1. TB-Obersatz 2 zur Rechtsgutshandlung
    …

  2. Ebene
  4. Zwischenergebnis (für Zwischenschritt 1)

  1. Zwischenschritts-Obersatz 2 (Anspruch erloschen?)
  1. Zwischenschritts-Obersatz 3 (Anspruch durchsetzbar?)

1. Ebene
4. Gesamtergebnis

Beim Schreiben eines Gutachtens beginnen Sie mit dem Norm-Obersatz (1. Ebene). Als 2. Schritt folgen statt einer Definition die Voraussetzungen Anspruch entstanden, erloschen, durchsetzbar? Diese prüfen Sie jeweils auf der 2. und der 3. Ebene.

Anspruch entstanden? Anspruch erloschen? Anspruch durchsetzbar?	3 Zwischenschritte

Mit Hilfe der Norm § 823 I BGB, die Sie im Norm-Obersatz angegeben haben, prüfen Sie zunächst innerhalb des ersten Zwischenschrittes, ob ein Anspruch überhaupt entstanden ist. Dazu ermitteln Sie die Tatbestandsmerkmale des § 823 I BGB als Voraussetzungen, die erfüllt sein müssen, damit die Rechtsfolge eintreten kann:

1. Rechtsgutsverletzung *2. Rechtsgutshandlung* *3. Kausalität*
4. Rechtswidrigkeit *5. Verschulden*

Die Nennung dieser Voraussetzungen kann sich an den Zwischenschritts-Obersatz auf der 2. Ebene anschließen. Sie werden auf der 3. Ebene einzeln im vollständig formulierten vierschrittigen Verfahren geprüft.

Die Definition auf der 1. Ebene wird durch die Nennung der Zwischenschritte (Voraussetzungen des Norm-Obersatzes) ersetzt. Die Subsumtion auf der 1. Ebene wird ebenfalls weggelassen und ersetzt durch die 2. und 3. Ebene. Dadurch sind auf der 1. Ebene nur noch der Norm-Obersatz und das Gesamtergebnis sichtbar. In unseren Übersichten behalten wir aber den vierschrittigen Aufbau bei, um Ihnen den Denkprozess zu verdeutlichen, der allerdings nicht vollständig im Gutachten formuliert wird.

Aus der Übersicht zum untenstehenden Fall 10.1 wird deutlich, dass unter der Subsumtion im weiten Sinne (i.w.S.) etwas anderes zu verstehen ist als unter der Subsumtion i.e.S. Erst bei der vierschrittigen Prüfung der TBM wird eine Subsumtion verfasst. In diesem Fall sprechen wir von Subsumtion im engen Sinne (i.e.S.).

Der Prozess des Gutachtenschreibens

Im Folgenden stellen wir Ihnen am Beispiel des § 823 I BGB dar, welche Stellung die Subsumtion im Gutachten einnimmt.

Fall 10.1

Im Folgenden wird nur der Tatbestand des § 823 I BGB geprüft und nicht die Rechtsfolge.

Vorbereitende Tätigkeiten

- Fall verstehen
- Fallfrage verstehen
- Anspruchsziel ermitteln
- dadurch Fallfrage konkretisieren
- Gesetz und Normen ermitteln

Franziska (F) hat aus Eifersucht die Sportschuhe von Gerda (G) zerschnitten.
Wie ist die Rechtslage?

Schadensersatz
Hat G einen Anspruch auf Schadensersatz?
§ 823 I BGB? Oder § 280 I BGB? Oder § 826 BGB? Sie entscheiden sich für den § 823 I BGB.

Gutachten verfassen

1. Norm-Obersatz bilden

G könnte gegen F einen Anspruch auf Schadensersatz aus § 823 I BGB haben.

Rechtsnorm § 823 I BGB

Tatbestand → Rechtsfolge

Zwischenschritt 1 (Anspruch entstanden?)

2. TBM aus § 823 I BGB ermitteln, ggf. zusammenfassend die Voraussetzungen aufführen

TBM 1 | TBM 2 | TBM 3 | TBM 4 | TBM 5

1 Rechtsgutsverletzung
2 Rechtsgutshandlung
3 Kausalität
4 Rechtswidrigkeit
5 Verschulden

Hierzu müsste F kausal eine Rechtsgutsverletzung mitels einer Rechtsgutshandlung begangen haben. Diese müsste ferner auch rechtswidrig und schuldhaft erfolgt sein.[1]

3. Subsumieren i.w.S.

1. TB-Obersätze bilden

Tatbestands-Obersätze (TBO)

TBO 1 | TBO 2 | TBO 3 | TBO 4 | TBO 5

1 Die TB-Obersätze sind in einem Obersatz zusammengefasst. Sie können daraus auch fünf TB-Obersätze für jedes einzelne TBM formulieren. Das Merkmal Kausalität erschließt sich nicht aus der Norm, es stellt ein ungeschriebenes TBM dar.

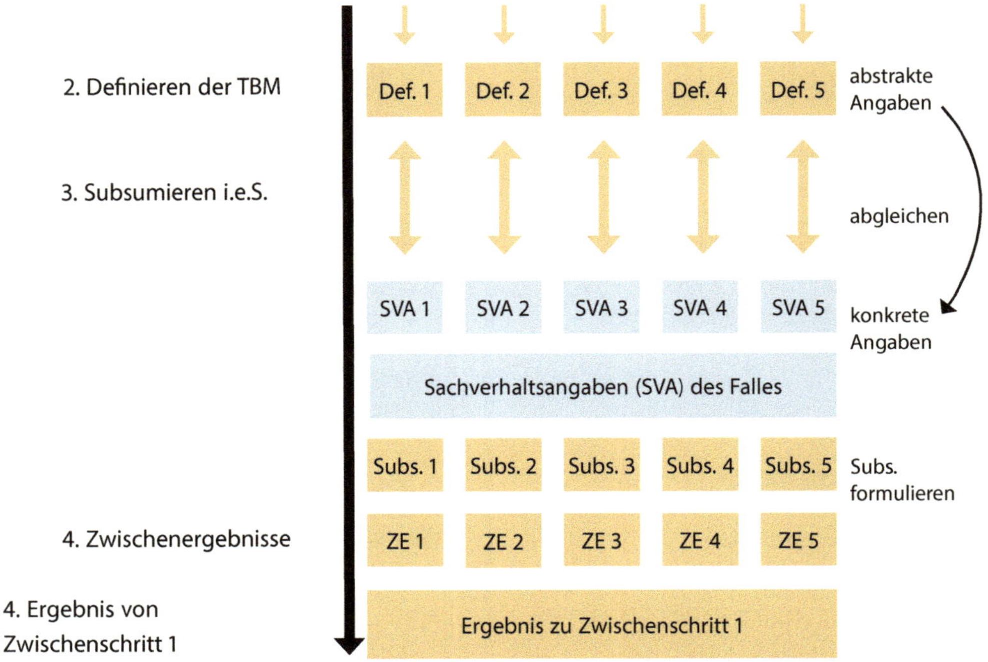

evtl. Zwischenschritt 2 (Anspruch erloschen?)
evtl. Zwischenschritt 3 (Anspruch durchsetzbar?)

4. Gesamtergebnis aller Zwischenschritte

Aufgabe 10.3 Den Prozess des Subsumierens i.w.S. und i.e.S. beschreiben

Beschreiben Sie überblicksartig den Vorgang des Subsumierens i.e.S. sowie i.w.S. mit Hilfe des oben stehenden Schemas. Benutzen Sie als Beispiel § 823 I BGB.

Siehe Anhang 10.2

Fachsprachliche Verbindung zwischen Definition und Subsumtion

In der Subsumtion werden die zentralen Begriffe der Definition wieder aufgegriffen. Schauen Sie sich dazu das folgende Beispiel zum TBM *Kausalität* an:

Definition:
Kausal ist jede Handlung, die nicht hinweggedacht werden kann, ohne dass der Erfolg in seiner konkreten Gestalt entfiele (Äquivalenztheorie).

Subsumtion:
Hätte F die Sportschuhe nicht zerschnitten, dann wären die Sportschuhe noch ganz geblieben. Also war das Zerschneiden als Rechtsgutshandlung kausal für den Erfolg, nämlich die Rechtsgutsverletzung, hier Eigentumsverletzung, an den Schuhen.

10.3 Übungen zum Subsumieren im engen Sinne

Anhand der folgenden einfachen Fälle können Sie die Kerntätigkeit des Gutachtenschreibens, das Subsumieren i.e.S., in seinen Grundzügen üben.

Aufgabe 10.4 Das Subsumieren i.e.S. vorbereiten

Fall 10.2

Der 13-jährige Fritz legt, weil er wegen seiner Kurzsichtigkeit von seinem Nachbarn Markus gehänselt wird, beim Spielen seine Brille ab. Derart gehandicapt nimmt er sich von der Straße den Fußball, den er für seinen eigenen hält, der aber seinem Nachbarn Markus gehört. Beim Schießen des Balles verwechselt er das Tor mit der Fensterscheibe des Nachbarhauses, die schon einen Sprung hat, nun aber vollends zerbricht, als Fritz diese mit dem Ball trifft. Wie ist die Rechtslage?

I Zum Leseverstehen (s. Einheiten 1 und 2)
1. Streichen Sie alle Informationen im Sachverhalt, die rechtlich irrelevant sind.
2. Unterstreichen Sie alle Informationen, die eine rechtliche Relevanz haben.
3. Entwerfen Sie eine Personenskizze mit den rechtlichen Beziehungen zueinander.

II Vorbereitende Tätigkeiten (s. Einheiten 2 und 3)
4. Formulieren Sie mit Bezug auf die rechtlich relevanten Informationen die beiden konkreten Fallfragen, die möglich sind.

Mögliche Fallfragen:	a)
	b)

5. Ermitteln Sie die Anspruchsziele (sie sind evtl. schon in der Fallfrage genannt).
6. Suchen Sie die Normen des BGB, die für die Prüfung der Anspruchsziele relevant sind.

III <u>Gutachten: das Subsumieren vorbereiten</u>

7. Formulieren Sie zu jeder Fallfrage einen Norm-Obersatz.
8. Ermitteln Sie die TBM dieser Normen und tragen Sie diese in die folgenden Tabellen ein.
9. Ordnen Sie diese TBM den rechtlich relevanten Sachverhaltsangaben der Tabelle zu.

Maßgebliche Norm zu Fallfrage a) § … BGB Norm-Obersatz: …	
Tatbestandsmerkmale	Sachverhaltsangaben
a)	a) Ein Rechtfertigungsgrund für das Handeln des Fritz lag nicht vor.
b)	b) Hätte Fritz das Tor nicht mit der Fensterscheibe verwechselt, wäre die Fensterscheibe nicht zu Bruch gegangen.
	c) Fritz hat auf die Fensterscheibe geschossen und diese beschädigt.
c)	d) Fritz ist 13 Jahre alt.
d)	e) Fritz hat fremdes Eigentum beschädigt.
e)	f) Die Scheibe hatte ja schon einen Sprung.
	g) Fritz hat fahrlässig gehandelt.
	h) Der Nachbar hatte Fritz geärgert.

Maßgebliche Norm zu Fallfrage b) § … BGB Norm-Obersatz: …	
Tatbestandsmerkmale	Sachverhaltsangaben
a)	a) Zwischen Markus und Fritz gab es kein Vertragsverhältnis.
b)	b) Der Ball befand sich bei Fritz.
c)	c) Der Ball gehörte Markus.
d)	d) Vorliegend handelt es sich um einen Ball.

Siehe Anhang 10.3

Sie prüfen in der Subsumtion i.e.S., ob eine Deckungsgleichheit zwischen der abstrakten Definition (z.B. des Begriffs *Sache*) und dem konkreten Sachverhaltsausschnitt (z.B. *Fußball*) besteht.

Stellen Sie sich vor, Sie müssten entsprechend der Fallfrage b) des obigen Beispiels ein Gutachten zu dem Herausgabeanspruch des Markus schreiben, der seinen Fußball zurückhaben möchte. In der relevanten Norm des § 985 BGB taucht das TBM *Sache* auf. Sie müssen prüfen, ob dieses TBM für den vorliegenden Fall zutrifft.

Prüfung des TBM *Sache*	
TB-Obersatz:	*Dazu müsste es sich bei einem Fußball um eine Sache handeln.*
Definition:	*Eine Sache ist jeder körperliche Gegenstand im Sinne des § 90 BGB.*

In der Definition des Begriffs *Sache* taucht allerdings ein neuer Begriff auf: *körperlicher Gegenstand.* Um den Begriff der *Sache* zu definieren, müssen Sie nun zunächst die Begriffe *körperlich* und *Gegenstand* definieren. Erst wenn ein Gegenstand ein körperlicher Gegenstand ist, kann er auch eine Sache sein. Für diese Prüfung der TBM körperlich und Gegenstand (vierschrittig) gehen Sie auf die 4. Ebene und kehren dann mit Ihrem Ergebnis auf die 3. Ebene zurück.

Definition:	*Eine Sache ist jeder körperliche Gegenstand im Sinne des § 90 BGB. Ein körperlicher Gegenstand ist ein Gegenstand, den man anfassen kann und der Konturen und Umrisse aufweist.*

Aufgabe 10.5 Eine Begründung formulieren

Schreiben Sie eine Begründung dafür, dass ein Fußball eine Sache im Sinne der Definition ist.

Aufgabe 10.6 Definitionen mit Sachverhaltsangaben abgleichen

1. Handelt es sich bei den folgenden Dingen um einen körperlichen Gegenstand?
2. Welche Konsequenzen hat es für Ihr Gutachten, wenn es sich bei dem zu prüfenden Ding nicht um eine Sache handelt?

Sachverhaltsangabe	Sache gemäß der Legaldefinition (§ 90 BGB)		
	ja?	nein?	inwiefern zweifelhaft?
a) Auto			
b) Katze			
c) Luft			
d) Rauch			
e) Energie			
f) Karl			
g) ein gegessener Apfel			
h) ein verbranntes Buch			

Siehe Anhang 10.4

Aufgabe 10.7 Elemente eines Gutachtens in die richtige Reihenfolge bringen

Eine Kommilitonin von Ihnen hat zu dem folgenden Fall 10.3 in einem Tutorium das anschließende Gutachten geschrieben.

- Überlegen Sie, inwiefern die Reihenfolge der Aussagen nicht richtig ist.
- Bringen Sie die Sätze in die richtige Reihenfolge und schreiben Sie die betreffende Überschrift dazu (Obersatz, Definition, Subsumtion). Hilfestellung: Alles, was nicht zum Obersatz oder zur Definition gehört, ist Teil der Subsumtion.

Fall 10.3

Tom Giebelreiter (G) wirft am Montag um 13:42 Uhr eine Postkarte in den Briefkasten von Franz Blumenberg (B).
Ist die Postkarte Franz Blumenberg am gleichen Tag zugegangen?

Gutachten einer Studentin zu Fall 10.3

„Weiterhin ist die Postkarte zu den üblichen Verkehrszeiten in den Briefkasten von B gelangt. Fraglich ist, ob die Postkarte dem B gem. § 130 I 1 BGB zugegangen ist. Somit ist damit zu rechnen, dass unter gewöhnlichen Umständen der Empfänger B von der Willenserklärung Kenntnis genommen hat. Die Postkarte ist in den Briefkasten des B gelangt und somit in seinen Machtbereich.
Der Zugang ist zu bejahen, wenn die Willenserklärung in den Machtbereich des Empfängers gelangt und unter gewöhnlichen Umständen mit der Kenntnisnahme zu rechnen ist."

Siehe Anhang 10.5

Online-Übung (10.1 zum Subsumieren)

10.4 Textaufbau einer Subsumtion im engen Sinne

Die Wortwahl beim Subsumieren kennenlernen

Beim Subsumieren erfolgt, wie bereits oben ausgeführt, ein Abgleich der Definition der Tatbestandsmerkmale einer Norm mit den Sachverhaltsangaben.

Beispiel zu Aufgabe 10.6

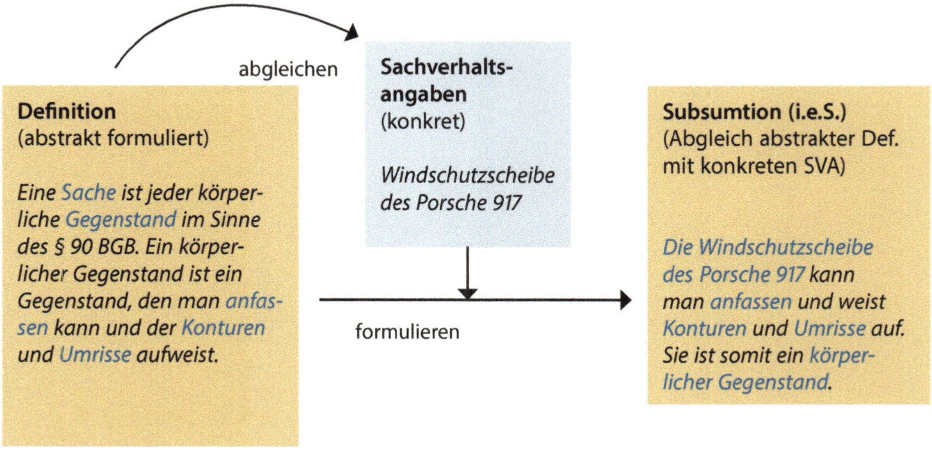

Ergebnis: Die Windschutzscheibe des Porsche 917 ist folglich eine Sache.

Die Tatbestandsmerkmale einer Norm werden abstrakt definiert. Die Definitionen werden wie eine Schablone für den Abgleich mit den konkreten Sachverhaltsangaben benutzt. Die abstrakten Begriffe der Definition werden deshalb in der Subsumtion wieder genannt und mit den konkreten Sachverhaltsangaben in Beziehung gebracht.

Die textliche Struktur einer Subsumtion i.e.S. kennenlernen

Eine Subsumtion (i.e.S.) hat eine eigene Textstruktur. Bisher haben wir in diesem Lehrwerk nur einfache Fälle behandelt, und die Subsumtion bestand aus wenigen Worten. In Prüfungen werden aber Fälle zur Bearbeitung gegeben, die Sie in einem komplexeren Gutachten bearbeiten müssen. In der Subsumtion müssen Sie häufig argumentieren. Der Text, aus dem eine Subsumtion besteht, wird dabei umfangreicher und erhält eine bestimmte Textstruktur.

Beispiel

Nehmen wir an, Sie sollen in einem Rechtsstreit prüfen, ob eine Annahmeerklärung rechtzeitig zugegangen ist.

Der Abgleich der Sachverhaltsangaben mit der Definition erfolgt zu drei Elementen der Definition:
- Machtbereich des Empfängers
- Möglichkeit der Kenntnisnahme
- Annahmefrist.

Fall mit Sachverhaltsangaben
Fallfrage

Obersatz
Dazu müsste die Annahmeerklärung des B dem A nach § 148 BGB fristgerecht zugegangen sein.

Definition

Eine Annahmeerklärung ist zugegangen, wenn sie so in den Herrschaftsbereich des Empfängers gelangt, dass dieser Kenntnis nehmen kann und auch mit der Kenntnisnahme zu rechnen ist. Überdies muss der Zugang der Annahmeerklärung nach § 148 BGB innerhalb der gesetzten Frist erfolgen.

Subsumtion

Vorliegend hat A bezüglich der Annahme eine Frist bis zum 15.01. gesetzt; B hat die Annahmeerklärung am 15.01. gegen 21 Uhr in den Briefkasten des A eingeworfen. Der Brief ist damit rechtzeitig durch den Einwurf in den Briefkasten in den Herrschaftsbereich des A gelangt. A könnte zu diesem Zeitpunkt auch von der Erklärung Kenntnis nehmen. Allerdings ist unter normalen Umständen erst am nächsten Morgen (16.01.) mit der Kenntnisnahme zu rechnen, weil Briefkästen üblicherweise nicht am Abend, sondern am darauffolgenden Tag geleert werden. Somit ist der Zugang der Annahmeerklärung und die Annahme als solche nicht innerhalb der gesetzten Frist erfolgt.

Textstruktur Subsumtion

1. Element der Definition: Nennen der im Hinblick auf die Definition rechtlich relevanten Sachverhaltsangaben („Vorliegend…", „Hier …", „Laut Sachverhalt …")

Schlussfolgerung (damit) zum 1. Element der Definition (Herrschaftsbereich)

2. Element der Definition: Abgleich SA mit Definition (Möglichkeit der Kenntnisnahme) (hier: im Konj. II als Ausdruck der Möglichkeit: d. h. Schlussfolgerung bleibt offen)

Argumentation („allerdings": signalisiert ein Problem/„weil": begründen)

Schlussfolgerung („somit") zum 2. und 3. Element der Definition (Zugang innerhalb einer Frist)

Mit Hilfe der farblich markierten Stellen können Sie sehen, dass die Begrifflichkeit aus der Definition beim Subsumieren und beim Schlussfolgern wieder aufgenommen wird. Die Argumentation stellt dabei eine eigene Denkleistung dar, die von Ihnen erbracht werden muss. Das Thema Argumentation (mit Hilfe der Auslegungsmethoden) haben wir bewusst in Einheit 13 verlagert, um die Darstellung des Subsumierens an dieser Stelle möglichst einfach zu gestalten.

Die Elemente der obigen Subsumtion und ihre Funktion

Textstruktur	Funktion
Relevante Sachverhaltsangaben zu TBM 1	Beziehung zur Definition herstellen
Schlussfolgerung	Schlussfolgerung aus der Prüfung des 1. Elements (Herrschaftsbereich) artikulieren, das in der Definition neu genannt wurde
Relevante Sachverhaltsangaben zu TBM 2, Zweifel	Beziehung zur Definition herstellen
Argumentation	Geäußerte Zweifel erläutern und rechtlich bewerten
Schlussfolgerung	Ergebnis des 2. Elements (Möglichkeit der Kenntnisnahme) und des 3. Elements (Annahmefrist) artikulieren, die in der Definition genannt wurden.

Die Subsumtion kann demnach auch eine Schlussfolgerung enthalten. Sie bezieht sich auf Elemente, die in der Definition neu genannt wurden.
Von derartigen Schlussfolgerungen müssen Sie den vierten Schritt des Gutachtens unterscheiden, das Zwischenergebnis, das sich auf den TB-Obersatz bezieht (s. Einheit 11).

Schlussfolgernde Adverbien (konsekutiv) kennenlernen

Die Subsumtion kann also eine Schlussfolgerung enthalten, die das Zwischenergebnis vorbereitet. Die Schlussfolgerung können Sie sprachlich mit folgenden Adverbien formulieren:

- mithin
- somit
- folglich
- damit
- demnach
- demzufolge

Aufgabe 10.8 Schlussfolgernde Adverbien benutzen

Fügen Sie in den folgenden Subsumtionen ein schlussfolgerndes Adverb ein.

Subsumtion 1

> Durch Silkes Schläge mit dem Kerzenständer wurde der Körper von Sven verletzt. Es liegt eine Rechtsgutsverletzung (Körperverletzung) im Sinne von § 823 I BGB vor.

Subsumtion 2

> Max hat aus Verärgerung darüber, dass er kein Handy geschenkt bekommen hat, den Teller seiner Oma mit Spaghetti in Tomatensauce an die Wand geworfen, so dass der Teller kaputt gegangen ist und die Sauce die Wand heruntergelaufen ist. Max hat das 7. Lebensjahr noch nicht vollendet. Er ist nach § 828 I BGB für den Schaden, der er verursacht hat, nicht verantwortlich.

Siehe Anhang 10.6

Aufgabe 10.9 Fehler verbessern

In dem folgenden Kurz-Gutachten gibt es in der Subsumtion des TBM *Sache* einen typischen Fehler. Verändern Sie die Subsumtion in der erforderlichen Weise.

Fall 10.4

> A hat B ein Auto geliehen. A verlangt das Auto von B zurück.
> Kann A von B das Auto zurückverlangen? Vertragliche Herausgabeansprüche sind nicht zu prüfen.

Obersatz: *A könnte gegen B einen Anspruch auf Herausgabe des Autos gemäß § 985 BGB haben.*

Definition/Voraussetzung:

Subsumtion i.w.S.:

TBM 1: Sache

TB-Obersatz: *Dazu müsste es sich bei dem Auto um eine Sache handeln.*

Definition: *Eine Sache ist jeder körperliche Gegenstand im Sinne des § 90 BGB. Ein körperlicher Gegenstand ist ein Gegenstand, den man anfassen kann und der Konturen und Umrisse aufweist.*

Subsumtion i.e.S.: *A hat B ein Auto geliehen. Ein Auto ist eine Sache.*

...

Siehe Anhang 10.7

Dass ein Auto eine Sache ist, ist unproblematisch. Man würde deshalb den verkürzten Gutachtenstil benutzen und ohne weitere Ausführungen feststellen, dass ein Auto eine Sache ist. Wir haben hier aus didaktischen Gründen an der ausführlichen Darstellung festgehalten.

Auch haben wir den Zwischenschritt „Anspruch entstanden?" nicht ausformuliert.

10.5 Vertiefende Aufgaben zum Subsumieren

Aufgabe 10.10 Anhand eines Falles subsumieren

Im Folgenden finden Sie einen komplexeren Fall und das dazugehörige unvollständige Gutachten einer Schachtelprüfung.[2] Füllen Sie die Stellen aus, die mit Punkten gekennzeichnet sind. Formulieren Sie anschließend die Subsumtion.
Zur Erinnerung: Die angegebenen Zwischenschritte ergeben sich aus den Prüfungsschemata, die Sie in Einheit 5 finden.

Fall 10.5

Besim Gerçek (G) hat im Antiquariat des Herbert Bartsch (B) ein Buch ausgewählt, legt es Bartsch auf den Tisch und sagt: „Das Buch zum Preis von 20,00 € möchte ich kaufen." B antwortet: „Verkaufe ich Ihnen gerne." Einen Augenblick später überlegt es sich G anders und meint, er wolle das Buch doch nicht erwerben.
Hat B Anspruch auf Kaufpreiszahlung?

2 Unsere Darstellung des Gutachtens umfasst auch die Schritte, die normalerweise nicht geschrieben, sondern nur gedacht werden. Um Ihnen aber die durchgängige vierschrittige Struktur zu zeigen, wurde das Gutachten ausführlich formuliert. Auch ist zu beachten, dass in einem Gutachten die Überschriften (wie z. B. Norm-Obersatz) nicht geschrieben werden. Stattdessen gibt es eine alphanumerische Gliederung.

1. Ebene 1. Norm-Obersatz
2. Voraussetzungen (Anspruch entstanden, erloschen, druchsetzbar?)
3. Subsumtion i.w.S. (realisiert durch die 2. und 3. Ebene)

2. Ebene 1. Zwischenschritts-Obersatz 1 (Anspruch entstanden?)
2. Definiton (wird nicht realisiert)
3. Subsumtion i.w.S. (wird realisiert durch die 3. Ebene)

3. Ebene 1. TB-Obersatz 1 zum Angebot
2. Defintion
3. Subsumtion i.e.S.
4. Zwischenergebnis

1. TB-Obersatz 2 zur Annahme
...

2. Ebene 4. Zwischenergebnis (für Zwischenschritt 1)

1. Zwischenschritts-Obersatz 2 (Anspruch erloschen?)
1. Zwischenschritts-Obersatz 3 (Anspruch durchsetzbar?)

1. Ebene 4. Gesamtergebnis

1. TB-Obersatz: *Es müsste zwischen B und G ein wirksamer Kaufvertrag zustande gekommen sein.*
2. Definition/Voraussetzungen: *Ein Kaufvertrag kommt zustande durch zwei übereinstimmende und aufeinander Bezug nehmende WE, Angebot und Annahme im Sinne der §§ 145 ff. BGB.*
3. Subsumtion i.w.S.:
   1. TB-Obersatz Angebot: ....
   2. Definition: ....
   3. Subsumtion i.e.S.: ....
   4. Zwischenergebnis: *Somit hat G ein Angebot abgegeben.*

   1. TB-Obersatz Annahme: ....
   2. Definition: ....
   3. Subsumtion i.e.S.: ....
   4. Zwischenergebnis: *Somit hat B das Angebot von G angenommen.*

4. Zwischenergebnis: *Somit liegen zwei übereinstimmende WE, Angebot und Annahme vor. Demnach ist zwischen B und G ein Kaufvertrag zustande gekommen.*

(Die weitere Prüfung wäre: Wirksamkeit/Gegennormen)

4. Zwischenergebnis: Die Anspruchsvoraussetzungen des § 433 I BGB sind erfüllt. Somit ist der Anspruch auf Kaufpreiszahlung entstanden.

Zwischenschritt 2 *(Anspruch erloschen?)*
Zwischenschritt 3 *(Anspruch durchsetzbar?)*

4. Gesamtergebnis: *B hat gegen G einen Anspruch auf Kaufpreiszahlung i.H.v. 20,00 € gemäß § 433 II BGB.*

Siehe Anhang 10.8

Online-Übung (10.2)
Hier finden Sie weitere Übungen zum Subsumieren.

10.6 Subsumieren im verkürzten Gutachtenstil

Neben dem ausführlichen Gutachtenstil gibt es den sog. verkürzten Gutachtenstil. Dieser wird angewendet, wenn ein TBM unproblematisch ist.

Beispiel Fall 10.6

Amir (A) kauft von Boris (B) ein Buch, B gibt A das Buch. A bezahlt aber nicht. Hat B einen Anspruch auf Kaufpreiszahlung?

In diesem Fall müssten Sie prüfen, ob überhaupt ein Kaufvertrag zustande gekommen ist. Da dies aber unzweifelhaft ist, müssen Sie das Zustandekommen eines Kaufvertrages hinsichtlich eines Angebots und einer Annahme nicht prüfen. In der Subsumtion formuliert man deshalb das Vorliegen eines TBM verkürzt.

Textaufbau einer verkürzten Subsumtion

Hier hat A das Buch von B gekauft.	← Sachverhalt
Eine solche Situation legt den Schluss nahe,	← Mögliche Einleitung in die verkürzte Subsumtion
dass zwei übereinstimmende WE, Angebot und Annahme, seitens A und B erfolgt sind.	← Elemente der Definition, die aufgegriffen werden, und eine kurze Begründung
Somit liegen die Voraussetzungen für das Zustandekommen eines Kaufvertrages vor.	← Schlussfolgerung

Mit dem verkürzten Gutachtenstil weist der Studierende seine Kenntnis darüber nach, dass das TBM *Kaufvertrag* unproblematisch ist. Der Obersatz zu diesem TBM wird weggelassen, und es ist auch nicht erforderlich, das TBM zu definieren. Die Elemente der Definition werden allerdings in der verkürzten Subsumtion aufgegriffen.

Als sprachliche Alternative könnten Sie die verkürzte Subsumtion auch mit der Konjunktion *indem* beginnen:

***Indem** A das Buch von B gekauft hat, liegen zwei übereinstimmende WE, Angebot und Annahme, seitens A und B vor. Somit liegen die Voraussetzungen für das Zustandekommen eines Kaufvertrages vor.*

Aufgabe 10.11 Unproblematische TBM erkennen

In den folgenden Aufgaben geht es darum zu erkennen, welche TBM unproblematisch sind und deshalb nicht ausführlich geprüft werden.

- Lesen Sie den folgenden Fall.
- Suchen Sie die relevante Norm.
- Formulieren Sie einen (Norm-) Obersatz.
- Ermitteln Sie die TBM.
- Überlegen Sie, welche TBM unproblematisch sind und im verkürzten Gutachtenstil behandelt werden können.
- Formulieren Sie die Subsumtion der TBM im verkürzten Gutachtenstil.

Fall 10.7

Die Office-Sekretärin Aline zerreißt aus Wut das Bettlaken von Diddi, weil dieser wieder einmal im Bett geraucht hat und das Bettzeug mit Zigarettenasche verschmutzt ist.
Hat Diddi gegen Aline einen Anspruch auf Schadensersatz nach § 823 I BGB?

Siehe Anhang 10.9

Aufgabe 10.12 Im verkürzten Gutachtenstil schreiben

Im Folgenden finden Sie einen Teil eines Gutachtens, in dem TBM ausführlich geprüft wurden. Nehmen Sie an, die TBM seien unproblematisch. Schreiben Sie das Gutachten um, indem Sie den verkürzten Gutachtenstil anwenden.

1. TB-Obersatz Angebot: *G könnte ein Angebot abgegeben haben, indem er das Buch auf den Tresen gelegt hat.*
2. Definition: *Ein Angebot i.S.d. §§ 145f. BGB ist eine empfangsbedürftige Willenserklärung, die auf den Abschluss eines Vertrages gerichtet ist und die essentialia negotii so bestimmt bezeichnet, dass der Erklärungsempfänger den Vertrag mit einem bloßen „Ja" zustande bringen kann.*
3. Subsumtion i.e.S.: *G möchte das Buch von B zum Preis von 20,00 € kaufen. In diesem Verhalten sind alle essentialia negotii, sprich Kaufpreis, Kaufgegenstand und Kaufparteien bestimmt bezeichnet. Somit kann der Erklärungsempfänger B den Vertrag mit einem bloßen „Ja" zustande bringen.*
4. Zwischenergebnis: *Somit hat G ein Angebot abgegeben.*

Siehe Anhang 10.10

Wiederholungsfragen
Beantworten Sie folgende Fragen: a) Was ist eine Subsumtion? b) Worin unterscheidet sich eine Subsumtion i.w.S. von einer i.e.S.? c) Wann wendet man den verkürzten Gutachtenstil an? d) Was für eine textliche Struktur hat eine Subsumtion? e) Worin unterscheidet sich eine Schlussfolgerung innerhalb einer Subsumtion von einem Zwischenergebnis?

Siehe Anhang 10.11

Vertiefungshinweise

Lange, B. (2015, S. 258f., 270–273, 285, 300f.): *Jurastudium erfolgreich: Planung, Lernstrategie, Zeitmanagement.*

Lippmann, S. & Scholz, L. (2014, S. 28–30, 50): *Das BGB für ausländische Studierende – Übungen zu Rechtssprache und Methodik.*

Pense, U. & Lüdde, J. S. (2022, S. 48–50, 90, 106f.): *Methodik der Fallbearbeitung im Studium und Examen. Wie schreibe ich eine Klausur?*

Richter, H.-P. (2021, S. 9–14): *Juristische Grundkurse, BGB Allgemeiner Teil.*

Simon, H. (2022, S. 26–30, 38f., 241–245): *Deutsche Rechtssprache. Ein Studien- und Arbeitsbuch mit Einführung in das deutsche Recht.*

Valerius, B. (2017, S. 19): *Einführung in den Gutachtenstil. 15 Klausuren zum Bürgerlichen Recht, Strafrecht und Öffentlichen Recht.*

von Münchhausen, M. & Püschel, I. P. (2002, S. 75, 88–90): *Lernprofi Jura. Wie Sie Jura richtig lernen. Lerntechnik, Klausurtechnik, Hausarbeitstechnik, Lernmotivation, Examensmanagement.*

Anhang 10: Subsumieren

Anhang 10.1	zu Aufgabe 10.1

Indem Sie die TBM der Norm definieren (z. B. den Begriff der Sache), schaffen Sie einen Maßstab. Mit Hilfe dieses Maßstabs (Definition der Sache, die abstrakt gehalten ist) können Sie nun überprüfen, ob die konkreten Angaben des Falles (etwa eine zugeschüttete Wasserader) eine Sache im Sinne der Norm ist und ob Sie diese Norm auf den Fall anwenden können oder eben nicht. Dieses Abgleichen von abstrakter Definition und konkreten Sachverhaltsangaben nennt man Subsumieren.

Das Subsumieren ist eine Methode der Rechtsfindung: die Anwendung des Rechts auf einen gegebenen Sachverhalt. Diese Methode umfasst zwei Elemente:
- das Prüfen einer möglichen Übereinstimmung der Definition von TBM der Rechtsnorm mit den Sachverhaltsangaben;
- das Begründen bzw. Argumentieren, warum der Sachverhalt unter die Definition passt oder nicht passt.

Anhang 10.2	zu Aufgabe 10.3

Erläuterungen
Die Subsumtion i.w.S. wird nicht ausformuliert, sondern umfasst die Prüfung auf einer nachfolgenden Ebene. Insofern umfasst die Subsumtion i.w.S. die gesamte vierschrittige Prüfung von TBM. In unserem Beispiel finden Sie die Subsumtion i.w.S. auf der ersten und auf der zweiten Ebene erwähnt.

Bei der Subsumtion i.e.S. findet innerhalb des vierschrittigen Prüfverfahrens ein Abgleich von TBM der benutzten Norm mit den Sachverhaltsangaben des Falles statt.

Anhang 10.3 zu Aufgabe 10.4

Zu Aufgabe 1:
Folgende Sachverhaltsangaben spielen bei der Prüfung des § 823 I BGB keine Rolle:
- Dass die Scheibe schon einen Sprung hatte, spielt nur auf der Rechtsfolgenseite für die Höhe des Schadens eine Rolle (§§ 249ff. BGB).
- Fritz ist 13 Jahre alt.
- Der Nachbar hatte Fritz geärgert.

Zu Aufgabe 4: Mögliche Fallfragen:
a) Hat Markus gegen Fritz einen Anspruch auf Ersatz der zerschossenen Scheibe?
b) Hat Markus gegen Fritz einen Anspruch auf Herausgabe des Balles?

Zu Aufgabe 5: Schadensersatz, Herausgabe

Zu Aufgabe 6: die relevanten Normen:
- § 823 I BGB zu Fallfrage a)
- § 985 BGB i.V.m. § 986 I BGB zu Fallfrage b)

Zu den Aufgaben 7, 8 und 9:

Maßgebliche Norm zu Fallfrage a): § 823 I BGB Norm-Obersatz: Markus könnte gegen Fritz einen Anspruch auf Schadensersatz gemäß § 823 I BGB haben.	
Tatbestandsmerkmale	Sachverhaltsangaben
a) Rechtsgutsverletzung	e) Fritz hat fremdes Eigentum beschädigt.
b) Rechtsgutshandlung	c) Fritz hat auf die Fensterscheibe geschossen und diese beschädigt.
c) Kausalität	b) Hätte Fritz das Tor nicht mit der Fensterscheibe verwechselt, wäre die Fensterscheibe nicht zu Bruch gegangen.
d) Rechtswidrigkeit	a) Ein Rechtfertigungsgrund lag für das Handeln des Fritz nicht vor.
e) Verschulden	g) Fritz hat fahrlässig gehandelt.

Maßgebliche Norm zu Fallfrage b): § 985 BGB i.V.m. § 986 I BGB Normobersatz: Markus könnte gegen Fritz einen Anspruch auf Herausgabe des Balles gemäß § 985 BGB i.V.m. § 986 I BGB haben.	
Tatbestandsmerkmale	Sachverhaltsangaben
a) Sache	a) Vorliegend handelt es sich um einen Ball.
b) Besitzer	b) Der Ball befand sich bei Fritz.
c) Eigentümer	c) Der Ball gehörte Markus.
d) Kein Recht zum Besitz	d) Zwischen Markus und Fritz gibt es kein Vertragsverhältnis.

Anhang 10.4 zu Aufgabe 10.6

Sachverhaltsangabe	Sache gemäß der Definition		
	ja?	nein?	inwiefern zweifelhaft?
a) Auto	x		
b) Katze			b) Grundsätzlich sind nach § 90 BGB Tiere keine körperlichen Gegenstände. Eine Ausnahme besteht nach § 90a BGB.
c) Luft		x	
d) Rauch		x	
e) Energie		x	
f) Karl		x	
g) ein gegessener Apfel			g) auslegungsbedürftig
h) ein verbranntes Buch			h) auslegungsbedürftig

Stellt sich in der Subsumtion heraus, dass es sich in dem Sachverhalt nicht um eine Sache handelt, muss der Anspruch verneint werden.

Anhang 10.5 zu Aufgabe 10.7

Obersatz
Fraglich ist, ob die Postkarte dem B gem. § 130 I 1 BGB zugegangen ist.

Definition
Der Zugang ist zu bejahen, wenn die Willenserklärung in den **Machtbereich des Empfängers** gelangt und **unter gewöhnlichen Umständen mit der Kenntnisnahme zu rechnen ist**.

Subsumtion
Die Postkarte ist in den Briefkasten des B gelangt und somit in **seinen Machtbereich**. Weiterhin ist die Postkarte zu den üblichen Verkehrszeiten in den Briefkasten von B gelangt. Somit ist damit zu rechnen, dass **unter gewöhnlichen Umständen der Empfänger** B **von der Willenserklärung Kenntnis** genommen hat.

*(**Erläuterung:** Die entscheidenden Begriffe der Definition tauchen in der Subsumtion wieder auf, sie sind **fett markiert.**)*

Anhang 10.6	zu Aufgabe 10.8

Subsumtion 1
(…) Es liegt somit / folglich eine Rechtsgutsverletzung (Körperverletzung) im Sinne von § 823 I BGB vor.

Subsumtion 2
(…) Er ist somit / folglich nach § 828 I BGB für den Schaden, den er verursacht hat, nicht verantwortlich.

Anhang 10.7	zu Aufgabe 10.9

Es reicht nicht, in der Subsumtion nur den Sachverhalt wiederzugeben. Es muss die Frage geklärt werden, die in dem TB-Obersatz angesprochen wird: Ist das Auto eine Sache?

Nach dem vierschrittigen Verfahren erfolgt deshalb als Nächstes eine Definition des Begriffs *Sache*. Gestützt auf die Legaldefinition § 90 BGB können Sie hier eine erweiterte Definition geben, da in der Legaldefinition des Begriffs Sache in § 90 BGB ein neues Merkmal auftaucht, das geklärt werden muss (*körperlicher Gegenstand*). Die Frage lautet also: Ist das Auto ein körperlicher Gegenstand? Dieses Merkmal der Definition (*körperlicher Gegenstand*) müssen Sie mit dem Sachverhaltsausschnitt des Falles (*Auto*) in einer Subsumtion abgleichen:

TB-Obersatz: *Dazu müsste es sich bei dem Auto um eine **Sache** handeln.*
Definition: *Eine Sache ist jeder **körperliche Gegenstand** im Sinne des § 90 BGB. Ein körperlicher Gegenstand ist ein Gegenstand, den man anfassen kann und der Konturen und Umrisse aufweist.*
Subsumtion i.e.S.: *Ein Auto ist ein Gegenstand, den man anfassen kann und der Konturen und Umrisse aufweist. Folglich ist es ein **körperlicher Gegenstand**.*
Zwischenergebnis: *Mithin handelt es sich bei einem Auto um eine **Sache**.*

Wichtig ist, dass Sie das neue Merkmal, das in der Definition auftaucht (körperlicher Gegenstand), zunächst subsumieren und dann erst das Zwischenergebnis zum TB-Obersatz (Sache) formulieren.

Da ein Auto unzweifelhaft eine Sache ist, ist es sinnvoll, dass Sie keine vierschrittige Prüfung vornehmen, sondern einfach im Feststellungsstil schreiben:
Bei einem Auto handelt es sich um eine Sache im Sinne des § 90 BGB.

Anhang 10.8 zu Aufgabe 10.10

3. Subsumtion i.w.S.:

1. TB-Obersatz Angebot: G *müsste ein Angebot abgegeben haben, indem er das Buch auf den Tresen gelegt hat.*
2. Definition: *Ein Angebot i.S.d. §§ 145 ff. BGB ist eine empfangsbedürftige Willenserklärung, die auf den Abschluss eines Vertrages gerichtet ist und die essentialia negotii so bestimmt bezeichnet, dass der Erklärungsempfänger den Vertrag mit einem bloßen „Ja" zustande bringen kann.*
3. Subsumtion i.e.S.: *G möchte das Buch von B zum Preis von 20,00 € kaufen. In diesem Verhalten sind alle essentialia negotii, sprich Kaufpreis, Kaufgegenstand und Kaufparteien bestimmt bezeichnet. Somit kann der Erklärungsempfänger B den Vertrag mit einem bloßen „Ja" zustande bringen. (Aufbau: Sachverhalt – Abgleich Definition mit Sachverhaltsangaben – Schlussfolgerung)*
4. Zwischenergebnis: *Somit hat G ein Angebot abgegeben.*

1. TB-Obersatz Annahme: *Ferner müsste B das Angebot von G angenommen haben.*
2. Definition: *Unter einer Annahme versteht man das vorbehaltlose Einverständnis zum Ja.*
3. Subsumtion i.e.S.: *B verkauft das Buch dem G, mithin erklärt er sein vorbehaltloses Einverständnis zum Ja. (unproblematisch. Deshalb: verkürzter Gutachtenstil, s. Einheit 10.6)*
4. Zwischenergebnis: *Somit hat B das Angebot von G angenommen.*

Anhang 10.9	zu Aufgabe 10.11

Zu Fall 10.14:

- Relevante Norm: § 823 I BGB
- TBM: Rechtsgutsverletzung/Rechtsgutshandlung/Kausalität/Rechtswidrigkeit/Verschulden
- Alle TBM sind hier unproblematisch und können im verkürzten Gutachtenstil dargestellt werden.
- Verkürzte Subsumtion am Beispiel des TBM *Rechtsgutsverletzung*:

Im vorliegenden Fall gehört das Bettlaken Diddi. Dies legt den Schluss nahe, dass das Bettlaken sich im Eigentum von Diddi befindet. Somit liegt eine Rechtsgutsverletzung seitens Aline vor.

Anhang 10.10	zu Aufgabe 10.12

Zum ZR:

Indem G das Buch auf den Tresen gelegt und zu B gesagt hat, er möchte das Buch zum Preis von 20,00 € kaufen, hat er eine Erklärung abgegeben, die alle essentialia negotii (Kaufpreis, Kaufgegenstand, Kaufparteien) bestimmt bezeichnet.
Zwischenergebnis: *Somit hat G ein Angebot abgegeben.*

Anhang 10.11	zu den Wiederholungsfragen

a) Sie prüfen in der Subsumtion, ob eine Deckungsgleichheit zwischen der abstrakten Definition (z. B. des Begriffs *Sache*) und dem konkreten Sachverhaltsausschnitt (z. B. *Fußball*) besteht.

b) Unter einer Subsumtion i.e.S. versteht man den Vorgang, der unter a) dargestellt ist. Unter einer Subsumtion i.w.S. versteht man die Gesamtheit der vierschrittigen Prüfung von Voraussetzungen, die sich aus einer Norm ergeben.

c) Neben dem ausführlichen Gutachtenstil gibt es den sog. verkürzten Gutachtenstil. Dieser wird angewendet, wenn ein TBM unproblematisch ist.

d) Textstruktur:
   - Nennen der relevanten Sachverhaltsangaben
   - Argumentation, dabei Abgleich der Sachverhaltsangaben mit der Definition
   - Schlussfolgerung

   Bei einer komplexeren Definition hat auch die Subsumtion eine komplexe Struktur.

e) Bei einer Schlussfolgerung innerhalb einer Subsumtion beantwortet man die Frage, ob ein Element einer Definition den zu prüfenden Sachverhaltsangaben entspricht. Das Zwischenergebnis ist die Antwort auf den Tatbestandsobersatz.

11. Ergebnisse formulieren

Übersicht

A Sachverhalt erschließen, Fallfrage verstehen, Rechtsnormen suchen	**Einheit 1** Einführung in die Fallbearbeitung	**Einheit 2** Lesen von Sachverhalten, Fallfragen und Bearbeitungshinweisen	**Einheit 3** Suchen von Rechtsnormen	
B Hintergrundwissen aneignen	**Einheit 4** Normarten	**Einheit 5** Prüfungsreihenfolge und Prüfungsaufbau	**Einheit 6** Zitieren	
C Gutachten schreiben	**Einheit 7** Struktur eines Gutachtens	**Einheit 8** Obersätze bilden	**Einheit 9** Voraussetzungen formulieren und definieren	
	Einheit 10 Subsumieren	**Einheit 11** Ergebnisse formulieren	**Einheit 12** Lösungsskizzen entwerfen	**Einheit 13** Auslegungsmethoden

Gilt nicht!?

In dieser Einheit lernen Sie …

… fachlich,
- welche Funktion das Ergebnis innerhalb eines Gutachtens übernimmt.

… sprachlich,
- wie Zwischen- und Gesamtergebnisse in einem Gutachten formuliert werden,
- welche schlussfolgernden Adverbien es in Ergebnissätzen gibt,
- welche sprachlichen Bezüge zwischen einem Obersatz und einem Ergebnissatz bestehen.

Die Funktion eines Ergebnissatzes kennenlernen

Auf dem methodischen Weg vom Schreiben eines Norm-Obersatzes zu einem Gesamtergebnis liegt – i.d.R. auf der zweiten, dritten oder sogar vierten Ebene – die Prüfung von Tatbestandsmerkmalen (Voraussetzungen). Jede Prüfung eines TBM erfolgt in vier Schritten und schließt mit dem Formulieren eines Zwischenergebnisses ab. Die Zwischenergebnisse werden zu einem Gesamtergebnis zusammengefasst, das eine Antwort auf die Fallfrage gibt (s. Schema in Einheit 7).

Jede gutachterliche (Teil-)Prüfung schließen Sie mit einem eindeutigen Zwischenergebnis oder mit einem Gesamtergebnis ab. Zu jedem Norm-Obersatz oder TB-Obersatz müssen Sie also ein Ergebnis formulieren.

Aufgabe 11.1 Zwischenergebnis und Gesamtergebnis voneinander unterscheiden

- Entscheiden Sie, ob es sich bei den folgenden Ergebnissätzen um ein Zwischenergebnis oder um ein Gesamtergebnis handelt.
- An welchen sprachlichen Merkmalen können Sie erkennen, ob es sich um ein Zwischen- oder um ein Gesamtergebnis handelt?

Ergebnissätze	GE	ZE
a) Folglich hat P gegen S einen Anspruch auf Übergabe und Übereignung des Rechners gemäß § 433 I 1 BGB.		
b) Somit ist die Kündigung fristgemäß zugegangen.		
c) A hat gegen B einen Anspruch auf Rückübereignung der goldenen Zahnbürste gem. § 812 I, 1. Alt. BGB.		
d) Damit liegt eine WE, die auf den Abschluss eines Kaufvertrages gerichtet ist, und mithin ein Angebot vor.		
e) Folglich ist die Flasche eine Sache.		

Siehe Anhang 11.1

Im Folgenden finden Sie die Darstellung eines verschachtelten Gutachtens. Es soll Ihnen dazu dienen, einen Eindruck davon zu bekommen, an welchen Stellen innerhalb eines Gutachtens Zwischenergebnisse bzw. ein Gesamtergebnis formuliert werden müssen. Zugleich können Sie dadurch verstehen, wie ein Schachtelgutachten aufgebaut ist.

Aufgabe 11.2 Schreiben: Eine Schachtelprüfung erklären

- Erklären Sie anhand des folgenden Schaubildes, was man unter Schachtelprüfung (Inzidentprüfung) versteht.
- Achten Sie auf einen geordneten Text. Entwerfen Sie dazu zunächst eine Textgliederung (Textbauplan). Was schreiben Sie am Anfang, was folgt danach?
- Beschreiben Sie mit Hilfe Ihres Textbauplans für einen fiktiven Leser das Wesen einer Schachtelprüfung.
- Gehen Sie dabei auch auf den Unterschied von Zwischenergebnis und Gesamtergebnis ein.

In der folgenden Gegenüberstellung sehen Sie zunächst ein Schachtelgutachten, in dem alle vier Schritte auf jeder Ebene realisiert sind. Welche Schritte und welcher Text davon tatsächlich realisiert werden, sehen Sie auf der gegenüberliegenden Seite, ergänzt durch die übliche alphanumerische Gliederung.

Ergebnissätze in einer sog. Schachtelprüfung kennenlernen

Norm-OS: A könnte gegen B einen Anspruch auf Kaufpreiszahlung in Höhe von 100 € aus § 433 II BGB haben.
Voraussetzung/Definition: Ein Anspruch auf Kaufpreiszahlung besteht, wenn der Anspruch entstanden, dieser nicht erloschen und auch durchsetzbar ist.
Subsumtion i.w.S.:

Zwischenschritt 1: Anspruch entstanden?

Zwischenschritts-Obersatz: *Zunächst müsste der Anspruch auf Kaufpreiszahlung entstanden sein.*
Definition/Voraussetzungen: *Der Anspruch ist entstanden, wenn zwischen dem Käufer und dem Verkäufer ein wirksamer Kaufvertrag gemäß § 433 I BGB zustande gekommen ist.*
Subsumtion i.w.S.:

TB-Obersatz: *Es müsste zwischen A und B ein Kaufvertrag zustande gekommen sein.*
Definition/Voraussetzungen: *Ein Kaufvertrag kommt zustande durch zwei übereinstimmende und aufeinander Bezug nehmende WE, Angebot und Annahme im Sinne der §§ 145 ff. BGB.*
Subsumtion i.w.S.:

TB-Obersatz Angebot: B müsste ein Angebot abgegeben haben, indem er das Buch auf den Tresen gelegt hat.
Definition: Ein Angebot i.S.d. §§ 145 f. BGB ist eine empfangsbedürftige WE, die auf den Abschluss eines Vertrages gerichtet ist und die essentialia negotii (Kaufpreis, Kaufgegenstand und Kaufparteien) so bestimmt bezeichnet, dass der Erklärungsempfänger den Vertrag mit einem bloßen „Ja" zustande bringen kann.
Subsumtion i.e.S.: B möchte das Buch von A zum Preis von 20 € kaufen und hat es deshalb auf den Tresen gelegt. In diesem Verhalten drückt B einen Willen aus, der auf den Kauf des Buches, also einen Rechtserfolg gerichtet war. Demnach liegt eine Willenserklärung des B vor. In ihr sind auch alle essentialia negotii, sprich Kaufpreis, Kaufgegenstand und Kaufparteien bestimmt bezeichnet. Somit ist die WE von B auf den Abschluss eines Kaufvertrages gerichtet, und der Erklärungsempfänger A kann den Vertrag mit einem bloßen „Ja" zustande bringen.
Zwischenergebnis: Somit hat B ein Angebot abgegeben.

TB-Obersatz Annahme: Ferner müsste A das Angebot von B angenommen haben.
Definition: Unter einer Annahme versteht man das vorbehaltlose Einverständnis zum Ja.
Subsumtion i.e.S.: A verkauft das Buch dem B und legt damit seinen Willen dar, den Kaufvertrag mit B abschließen zu wollen. Mithin erklärt er sein vorbehaltloses Einverständnis zum Ja.
Zwischenergebnis: Somit hat A das Angebot von B angenommen.

Zwischenergebnis: Somit liegen zwei übereinstimmende WE, Angebot und Annahme vor. Demnach ist zwischen A und B ein Kaufvertrag zustande gekommen.

Zwischenergebnis: Die Anspruchsvoraussetzungen des § 433 I BGB sind erfüllt. Somit ist der Anspruch auf Kaufpreiszahlung entstanden.

Zwischenschritt 2: Anspruch erloschen?

Zwischenschritt 3: Anspruch durchsetzbar?

Gesamtergebnis: Somit hat A gegen B einen Anspruch auf Kaufpreiszahlung in Höhe von 100 € aus § 433 II BGB.

Formulierter Text eines Gutachtens

Alphanumerische Gliederung	Formulierter Text
	A könnte gegen B einen Anspruch auf Kaufpreiszahlung in Höhe von 100,-€ aus § 433 II BGB haben
I.	Anspruch entstanden?
	Zunächst müsste der Anspruch entstanden sein.
1.	Der Anspruch ist entstanden, wenn zwischen dem Käufer und dem Verkäufer ein wirksamer Kaufvertrag gemäß § 433 I BGB zustande gekommen ist.
	Ein Kaufvertrag kommt zustande durch zwei übereinstimmende und aufeinander Bezug nehmende Willenserklärungen, Angebot und Annahme im Sinne der §§ 145 ff. BGB.
a)	Angebot
	B müsste ein Angebot abgegeben haben, indem er das Buch auf den Tresen gelegt hat.
	Ein Angebot i.S.d. §§ 145 f. BGB ist eine empfangsbedürftige WE, die auf den Abschluss eines Vertrages gerichtet ist und die essentialia negotii (Kaufpreis, Kaufgegenstand und Kaufparteien) so bestimmt bezeichnet, dass der Erklärungsempfänger den Vertrag mit einem bloßen „Ja" zustande bringen kann.
	B möchte das Buch von A zum Preis von 20,-€ kaufen und hat es deshalb auf den Tresen gelegt. In diesem Verhalten drückt B einen Willen aus, der auf den Kauf des Buches, also einen Rechtserfolg gerichtet war. Demnach liegt eine Willenserklärung des B vor. In ihr sind auch alle essentialia negotii, sprich Kaufpreis, Kaufgegenstand und Kaufparteien bestimmt bezeichnet. Somit ist die WE von B auf den Abschluss eines Kaufvertrages gerichtet, und der Erklärungsempfänger A kann den Vertrag mit einem bloßen „Ja" zustande bringen.
	Somit hat B ein Angebot abgegeben.
b)	Annahme
	Ferner müsste A das Angebot von B angenommen haben.
	Unter einer Annahme versteht man das vorbehaltlose Einverständnis zum „Ja".
	A verkauft das Buch dem B und legt damit seinen Willen dar, den Kaufvertrag mit B abschließen zu wollen. Mithin erklärt er sein vorbehaltloses Einverständnis zum Ja.
	Somit hat A das Angebot von B angenommen.
c) Zwischenergebnis:	Somit liegen zwei übereinstimmende Willenserklärungen, Angebot und Annahme vor. Demnach ist zwischen A und B ein wirksamer Kaufvertrag zustande gekommen.
2. Zwischenergebnis	Die Anspruchsvoraussetzungen des § 433 I BGB sind erfüllt. Somit ist der Anspruch auf Kaufpreiszahlung entstanden.
II.	Anspruch erloschen?
III.	Anspruch durchsetzbar?
IV. Gesamtergebnis	Somit hat A gegen B einen Anspruch auf Kaufpreiszahlung in Höhe von 100,-€ aus § 433 II BGB.

Hinweis: Wir beginnen die alphanumerische Gliederung nicht beim Norm-Obersatz und geben dem Normobersatz daher nicht den Buchstaben A, da wir hier nur einen Anspruch prüfen. Hätte man mehrere Ansprüche geprüft, hätte man den ersten Anspruch mit dem Buchstaben A beginnen können. Auf A muss immer B folgen, auf I., muss II., auf a) auch b). Ohne großen Buchstaben A gibt es auch keinen großen Buchstaben B usw.

Online-Material 11.1
Hier finden Sie Hinweise zur alphanumerischen Gliederung.

Die Zwischenschritte 2 und 3 sind so aufgebaut wie der Zwischenschritt 1.[1]

Sprachliche Besonderheiten eines Ergebnissatzes kennenlernen

1. Verneinung

Bei einer gutachterlichen Prüfung können Sie zu einem positiven oder negativen Ergebnis kommen. Im letzten Fall müssen Sie ein negatives Ergebnis formulieren. Wichtig ist dabei die Negierung des korrekten Satzteils.

Aufgabe 11.3 Sätze verneinen

Sie können sowohl ganze Sätze verneinen, als auch einzelne Satzteile. Entscheidend dafür, was Sie verneinen, ist die Stellung der Negation im Satz.

a) Überlegen Sie, welcher Teil in den folgenden Sätzen negiert wird. Zur Kontrolle Ihrer Überlegungen hängen Sie einen Nebensatz an, den Sie mit der Konjunktion „sondern" einleiten.

Nr	Satz mit Negation	**sondern?**
1	Nicht Gert Radnikov hat gegen den Eigentümer Anspruch auf Beseitigung des lauten Windrades gem. § 1004 I 1 BGB.	
2	Gert Radnikov hat nicht gegen den Eigentümer Anspruch auf Beseitigung des lauten Windrades gem. § 1004 I 1 BGB.	
3	Gert Radnikov hat gegen den Eigentümer keinen Anspruch auf Beseitigung des lauten Windrades gem. § 1004 I 1 BGB.	
4	Gert Radnikov hat gegen den Eigentümer Anspruch nicht auf Beseitigung des lauten Windrades gem. § 1004 I 1 BGB.	

Siehe Anhang 11.2

b) Formulieren Sie die Ergebnissätze aus dem obigen Schachtelgutachten so um, dass statt des positiven Ergebnisses ein negatives Ergebnis ausgedrückt wird.

Siehe Anhang 11.3

1 Unsere Darstellung des Gutachtens umfasst auch die Schritte, die normalerweise nicht geschrieben, sondern nur gedacht werden (z. B. die Subsumtion i.w.S.). Dadurch wird die vierschrittige Struktur besser sichtbar. Auch ist zu beachten, dass in einem Gutachten die Überschriften (wie z. B. Norm-Obersatz) nicht geschrieben werden. Stattdessen gibt es eine alphanumerische Gliederung. Möglich ist es auch, die alphanumerische Gliederung mit einer Überschrift zu versehen und durch Unterstreichen sichtbar zu machen.

2. Schlussfolgerungen signalisieren

Ergebnisse stellen eine Antwort dar, die sich aus der rechtlichen Prüfung der Obersätze ergeben. Dabei werden häufig **schlussfolgernde Adverbien oder Formulierungen** verwendet.

Aufgabe 11.4 Schlussfolgernde Adverbien identifizieren

Streichen Sie aus der folgenden Liste die Wörter/Phrasen, die in einem (Zwischen- / Gesamt-)Ergebnissatz nicht verwendet werden.

somit deshalb aus diesem Grund
demnach demzufolge deswegen
zu diesem Zweck mithin
abschließend
sodass indem damit
dementsprechend dann es fehlt letztlich an
daraus ergibt sich ... infolgedessen danach
also folglich unter dieser
ergo Bedingung

Siehe Anhang 11.4

Sprachlicher Bezug des Gesamt-Ergebnissatzes zum Norm-Obersatz

Das Gesamtergebnis stellt nach der gutachterlichen Prüfung eine Antwort auf die Fallfrage bzw. eine Verifizierung der Hypothese dar, die im Norm-Obersatz formuliert wurde. Im Gesamtergebnis sollten deshalb die Elemente des Norm-Obersatzes (im ZR: *wer will was von wem woraus*) enthalten sein. Formuliert wird der Gesamt-Ergebnissatz nicht im Konjunktiv II, sondern im Indikativ, weil das Ergebnis nicht mehr hypothetisch ist.

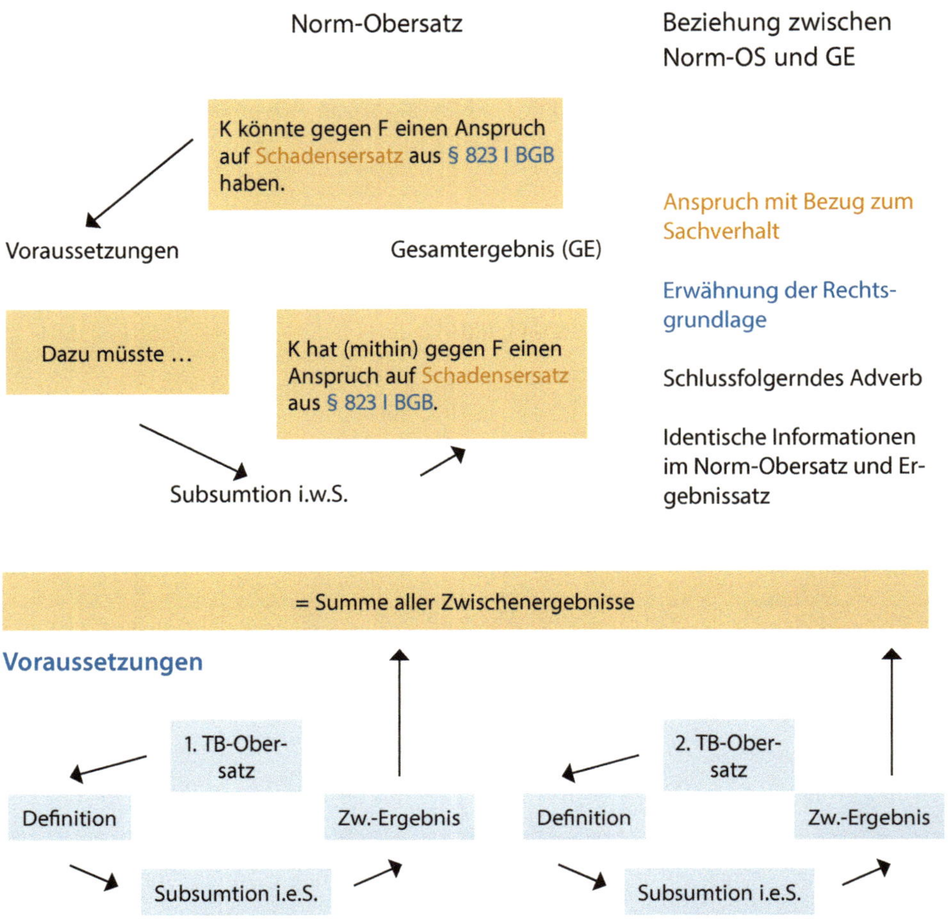

Merkmale eines Ergebnissatzes

- Im Ergebnissatz wird genauso konkret auf die Rechtsfolge Bezug genommen wie im Obersatz vorgegeben (im ZR z. B. das Anspruchsziel „Schadensersatz“).
- I.d.R. wird im Gesamtergebnis auch die Rechtsgrundlage erwähnt.
- Im Ergebnissatz wird eindeutig formuliert, ob die Hypothese des Obersatzes zutrifft oder nicht. Es gibt nur ein *Ja* oder *Nein* und kein *Problematisch*, es wird auch keine Begründung gegeben.
- Der Ergebnissatz wird im Indikativ formuliert.
- Der Ergebnissatz enthält nur Informationen, die auch schon im Obersatz standen.
- Häufig wird ein schlussfolgerndes Adverb verwendet.

Aufgabe 11.5 Ergebnissätze formulieren

Sind die folgenden Gesamt- bzw. Zwischenergebnisse gut formuliert? Verbessern Sie die Ergebnissätze, wenn Sie es für notwendig erachten.

1. Mithin könnte A gegen B einen Anspruch auf Kaufpreiszahlung i.H.v. 20 € haben.
2. Daher hat A wohl einen Anspruch gegen B aus § 280 Abs. 1 BGB.
3. Somit ist die Handlung des P kausal für die Rechtsgutsverletzung.
4. Die Flasche wäre demnach eine Sache.
5. Die Flasche kann demnach als eine Sache angesehen werden.
6. Dementsprechend liegt hier das Tatbestandsmerkmal „Angebot" seitens A vor.

Siehe Anhang 11.5

Aufgabe 11.6 Zusammenhang zwischen Obersatz und Ergebnis

Formulieren Sie das Zwischen- / Gesamt-Ergebnis zu den folgenden Obersätzen.

a) TB-Obersatz: Fraglich ist, ob eine Flasche eine Sache ist.
Zwischen-Ergebnis: …

b) Norm-Obersatz: A könnte gegen B einen Anspruch auf Kaufpreiszahlung in Höhe von 500 € aus § 433 II BGB haben.
Gesamt-Ergebnis: …

Siehe Anhang 11.6

Online-Übungen (11.2 und 11.3)
Haben Sie noch sprachliche oder inhaltliche Schwierigkeiten, die einzelnen Elemente eines Gutachtens den vier Schritten zuzuordnen? Dann können Sie online zwei weitere Übungen dazu durchführen.

Ein juristisches Kreuzworträtsel

1	2	3	4	5		6	7	8		9
10					11		12			
13						14			15	
16			17			18	19			
20		21			22			23		24
25						26				
	27		28							
29		30				31				
32		33		34		35				36
			37			38				

Waagerecht:
1 Verdammt schwieriger Schritt beim Schreiben eines Gutachtens. **10** Gefühlslage von Angehörigen nach einer tödlich geendeten Straftat. **12** Nach diesem Gesetz hat die Behörde dem Gastwirt die Lizenz entzogen. **13** Abvute rückwärts. **14** Abkürzung für ein Ober-Gericht: weder bringt es ein Ober, noch kann man es essen. **15** Nicht sie hat die Willenserklärung gem. § 119 BGB angefochten. **16** Während dieser Schlafphase von Elli mit starkem Augenzucken hat ihr Kai den historischen Plattenspieler geklaut. **17** Diese Konjunktion sollten Sie im Urteilsstil benutzen, nicht im Gutachtenstil. **19** Ein Körperteil, aber auch ein körperlicher Gegenstand? **20** Zweitgrößtes Nagetier der Erde. **22** So glatt wie dieses Tier präsentierte sich der Angeklagte Fredi Katuschke bei der Befragung durch die Polizei. **23** Die Briten sagen nicht *Jura*. **25** engl. für: Regel, Norm, Vorschrift – rückwärts geschrieben. **26** Schüchterne Zurückhaltung: Man würde dabei nicht an Vorsatz denken. **27** Die öffentliche Ordnung gilt in den Polizeigesetzen als ein …. **29** Gehört diese Terror-Organisation vor den internationalen Gerichtshof? (Abk.) **30** Hanna würgt schon wieder, wie in 28 senkrecht, diesmal Tina Reis. **31** Konjunktion, die bei dem verkürzten Gutachtenstil eine Rolle spielt. **32** Für *NTL* gibt es keine vernünftige Bedeutung, trotzdem steht es hier. **35** Die Abkürzung für dieses Gesetz aus dem öffentlichen Recht kennt wohl jeder Jurist, oder? **37** In diesem Gesetz werden u. a. die streitige Zivilgerichtsbarkeit und Strafgerichtsbarkeit geregelt. **38** Abkürzung für Tierschutzgesetz.

Senkrecht:

1 Verhalten des Opfers während seiner Ermordung. **2** Gegenpart zum Gutachtenstil. **3** Daraus schnitzte der wegen Nötigung verurteilte Bert Krone ganz viele Streichhölzer. **4** Mit einem derartigen Autotyp ist der verliebte 17 -jährige Mauricio Lombardini durch die gläserne Terrassenfront in das Wohnzimmer seiner Freundin gefahren. **5** Dabei wurde Mauricio auch von dieser Gefühlslage beeinflusst. **8** Aus diesem klaute der arme Student in der Bibliothek ganz viele Bücher, weshalb er exmatrikuliert wurde. **9** Sie sind häufig aufgebaut nach dem Muster: „Wenn dies getan wird, dann ist das die Folge davon." (Sg.). **11** Dieser italienische Sender berichtete über Mauricios Liebestat. **15** Nicht sie hat die Willenserklärung gem. § 119 BGB angefochten. **17** Fragewort nach einem Anspruchsteller. **18** Sie hat sich so verhalten und dadurch bei Mauricio Lombardini eine sinnliche Begierde ausgelöst. **19** 7 verschiedene Buchstaben ohne Sinn. **21** Im BGB spricht man davon statt von Kapiteln. **22** Bei jeder Behörde muss man ihn stellen, und viele regen sich (zu Recht) darüber auf. **24** Wegen Quälerei eines derartigen Tieres muss der 12-jährige Sven zum Schuldirektor. Aber fällt dieses gequälte Wesen auch unter das Tierschutzgesetz? **28** In diesem Gesetz ist in Hamburg u.a. das öffentliche Eigentum an Hochwasserschutzanlagen geregelt. **28** Abk. für: *„Hanna würgt Alwin Grimm."* **29** Weiblicher Vorname der Moderatorin der Sendung *Inas Nacht*. **33** Abkürzung für das Nachschlagewerk *Lindenmaier-Möhring mit Entscheidungen des Bundesgerichtshofs*. **34** In den Kommunen gibt es eine derartige Verfassung (Abk.). **36** Hier steht in Art. 1: *„Die Würde des Menschen ist unantastbar."*

Siehe Anhang 11.7

Wiederholungsfragen
Beantworten Sie folgende Fragen: a) In welcher Beziehung steht das Gesamtergebnis zum Norm-Obersatz? Erläutern Sie dies an einem Beispiel. b) Welche sprachlichen Merkmale hat ein Gesamtergebnis, welche ein Zwischenergebnis? c) Warum steht im Obersatz i.d.R. der Konjunktiv II, im Ergebnissatz aber der Indikativ?

Siehe Anhang 11.8

Vertiefungshinweise

Lange, B. (2015, S. 258, 273–276): *Jurastudium erfolgreich: Planung, Lernstrategie, Zeitmanagement.*

Metzler-Müller, K. & Füglein, F. (2022, S. 26 f., 37): *Wie löse ich einen Privatrechtsfall? Aufbauschemata – Mustergutachten – Klausurschwerpunkte.*

Pense, U. & Lüdde, J. S. (2022, S. 107–109): *Methodik der Fallbearbeitung im Studium und Examen. Wie schreibe ich eine Klausur?*

Valerius, B. (2017, S. 19 f.): *Einführung in den Gutachtenstil. 15 Klausuren zum Bürgerlichen Recht, Strafrecht und Öffentlichen Recht.*

von Münchhausen, M. & Püschel, I. P. (2002, S. 88–91): *Lernprofi Jura. Wie Sie Jura richtig lernen. Lerntechnik, Klausurtechnik, Hausarbeitstechnik, Lernmotivation, Examensmanagement.*

Anhang 11: Ergebnisse formulieren

Anhang 11.1	zu Aufgabe 11.1

Ergebnissätze	GE	ZE
a) Folglich hat P gegen S einen Anspruch auf Übergabe und Übereignung des Rechners gemäß § 433 I 1 BGB.	X	
b) Somit ist die Kündigung fristgemäß zugegangen.		X
c) A hat gegen B einen Anspruch auf Rückübereignung der goldenen Zahnbürste gem. § 812 I 1, 1. Alt. BGB.	X	
d) Damit liegt eine WE, die auf den Abschluss eines Kaufvertrages gerichtet ist, und mithin ein Angebot vor.		X
e) Folglich ist die Flasche eine Sache.		X

Erläuterung

a) Eine Anspruchsgrundlage wird nur in einem GE genannt.

b) Es wird keine Norm angegeben wie im Gesamtergebnis. Es wird auf ein TBM Bezug genommen (Zugang).

c) Es gibt Antworten auf die Fragen: Wer (A) will was (Rückübereignung) von wem (B) woraus (§ 812 I 1, 1. Alt. BGB)?

d) Es wird keine Norm genannt. Bei einem Angebot handelt es sich um eine Voraussetzung für das Zustandekommen eines Kaufvertrages und nicht um ein Anspruchsziel wie im Gesamtergebnis.

e) Es handelt sich hier um das Ergebnis der Prüfung eines TBM wie z.B. bei § 985 BGB.

Anhang 11.2 zu Aufgabe 11.3a

Nr	Satz mit Negation	**sondern?**
1	Nicht Gert Radnikov hat gegen den Eigentümer Anspruch auf Beseitigung des lauten Windrades gem. § 1004 I 1 BGB.	sondern Felicitas Krause.
2	Gert Radnikov hat nicht gegen den Eigentümer Anspruch auf Beseitigung des lauten Windrades gem. § 1004 I 1 BGB.	sondern gegen den Besitzer.
3	Gert Radnikov hat gegen den Eigentümer keinen Anspruch auf Beseitigung des lauten Windrades gem. § 1004 I 1 BGB.	–
4	Gert Radnikov hat gegen den Eigentümer Anspruch nicht auf Beseitigung des lauten Windrades gem. § 1004 I 1 BGB.	sondern auf eine Reparatur des Windrades.

Anhang 11.3 zu Aufgabe 11.3b

Ergebnissatz	Negation
a) Somit hat B ein Angebot abgegeben.	Somit hat B kein Angebot abgegeben.
b) Somit hat A das Angebot von B angenommen.	Somit hat A das Angebot von B nicht angenommen
c) Somit liegen zwei übereinstimmende WE, Angebot und Annahme vor. Demnach ist zwischen A und B ein Kaufvertrag zustande gekommen.	Somit liegen keine zwei übereinstimmenden WE, Angebot und Annahme vor. Demnach ist zwischen A und B kein Kaufvertrag zustande gekommen
d) Die Anspruchsvoraussetzungen des § 433 I BGB sind erfüllt. Somit ist der Anspruch auf Kaufpreiszahlung entstanden.	Die Anspruchsvoraussetzungen des § 433 I BGB sind nicht erfüllt. Somit ist der Anspruch auf Kaufpreiszahlung nicht entstanden/Somit ist kein Anspruch …
e) Somit hat A gegen B einen Anspruch auf Kaufpreiszahlung in Höhe von 100 € aus § 433 II BGB.	Somit hat A gegen B keinen Anspruch auf Kaufpreiszahlung in Höhe von 100 € aus § 433 II BGB.

Anhang 11.4 zu Aufgabe 11.4

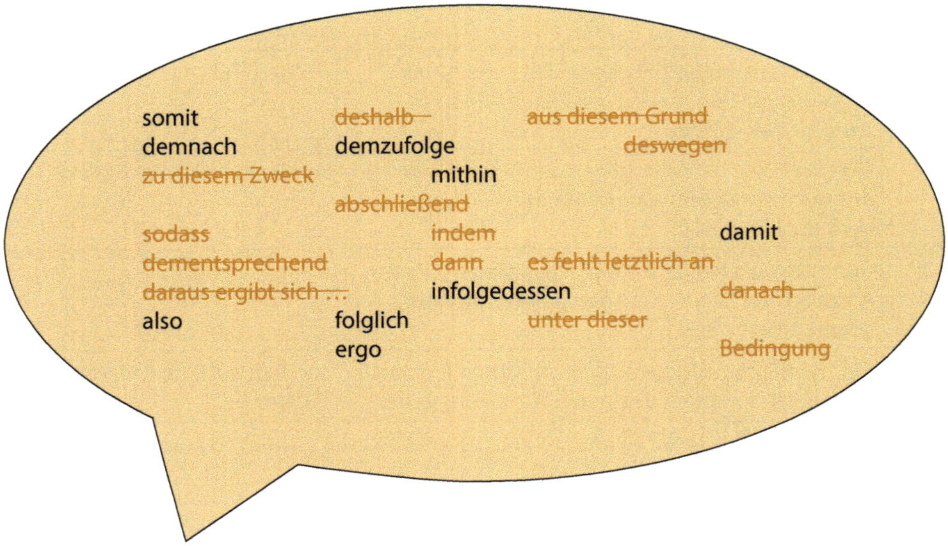

Anhang 11.5 zu Aufgabe 11.5

1. A hat (demnach) gegen B einen Anspruch auf Kaufpreiszahlung i.H.v. 20,00 € gemäß § 433 II BGB. (Das Ergebnis wird nicht im Konjunktiv II formuliert. Die Rechtsgrundlage muss im Gesamtergebnis genannt werden.)
2. A hat (folglich) einen Anspruch auf Schadensersatz gegen B aus § 280 I BGB. (keine Füllwörter, keine Kausaladverbien)
3. o.k.
4. Die Flasche ist demnach eine Sache. (kein Konjunktiv II)
5. Die Flasche ist demnach als eine Sache anzusehen. (Keine Möglichkeit benennen, sondern ein klares Ergebnis)
6. o.k.

Anhang 11.6 zu Aufgabe 11.6

Aus den Ergebnissätzen wird deutlich, dass man sich sprachlich an die Formulierung des Obersatzes hält.

a) Somit ist die Flasche eine Sache.
b) A hat gegen B einen Anspruch auf Kaufpreiszahlung i.H.v. 500,00 € aus § 433 II BGB.

Anhang 11.7 Kreuzworträtsel

1 S	2 U	3 B	4 S	5 U	M	6 I	7 E	8 R	E	9 N
10 T	R	A	U	E	11 R	S	12 G	E	W	O
13 E	T	U	V	B	A	14 O	L	G	15 E	R
16 R	E	M	17 W	E	I	18 L	19 D	A	R	M
20 B	I	21 B	E	R	22 A	A	L	23 L	A	24 W
25 E	L	U	R	M	N	26 S	C	H	E	U
N	27 S	C	28 H	U	T	Z	G	U	T	R
29 I	S	30 H	W	T	R	31 I	N	D	E	M
32 N	T	33 L	A	34 K	A	35 V	W	V	F	36 G
A	I	M	37 G	V	G	38 T	S	C	H	G
	L									

Anhang 11.8 zu den Wiederholungsfragen

a) In dem Ergebnissatz müssen alle Elemente auftauchen, die auch im Obersatz enthalten sind. Sie sollten daher vor der Formulierung des Ergebnissatzes einen Blick zurück auf den Obersatz werfen, insbesondere wenn dazwischen eine ausführliche Definition und Subsumtion liegt. Der Ergebnissatz enthält eine klare positive oder negative Aussage in Bezug auf die Hypothese des Obersatzes.

Das Ergebnis ist der entscheidende Inhalt Ihres Gutachtens. Ohne Ergebnis ist Ihr Gutachten nicht verwertbar. Daher gehört zu jedem Obersatz ein Ergebnissatz.

Das Ergebnis sollten Sie von der Subsumtion mit einem Absatz abgrenzen. Um das sichtbar zu machen, kann man den Gliederungspunkt Gesamtergebnis schreiben und durch Unterstreichen sichtbar machen, wie z. B. <u>Gesamtergebnis.</u>

Beispiel: Norm-Obersatz im Zivilrecht: A könnte gegen B einen Anspruch auf Herausgabe des Wagens gem. § 985 BGB haben.
Gesamtergebnis: A hat gegen B einen/keinen Anspruch auf Herausgabe des Wagens gem. § 985 BGB.

b) Beim Gesamtergebnis verwendet man die Signalwörter (somit, ergo, folglich …) und formuliert im Indikativ. In dem Gesamtergebnis wird die Norm genannt.

Im Zwischenergebnis verwendet man auch die Signalwörter (somit, demnach, mithin, folglich …). In dem Zwischenergebnis wird keine Norm genannt, sondern Bezug zum geprüften Tatbestandsmerkmal genommen.

Beim Gesamtergebnis und auch beim Zwischenergebnis ist es empfehlenswert, sich kurz und präzise auszudrücken. Unterlassen Sie Begründungen, auch wenn sie nur in einem Nebensatz oder in Gedankenstrichen formuliert sind. Sie gehören nämlich zur Definition bzw. Subsumtion.

c) Im Obersatz steht i.d.R. der Konjunktiv II, da man eine Hypothese bezüglich der Fallfrage aufstellt und anschließend prüft, ob der Anspruch vorliegen könnte. Im Ergebnissatz verwendet man den Indikativ, da der Ergebnissatz eine begründete Antwort auf die Hypothese ist.

12. Lösungsskizze entwerfen

Übersicht

A Sachverhalt erschließen, Fallfrage verstehen, Rechtsnormen suchen	**Einheit 1** Einführung in die Fallbearbeitung	**Einheit 2** Lesen von Sachverhalten, Fallfragen und Bearbeitungshinweisen	**Einheit 3** Suchen von Rechtsnormen	
B Hintergrundwissen aneignen	**Einheit 4** Normarten	**Einheit 5** Prüfungsreihenfolge und Prüfungsaufbau	**Einheit 6** Zitieren	
C Gutachten schreiben	**Einheit 7** Struktur eines Gutachtens	**Einheit 8** Obersätze bilden	**Einheit 9** Voraussetzungen formulieren und definieren	
	Einheit 10 Subsumieren	**Einheit 11** Ergebnisse formulieren	**Einheit 12** Lösungsskizzen entwerfen	**Einheit 13** Auslegungsmethoden

Nein, ist er nicht

In dieser Einheit erarbeiten Sie sich ...

... fachlich,
- was man unter einer Lösungsskizze versteht,
- welche Funktion eine Lösungsskizze für das Schreiben eines Gutachtens hat,
- in welchen Schritten eine Lösungsskizze entsteht,
- welche inhaltlichen Bausteine eine Lösungsskizze enthält,
- wie Sie das Prüfungsschema an den konkreten Sachverhalt des Falles anpassen müssen.

... hinsichtlich Methodik und Lernstrategien,
- wie Sie Ihre Lesenotizen und die Personenskizze nutzen, um die rechtlichen Aspekte eines Falles zu ermitteln und in eine gutachterliche Struktur zu bringen,
- wie Sie den Schreibprozess mit Hilfe einer Lösungsskizze ordnen.

... sprachlich,
- wodurch sich die Textsorte Lösungsskizze auszeichnet,
- welche sprachlichen Merkmale eine Lösungsskizze aufweist.

Vorbemerkung

Systematisch gesehen gehört die Anfertigung einer Lösungsskizze vor das Schreiben des Gutachtens. Sie wäre in der Gliederung dieses Lehrwerks somit Gegenstand der 7. Einheit. Die Lösungsskizze bildet nämlich das Korsett, das Sie zuerst entwerfen und an dem Sie sich beim anschließenden Schreiben des Gutachtens orientieren. Wir behandeln die Lösungsskizze aber erst an dieser Stelle, weil man für deren Erarbeitung die inhaltliche und formale Struktur eines Gutachtens und vor allem auch die juristische Denkbewegung kennen muss.

12.1 Die Funktion einer Lösungsskizze

Aufgabe 12.1 Zweck und Wesen einer Lösungsskizze verstehen

Hören Sie sich den folgenden Text an. Machen Sie sich Notizen zu folgenden Fragen:

a) Welche Aufgabe übernimmt eine Lösungsskizze beim Schreiben eines Gutachtens?
b) In welchen Schritten entwerfen Sie eine Lösungsskizze?

Transkripte Audiodatei

Online-Hörtext 2 zu Aufgabe 12.1

Aufgabe 12.2 Probleme und Fragen zur Lösungsskizze besprechen

Recherchieren Sie im Internet und beantworten Sie die folgenden Fragen.
a) Welche Probleme können entstehen, wenn Sie keine Lösungsskizze anfertigen?
b) Welche weiteren Fragen haben Sie zum Thema Lösungsskizze?

Das Entwerfen einer Lösungsskizze stellt eine wichtige Tätigkeit beim Schreiben eines Gutachtens dar, weil hierbei die entscheidenden Überlegungen zur Bearbeitung der Fallfrage niedergeschrieben werden. Der Aufbau des Gutachtens und auch die Subsumtion werden in ihren Grundzügen festgelegt. Mögliche Fehler in der Lösungsskizze würden das gesamte Gutachten durchziehen.

12.2 Übungen zur Erarbeitung einer Lösungsskizze

In den folgenden Übungen erarbeiten Sie sich eine Lösungsskizze am Beispiel eines Falles. Von Vorteil ist es, wenn Sie in einer Gruppe arbeiten. Das Ziel dieser Übungen besteht darin, dass Sie lernen, Ihre Vorkenntnisse über die Lesestrategien, die Normensuche, über Prüfungsschemata und die Prüfungsreihenfolge (Einheiten 1 bis 5) als Ausgangspunkt für das Entwerfen einer Lösungsskizze zu nutzen. Mit der Lösungsskizze erhalten Sie das Grundgerüst für das Gutachten, das Sie anschließend schreiben würden.

Fall 12.1

Leon Stein (L.S.) will seine Harley Davidson verkaufen und setzt folgende Annonce auf:

Verkaufe Harley Davidson Sportster Xl. 1200, EZ 10 (95, 38t km ... (nähere Angaben). VB 4500,00 €. Tel. 0177 2387690.

Auf das Inserat meldet sich Finn Hansen (F.H.) und erklärt, die Maschine für den angebotenen Preis von 4500 € kaufen zu wollen. Leon Stein ist verwundert und teilt Finn Hansen wahrheitsgemäß mit, dass der Zeitung ein Druckfehler unterlaufen sei, da er als Verhandlungsbasis 5400 € in den Anzeigenauftrag geschrieben habe. Er sei aber bereit, das Motorrad für 5000 € zu verkaufen. Finn Hansen überlegt einige Zeit, und bevor er etwas zu dem neuen Preis sagen kann, wird die Verbindung unterbrochen, weil die Batterie seines Akkus leer ist.

Finn Hansen versucht sofort, die Verbindung wieder herzustellen, das Telefon von Leon Stein ist aber besetzt. Erst wenige Minuten später erreicht er Leon Stein und erklärt diesem, er kaufe die Harley für 5000 €. Leon Stein sagt, er habe zwischenzeitlich die Harley an einen anderen Interessenten verkauft. Finn Hansen ist empört. Schließlich habe ihm Leon Stein die Harley verbindlich angeboten, er habe ja auch nicht widersprochen, sondern nur einen Moment überlegen müssen. Diese geringe Bedenkzeit sei ihm doch zuzugestehen, und die Unterbrechung des Telefonats sei ja ohne Absicht geschehen. Er poche deshalb auf den Kauf der Harley.

Wie ist die Rechtslage?

Angelehnt an Valerius (2009, S. 50), gekürzt und abgewandelt.

Aufgabe 12.3 Den Sachverhalt und die Fallfrage verstehen, sich Notizen machen

- Lesen Sie den Fall mehrmals entsprechend den Ausführungen in Einheit 2.
- Unterstreichen Sie im Sachverhalt die rechtlich relevanten Informationen.
- Schreiben Sie Notizen an den Rand des Falles oder auf einen gesonderten Zettel.

Siehe Anhang 12.1

Aufgabe 12.4 Eine Personenskizze und einen Zeitstrahl anfertigen

- Fertigen Sie eine Personenskizze an, in der alle Beziehungen zwischen L.S. und F.H. dargestellt sind.
- Ordnen Sie die Beziehungen zeitlich mit Hilfe eines Zeitstrahls.

Siehe Anhang 12.2

Bereits Gelerntes wiederholen: Normen suchen

Um die für einen Fall relevante(n) Norm(en) zu finden, gehen sie vom Anspruchsziel aus und bestimmen den Anspruchsbereich, z. B. *vertraglich* (s. Einheit 5). Sie suchen dazu im BGB die entsprechenden Normen, indem Sie Ihr Wissen über die Struktur des BGB nutzen, und können dann einen Norm-Obersatz formulieren.

Erforderliches Vorwissen:

- Anspruchsziele auf den juristischen Begriff bringen können (z. B. Herausgabe);
- Anspruchsbereiche des ZR kennen (vertraglich etc.) und ihnen Anspruchsziele zuordnen können;
- die Rechtsbereiche der Anspruchsbereiche kennen, z. B. Kaufrecht;
- die Struktur des BGB so gut kennen, dass Sie die Anspruchsbereiche im BGB und in ihnen die relevanten Normen im BGB finden können.

Um die rechtlichen Beziehungen der Personen untereinander zu ermitteln, sind deren Aussagen von Bedeutung. Im Folgenden zeigen wir Ihnen eine Methode, die Aussagen übersichtlich darzustellen.

Aufgabe 12.5 Wer sagt was?

a) Unterstreichen Sie die Verben zur Redewiedergabe (z. B. sagen, erklären usw.)
b) Unterstreichen Sie die Verben im Konjunktiv I und überlegen Sie, welcher Person die indirekte Rede zuzuordnen ist.
c) Listen Sie in dem folgenden Schema alle Aussagen der Beteiligten in chronologischer Reihenfolge auf.

Zeitlicher Ablauf	Finn Hansen	Leon Stein
↓	Ich kaufe die Maschine für 4500 €.	–
	–	Der Zeitung ist ein Druckfehler unterlaufen. Verhandlungsbasis: 5400 €
	–	

Aufgabe 12.6 Die Notizen bearbeiten

Bearbeiten Sie die folgenden Aufgaben.

- Überlegen Sie, welcher Anspruch in Fall 12.1 geltend gemacht werden soll.
- Suchen Sie im BGB systematisch nach dem Paragrafen, mit dem Sie den Anspruch prüfen können.
- Überlegen Sie, welche der Notizen in Anhang 12.1 Ihrer Ansicht nach rechtlich nicht zutreffend sind. Streichen Sie diese Informationen durch. Begründen Sie Ihre Entscheidung.

Siehe Anhang 12.3

Sie haben den Entwurf einer Lösungsskizze mit folgenden Schritten vorbereitet:

- Sie haben den Fall mehrmals gelesen und sich dabei Notizen gemacht (Aufgabe 12.3).
- Sie haben eine Personenskizze und einen Zeitstrahl entworfen (Aufgabe 12.4).
- Sie haben eine Übersicht über die Redewiedergabe erstellt (Aufgabe 12.5).
- Sie haben das Anspruchsziel bestimmt (Aufgabe 12.6).
- Sie haben anhand des Anspruchszieles die relevante Norm des BGB gesucht (Aufgabe 12.6).

In der nächsten Aufgabe beginnen Sie mit dem Entwurf einer Lösungsskizze.

Aufgabe 12.7 Ein grobes Prüfungsschema für vertragliche Ansprüche entwerfen

Im Folgenden finden Sie die 5 Anspruchsarten für die Prüfung eines zivilrechtlichen Anspruchs (s. Einheit 5), geordnet nach der Prüfungsreihenfolge. Ergänzen Sie in Spalte 2 den Anspruchsaufbau, in Spalte 3 mögliche Anspruchsziele zu den jeweiligen Anspruchsarten.

5 Anspruchsarten	jeweils 3-schrittiger Aufbau (Zwischenschritte)	mögliches Anspruchsziel
vertraglich		
quasivertraglich		
deliktisch		
dinglich		
ungerechtfertigte Bereicherung		

Das obige allgemeine Prüfungsschema passen Sie dem Fall 12.1 an. In Fall 12.1 prüfen Sie nur die erste der fünf Anspruchsarten (vertragliche Ansprüche), hierbei den Anspruch auf Übergabe und Übereignung der Harley Davidson nach § 433 I 1 BGB. Entsprechend dieser Norm prüfen Sie das TBM Kaufvertrag. Die Gültigkeit eines Kaufvertrages prüfen Sie mithilfe von Hilfsnormen (§§ 145 ff BGB)[1], in denen festgelegt ist, ob ein gültiger Kaufvertrag zustande gekommen ist (erster Zwischenschritt).

Aufgabe 12.8 Das grobe Prüfungsschema verfeinern

a) Untergliedern Sie das grobe Prüfungsschema durch alle möglichen Angebote und Annahmen der Vertragspersonen, die in dem Fall vorkommen. Dadurch verfeinern Sie das Schema.
b) Fügen Sie zu allen Unterpunkten (Angebote und Annahmen) in Stichworten konkrete Sachverhaltsangaben hinzu.
c) Fügen Sie die Normen hinzu, die Sie zur Prüfung brauchen.
d) Führen Sie eine grobe Subsumtion durch. Schätzen Sie ab, ob ein Angebot vorliegt (+) oder nicht (-).

Siehe Anhang 12.4

1 s. dazu Einheit 4.2 (Hilfsnormen) und 4.3 (Gegennormen)

Den mündlichen Ausdruck schulen

Besprechen Sie mit einer Kommilitonin/einem Kommilitonen, wie eine Lösungsskizze erstellt wird. Achten Sie darauf, die Fachterminologie zu benutzen. Nehmen Sie den Anhang 12.5 zu Hilfe.

Zusammenfassende Darstellung: Das Entstehen einer Lösungsskizze

Aus den vorangegangenen Aufgaben sehen Sie, dass das Anfertigen einer Lösungsskizze ein komplexer Vorgang ist. Alle Tätigkeiten, mit denen Sie sich in den vorherigen Einheiten beschäftigt haben, sollten Sie dabei nutzen.

Im Folgenden stellen wir den Entstehungsprozess einer Lösungsskizze in einem vereinfachten Schema dar.

Lesen Sie den **Sachverhalt** mehrmals und werten Sie ihn, orientiert an der Fallfrage, rechtlich aus. Machen Sie sich dazu Notizen. Dabei können Sie auch eine **Personenskizze** sowie einen **Zeitstrahl** anfertigen und überlegen: Wer will was vom wem woraus?

Dadurch bestimmen Sie die **Anspruchsziele** (hier: Anspruch auf Übergabe und Übereignung) und suchen nach den **Normen**, die relevant sein könnten, z.B. § 433 I 1 BGB.

Angesichts der Anspruchsziele, die Sie im Fall erkannt haben, und auch anhand der gefundenen Anspruchsgrundlage entwerfen Sie ein **Prüfungsschema** (hier: für das Prüfen eines Kaufvertrags). Beachten Sie dabei die **Prüfungsreihenfolge** der Anspruchsgrundlagen. Beides bestimmt die Gliederung der Lösungsskizze.

Das Prüfungsschema müssen Sie in den Grundzügen kennen. Diese Grundzüge ergänzen Sie im Hinblick auf den Sachverhalt. Neue Gliederungspunkte können aufgrund des Sachverhalts hinzutreten (z.B. ein 2. Angebot einer Partei). Sie können sich dabei an der Personenskizze orientieren und **Sachverhaltsangaben** in das Prüfungsschema eintragen. Auf diesem Weg beginnen Sie damit, die Struktur der Lösungsskizze zu entwerfen.

Nun können Sie auch schon die **Definitionen**, wenn Sie Ihnen geläufig sind, eintragen. Füllen Sie das Prüfungsschema mit Sachverhaltsangaben, um eine Grundlage für das Subsumieren zu bekommen.

Gedanklich können Sie mit Hilfe dieser Angaben schon **grob subsumieren** (stichpunktartig), indem Sie in den Sachverhalt schauen und abschätzen, ob die Tatbestandsvoraussetzungen der Anspruchsgrundlage bzw. der Gegennorm erfüllt sind oder nicht. Dies vermerkt man dann z.B. mit einem + (erfüllt) oder – (nicht erfüllt) in der Lösungsskizze oder als ein P (wenn ein TBM problematisch erscheint).

Der Weg zur Lösungsskizze

1

Lesen und Notizen machen

```
Annonce als invitatio ad
offerendum?
Keine Einigung
Ablehnung
§ 159 II neues Angebot
Annahme sofort?
....
```

2

Personenskizze und Zeitstrahl

```
1) Annonce von LS
2) LS Angebot an FH
3) FH Angebot an LS
4) LS neues Angebot an FH
...
```

3

Anspruchsziele bestimmen

```
Anspruch auf ... von FH gegen LS?
```

Normensuche

```
§ 433 I 1 BGB
```

Prüfungsschema

```
A. Vertraglicher Anspruch
   I. Kaufvertrag
      1. Angebot
      2. Annahme
```

4

Erweitertes Prüfungsschema

```
A. Vertraglicher Anspruch
   I. Kaufvertrag
      1. Angebot
      a) LS an FH
      b) FH an LS
      c) neues Angebot FH an LS
      2. Annahme
   II. Wirksamkeit
...
```

5

Lösungsskizze

```
A. Anspruch gem. § 433 I 1 BGB?
   I. Kaufvertrag?
      1. Angebot
      (empf. WE, inhaltl. so
      bestimmt, dass Annahme
      durch einfaches Ja
      erfolgen kann)
      a) Angebot LS an FH durch
      Zeitungsannonce? (-)Arg.:
      Invitatio ad offerendum
      (+), sonst mehrfache Ver-
      kaufsverpflichtung, obwohl
      nur eine Harley D.
      b) Erklärung des FH: 4500
      €

      ...
```

angelehnt *an: Valerius (2009, S. 50 f.).*

12.3 Die Textsorte Lösungsskizze

Die Lösungsskizze bildet eine eigene Textsorte. Sie dient dazu, den gedanklichen Weg zur Beantwortung der Fallfrage zu entwerfen. Im Folgenden finden Sie eine Lösungsskizze zu einem fiktiven Sachverhalt.

Lösungsskizze

A. F gegen X Zahlung der Vergütung i.H.v. 30000,00 € gem. § 631 I BGB?

I. Anspruch entstanden?

1. Werkvertrag, § 631 I BGB?
= zwei übereinstimmende Willenserklärungen = Angebot und Annahme

a) Willenserklärung des X = Angebot?
Hier (+) → Angebot zum Bau und Einbau von Fenstern für 30000,00 €

b) Willenserklärung des F = Annahme?
= Hier (+) → Annahme bezüglich des Angebots

c) also: Werkvertrag, § 631 I BGB (+)

2. Wirksame Anfechtung der Willenserklärung des X gem. § 142 I BGB

a) Anfechtungsgrund aus § 119 I 1. Alt. BGB?

= Irrtum in Form des Inhaltsirrtums
Hier (+) → X hat den ihm unbekannten F mit den Fensterarbeiten betraut; tatsächlich wollte er aber, dass F die Arbeiten ausführt; insofern fallen Erklärtes und Gewolltes auseinander

also: Anfechtungsgrund (+)

b) Anfechtungserklärung, § 143 I BGB?
Hier (+) → X hat gegenüber F die Anfechtung erklärt

c) Wahrung der Anfechtungsfrist?
= bei § 119 I 1. Alt. BGB → § 121 I 1 BGB
Hier (+) → X hat gegenüber F die Anfechtung unverzüglich nach Kenntnis des Anfechtungsgrundes erklärt, § 121 I 1 BGB

Kein Ausschluss der Anfechtung? (+)

also: wirksame Anfechtung (+) → die angefochtene WE ist gem. § 142 I BGB als von Anfang an nichtig anzusehen; also existiert auch kein Vertrag

also: Anspruch entstanden (-)

B. Gesamtergebnis:
F gegen X Zahlung der Vergütung i.H.v. 30000,00 € gem. § 631 I BGB (-)

Quelle: Rumpf-Rometsch, E. (2012, S. 201 f.): *BGB AT.*

Aufgabe 12.9 Lernkontrolle

a) Um Ihr Verständnis des Aufbaus eines Gutachtens zu überprüfen, schreiben Sie bitte vor jede Notiz der vorstehenden Lösungsskizze, ob es sich um einen (Norm- / TB-, Zwischenschritts-) Obersatz, um eine Voraussetzung, eine Definition, eine Subsumtion (i.e.S. oder i.w.S.) oder um ein (Zwischen- / Gesamt-) Ergebnis handelt.
b) Überlegen Sie auch, auf welcher Ebene Sie sich befinden.

Siehe Anhang 12.5

In einer Prüfung schreiben Sie die Lösungsskizze freiwillig. Sie hat deshalb eher einen persönlichen Charakter mit individuellen Merkmalen. Aus praktischen Gründen hat sich aber eine bestimmte Form durchgesetzt. Da Sie in der Klausur unter Zeitdruck stehen, schreiben Sie nur das Nötigste auf.

Hier einige Merkmale einer Lösungsskizze:

- Sie notieren den gedanklichen Weg der Prüfung einer juristischen Fragestellung.
- Am Anfang notieren Sie den Obersatz als mögliche Antwort auf die Fallfrage, evtl. die Definition.
- Sie subsumieren in grober Weise und notieren das voraussichtliche Ergebnis mit (+) oder (-).
- Die Vierschrittigkeit des Prüfens wird auf der 1. und auf der 2. Ebene (s. Anhang 12.5) nur verdeckt sichtbar.
- Sie schreiben keine Sätze, sondern lediglich Stichworte.
- Zur Übersichtlichkeit verwenden Sie eine alphanumerische Gliederung, die nicht der vierschrittigen Prüfung entsprechen muss.
- Verwenden Sie Abkürzungen, um Zeit zu sparen.

12.4 Übungen zum Anfertigen einer Lösungsskizze

Sie haben nun alle Vorarbeiten gemacht und können dazu übergehen, eine Lösungsskizze zu erstellen. Sie zeigt Ihnen den Weg, den Sie beim Schreiben des Gutachtens entsprechend dem erarbeiteten Prüfungsschema gehen werden. Zudem enthält die Lösungsskizze Sachverhaltsangaben, auf die Sie sich im Gutachten beziehen werden, sowie eine grobe Subsumtion.

Der folgende Fall enthält keine juristischen Komplikationen. Diese Vereinfachung soll Ihnen den Denk- und Schreibprozess auf dem Weg zu einer Lösungsskizze auf einfache Weise verständlich machen.

Aufgabe 12.10 Lösungsskizze für einen einfachen Fall entwerfen

Bearbeiten Sie den nachfolgenden Fall 12.2. Nutzen Sie dabei die Einheiten 2.2–2.5.

- Lesen Sie den Fall.
- Schreiben Sie Notizen an den Rand des Falles oder auf einen Zettel.
- Aufgrund ihrer Einfachheit ist es nicht sinnvoll, eine Personenskizze oder einen Zeitstrahl anzufertigen.
- Entwerfen Sie mit Hilfe der Notizen eine Lösungsskizze. Orientieren Sie sich dabei an den obigen Darstellungen zum Entstehen einer Lösungsskizze.

Fall 12.2

Kilian Freese (K.F.) trifft seinen Freund Tim Bohne (T.B.) vor dem Supermarkt. K.F. fragt T.B.: „Möchtest Du meine Hose für 12,00 € kaufen?" T.B. antwortet: „Ja". Wurde ein wirksamer Kaufvertrag geschlossen?

Siehe Anhang 12.6

Online-Übungen 12.1

Hier finden Sie eine weitere Übung zum Erstellen einer Lösungsskizze. Die Lösung dort ist mit Erläuterungen zur Form und zum Inhalt versehen.

Wiederholungsfragen

Beantworten Sie folgende Fragen:

a) Welche Aufgabe hat eine Lösungsskizze während des Schreibens eines Gutachtens?
b) In welchen gedanklichen Schritten entsteht eine Lösungsskizze?
c) Welche Rolle spielt dabei das Prüfungsschema?
d) Welche sprachliche und äußere Form hat eine Lösungsskizze?

Siehe Anhang 12.6

Vertiefungshinweise

Bringewat, P. (2020, S. 66 f., 83 f., 95): *Methodik der juristischen Fallbearbeitung. Mit Aufbau- und Prüfungsschemata aus dem Zivil-, Strafrecht und öffentlichen Recht.*

Hassenpflug, H. & Schwind, H.-D. & Bringewat, J. (2017, S. 16–19): *Klausuren schreiben leicht gemacht. Aufbau und Form der juristischen Klausur.*

Hütwohl, M. (2022, S. 149, 152 f.): *Einführung in das Recht. Grundzüge des Rechtssystems und der Rechtsmethodik.*

Lange, B. (2015, S. 278 f., 283 f.): *Jurastudium erfolgreich: Planung, Lernstrategie, Zeitmanagement.*

Pense, U. & Lüdde, J. S. (2022, S. 74–79, 90–93, S. 104 f.): *Methodik der Fallbearbeitung im Studium und Examen. Wie schreibe ich eine Klausur?*

Valerius, B. (2017, S. 17–19, 47–53): *Einführung in den Gutachtenstil. 15 Klausuren zum Bürgerlichen Recht, Strafrecht und Öffentlichen Recht.*

von Münchhausen, M. & Püschel, I. P. (2002, S. 76, S. 93 f.): *Lernprofi Jura. Wie Sie Jura richtig lernen. Lerntechnik, Klausurtechnik, Hausarbeitstechnik, Lernmotivation, Examensmanagement.*

Anhang 12: Lösungsskizze entwerfen

Anhang 12.1	zu Aufgabe 12.3

Leon Stein (L.S.) will seine Harley Davidsonn verkaufen und setzt folgende Annonce auf:
Verkaufe Harley Davidson Sportster Xl. 1200, EZ 10(95, 38 tkm ... (nähere Angaben). VB 4500,00 €. Tel. 0177 2387690.
Auf das Inserat meldet sich Finn Hansen (F.H.) und erklärt, die Maschine für den angebotenen Preis von 4500 € kaufen zu wollen. Leon Stein ist verwundert und teilt Finn Hansen wahrheitsgemäß mit, dass der Zeitung ein Druckfehler unterlaufen sei, da er als Verhandlungsbasis 5400,00 € in den Anzeigenauftrag geschrieben habe. Er sei aber bereit, das Motorrad für 5000,00 € zu verkaufen. Finn Hansen überlegt einige Zeit, und bevor er etwas zu dem neuen Preis sagen kann, wird die Verbindung unterbrochen, weil die Batterie seines Akkus leer ist.
Finn Hansen versucht sofort, die Verbindung wieder herzustellen, das Telefon von Leon Stein ist aber besetzt. Erst wenige Minuten später erreicht er Leon Stein und erklärt diesem, er kaufe die Harley für 5000,00 €. Leon Stein sagt, er habe zwischenzeitlich die Harley an einen anderen Interessenten verkauft. Finn Hansen ist empört. Schließlich habe ihm Leon Stein die Harley verbindlich angeboten, er habe ja auch nicht widersprochen, sondern nur einen Moment überlegen müssen. Diese geringe Bedenkzeit sei ihm doch zuzugestehen. Und die Unterbrechung des Telefonats sei ja ohne Absicht geschehen. Er poche deshalb auf den Kauf der Harley.
Wie ist die Rechtslage?
Angelehnt an Valerius, S. 50 (gekürzt und abgewandelt)

Annonce als invitatio ad offerendum? oder offerta ad incertas personas?

Keine Einigung

Anfechtung? §§ 119ff.

§ 150 II: neues Angebot (5400 € ist zuviel!)

Schweigen, keine WE
Annahme sofort
§ 147 I 1?
§ 150 I?

Pacta sunt servanda?

Zu Lasten des Erklärungsempfängers?
→ § 823?

Anhang 12.2 zu Aufgabe 12.4

Zeitstrahl	Personenskizze			
↓	L.S.	→ Annonce = Angebot (zum Verkauf)?	→ an jeden	1
↓	F.H.	→ Angebot (zum Kauf)	→ L.S.	2
	L.S.	→ Ablehnung des Angebots von F.H., verbunden mit neuem Angebot	→ F.H.	3
↓	F.H.	→ Schweigen	→ L.S.	4
kurze U n t e r b r e c h u n g				5
↓ wenige Min. später	F.H.	→ Annahme	→ L.S.	6
gleiche Zeit	L.S.	→ keine Annahme	→ F.H.	7

Anhang 12.3 zu Aufgabe 12.5

Anspruch auf Übergabe und Übereignung der Harley Davidson gemäß § 433 I 1 BGB

Annonce als invitatio ad offerendum?
~~oder offerta ad incertas personas?~~ (Der Begriff ist auf diesen Fall nicht anzuwenden, da es sich hier nicht um einen unbestimmten Personenkreis handelt.)

Keine Einigung

~~Anfechtung? §§119ff.~~ (Für eine Anfechtung gibt es im Sachverhalt keine Anhaltspunkte, weil der Zeitungsredaktion der Fehler unterlaufen ist und nicht Leon Stein.)

§ 150 II: neues Angebot (5400 € ist zuviel!)

Schweigen, keine WE

Annahme sofort
§ 147 I 1
§ 150 I

~~Pacta sunt servanda?~~ (Der Grundsatz, Verträge müssen eingehalten werden, gilt natürlich nur für bereits geschlossene Verträge. Ob ein Vertrag zustande gekommen ist, muss aber erst geprüft werden.)

Zu Lasten des Erklärungsempfängers?
~~§ 823 BGB?~~ (Schadensersatz spielt hier keine Rolle, es geht um Übergabe und Übereignung der Harley aus einem möglichen Kaufvertrag.)

Anhang 12.4 zu Aufgabe 12.8

Die relevante Norm ist § 433 I 1 BGB.

Lösungsskizze zu Fall 12.1

Erläuterungen zur Form | Erläuterungen zum Inhalt

Anspruch aus § 433 I 1 BGB?
Vsz: gültiger Kaufvertrag? = zwei sich deckende WE, Angebot und Annahme
I. Ap FH gegen LS gem. § 433 I 1 BGB?
1. Angebot durch Zeitungsannonce von LS?
Def.: empfangsbed. WE, die anderem Vertragsschluss so anträgt, dass dieser nur mit Ja zustimmen braucht.
Subs.: invitatio ad offerendum, sonst mehrfache Verkaufsverpflichtung, obwohl nur eine Harley. Zeitungsannonce kein Angebot, deshalb ist Kaufzusage des FH über 4500€ keine Annahme, sondern ihrerseits ein Angebot.
Zw.-Erg.: Angebot (-)
2. Annahme
Nicht prüfen, da kein Angebot
3. Angebot durch Erklärung des FH, Harley für 4.500 € erwerben zu wollen?
Subs.: Angebot (+)
4. Annahme (Grd. empfangsbed. WE, mit der Einverständnis mit angebotenem Vertrag erklärt wird)
Subs.: keine Annahme des LS (-)
-> erklärt, Druckfehler unterlaufen
Daher Angebot (+), aber keine Annahme (-)
Zw.-Erg.: Kaufvertrag (-), kein Anspruch
5. Angebot durch Erklärung des LS iHv 5000 €
Subs.: § 150 II BGB: Abänderung (5000 € statt 4.500 €) = neues Angebot
Zw.-Ergb.: Daher Angebot (+)
6. Annahme
a) durch Schweigen?
Subs.: -> Schweigen <-> WE -> kein Erklärungswert
Zw.Erg.: keine Annahme durch Schweigen (-)
b) bei Rückruf?
Subs.: grds. (+), aber
P.: rechtzeitige Annahme? sonst § 150 I BGB
GS.: sofortige Annahme (§ 147 I 1 BGB), d.h. selbst schuldloses Zögern schadet
- Schweigen: lässt Sofortigkeit nicht entfallen
- Rückruf: zu lang
Unterbrechung des Telefongesprächs? wer trägt das Risiko?
-> FH muss tragen
(+) sein Akku leer
(+) LS nicht länger an Angebot binden als nötig
Subs.: Annahme verspätet, d.h. neues Angebot (v. LS nicht angenommen)
Zw.-Erg.: Annahme (-)
II Erg.: Kaufvertrag (-) Kein Anspruch LS gegen FH gem. § 433 I 1 BGB (-)

Erläuterungen zur Form (linke Spalte):
- alpha-numerische Gliederung
- Die Bezeichnungen der Schritte werden weggelassen
- Abkürzungen, z.B: (+) und (-): Prüfergebnis

Erläuterungen zum Inhalt (rechte Spalte):
- Obersatz Prüfungsaufbau
- grobe Subsumtion
- Sachverhaltsangabe
- Schlussfolgerung
- Definition
- Normbezug
- Problem
- aus Rechtsprechung/Lehre entwickeln
- Rechtsprechung/Lehre

Verwendete Abkürzungen

Vsz: Voraussetzung	WE: Willenserklärung	erw.: erwerben	i.H.v.: in Höhe von
(+): liegt vor, ist zu bejahen	(-): ist zu verneinen	P: Problem	GS: Grundsatz
KV: Kaufvertrag	Ap: Anspruch	SV: Sachverhalt	SA: Sachverhaltsangabe
grds.: grundsätzlich	Def.: Definition	Subs.: Subsumtion	Zw.-Erg.: Zwischenergebnis

Erläuterungen zur Lösungsskizze

- Die Personenskizze und der Zeitstrahl helfen, eine Übersicht und die rechtliche Relevanz der Sachverhaltsangaben zu gewinnen. Sie helfen auch, die Lösungsskizze zu strukturieren.
- Das Prüfungsschema (Kaufvertrag, Angebot, Annahme) ist an den komplexen Sachverhalt angepasst und wird dadurch umfangreicher.
- Es gibt in dem Fall drei Erklärungen der Beteiligten zum Kauf bzw. Verkauf der Harley, die man als mögliches Angebot verstehen muss. Jede dieser Erklärungen wird rechtlich daraufhin geprüft, ob ein Kaufvertrag zustande gekommen ist.
- Die Vierschrittigkeit der Prüfung versteckt sich hinter den Prüfungsunkten I und II. Nach I (Obersatz) müssten II (Voraussetzung/Definition) und III (Subsumtion i.w.S.) stehen. Sie tauchen aber in der Lösungsskizze nicht auf, weil nur im Rahmen gedanklicher Vorüberlegungen eine grobe Subsumtion vorgenommen wird. Im Gutachten selbst wird die 4-Schrittigkeit eingehalten.

Bitte beachten Sie, dass die Bezeichnungen Obersatz, Definition, Subsumtion und Ergebnis normalerweise in einer Lösungsskizze nicht geschrieben werden.

Anhang 12.5 zu Aufgabe 12.9

Ebene	Schritt	Lösungsskizze
1.	Norm-Obersatz	A. F gegen X Zahlung der Vergütung i.H.v. 30 000 € gem. § 631 I BGB?
2.	1. Zwischenschr.	I. Anspruch entstanden?
3.	1. TB-Obersatz Voraussetzungen zum Zw.-Schritt	1. Werkvertrag, § 631 I BGB? = zwei übereinstimmende Willenserklärungen = Angebot und Annahme
4.	1.TB-Obersatz Subsumtion + Zw.-Ergebnis	a) Willenserklärung des X = Angebot? Hier (+) -> Angebot zum Bau und Einbau von Fenstern für 30 000 €
4.	2. TB-Obersatz Subs.+Zw.Ergebn.	b) Willenserklärung des F = Annahme? = Hier (+) -> Annahme bezügl. des Angebots
3.	Zw.-Ergebnis	c)also: Werkvertrag, § 631 I BGB (+)
3.	2. TB-Obersatz	2. Wirksame Anfechtung der Willenserklärung des X gem. § 142 I BGB (Gegennorm)
4.	1. TB-Obersatz Subsumtion	a) Anfechtungsgrund aus § 119 I 1. Alt. BGB? = Irrtum in Form des Inhaltsirrtums Hier (+) -> X hat den ihm unbekannten F mit den Fensterarbeiten betraut; tatsächlich wollte er aber, dass F die Arbeiten ausführt; insofern fallen Erklärtes und Gewolltes auseinander.
4.	Zw-Ergebnis	also: Anfechtungsgrund (+)
4.	2. TB-Obersatz Subs. + Zw. Erg.	b) Anfechtungserklärung, § 143 I BGB? Hier (+) -> X hat gegenüber F die Anfechtung erklärt
4.	3. TB-Obersatz Subsumtion	c) Wahrung der Anfechtungsfrist? = bei § 119 I 1. Alt. BGB -> § 121 I 1 BGB Hier (+) -> X hat gegenüber F die Anfechtung unverzüglich nach Kenntnis des Anfechtungsgrundes erklärt, § 121 I 1 BGB
4.	Zw.-Ergebnis im Urteilsstil	Kein Ausschluss der Anfechtung? (+)
3.	Zw.-Ergebnis	also: wirksame Anfechtung (+) -> die angefochtene WE ist gem. § 142 I BGB als von Anfang an nichtig anzusehen; also existiert auch kein Vertrag
2.	Zw.-Ergebnis	also: Anspruch entstanden (-)
2.	2. + 3. Zw.Schritt entfällt, da 1. Zw.Schritt	
1.	Gesamtergebnis	B. Gesamtergebnis: F gegen X Zahlung der Vergütung i.H.v. 30000 € gem. § 631 I BGB (-)

Quelle: Rumpf-Rometsch, E. (2012, S. 201 f.): *BGB AT*.

Anhang 12.6	zu Aufgabe 12.10

zu Fall 12.2

I. Wirksamer Vertragsschluss zwischen K.F. und T.B. nach § 433 I i.V.m. §§ 145 ff. BGB?

→ erfordert zwei korrespondierende WE

1. Angebot von K.F.? (+)
   Arg.: Die Frage von K.F. „Möchtest du meine Hose für 12 € kaufen?“ enthält alle essentialia negotii und stellt somit eine WE und damit ein Angebot dar.
2. Annahme von T.B.? (+)
   Arg.: Mit der Antwort „Ja“ erklärt T.B. sein vorbehaltloses Einverständnis zum Angebot.

II. Gesamtergebnis (+)

! (In der Klausur schreibt man die Zeilen nicht eingerückt, wie wir es hier zur Übersichtlichkeit machen, sondern bündig untereinander.)

Anhang 12.7	zu dem Wiederholungsfragen

Zu a), b) und d)

Siehe hierzu Online-Hörtext 2 zu Aufgabe 12.1 und die Ausführungen in der Einheit 12.

Zu c)

An einem Beispiel: Das Schema zur Prüfung eines vertraglichen Anspruchs (s. Einheit 11) stellt das Gerüst für die Lösungsskizze und das spätere Anfertigen des Gutachtens dar. Sie müssen also die Prüfungsschemata (hier: vertraglicher Anspruch) aus der Norm entwickeln können und die Prüfung der TBM vollständig und in der richtigen Reihenfolge planen.

13. Auslegungsmethoden

Übersicht

A Sachverhalt erschließen, Fallfrage verstehen, Rechtsnormen suchen	**Einheit 1** Einführung in die Fallbearbeitung	**Einheit 2** Lesen von Sachverhalten, Fallfragen und Bearbeitungshinweisen	**Einheit 3** Suchen von Rechtsnormen	
B Hintergrundwissen aneignen	**Einheit 4** Normarten	**Einheit 5** Prüfungsreihenfolge und Prüfungsaufbau	**Einheit 6** Zitieren	
C Gutachten schreiben	**Einheit 7** Struktur eines Gutachtens	**Einheit 8** Obersätze bilden	**Einheit 9** Voraussetzungen formulieren und definieren	
	Einheit 10 Subsumieren	**Einheit 11** Ergebnisse formulieren	**Einheit 12** Lösungsskizzen entwerfen	**Einheit 13** Auslegungsmethoden

„Ich hab da auch noch 'nen neuen Partner, ähm, mit echt viel Geld."

In dieser Einheit lernen Sie ...

... fachlich,
- mögliche Probleme beim Abgleich der Definition eines TBM mit dem Sachverhalt zu erkennen,
- welche Funktion die Auslegung innerhalb eines Gutachtens übernimmt,
- welche Auslegungsmethoden es gibt und wie Sie diese anwenden,
- wann und warum Sie einen Meinungsstreit darstellen sollten.

... hinsichtlich Methodik und Lernstrategien,
- unbestimmte Rechtsbegriffe einer Norm zu erkennen,
- wie Sie die Auslegungsmethoden auf unbestimmte TBM anwenden,
- mögliche Probleme bei der Subsumtion zu erkennen.

... sprachlich und textbezogen,
- welche Phrasen Sie bei der Darstellung eines Meinungsstreits verwenden können,
- welche textlichen Darstellungsformen sich für Meinungsstreitigkeiten anbieten,
- mit welchen Formulierungen Sie innerhalb der Subsumtion auf ein Problem hinweisen.

13.1 Wesen und Funktion der Auslegung

Fall 13.1

Der Vermieter Jens Schnupf kündigt seinem Mieter Willo Gerlach an, dass er das Bad der vermieteten Wohnung behindertengerecht umbauen möchte. Er wird nämlich in fünf Jahren, wenn er 80 wird, selbst in die Wohnung einziehen.
Hat der Mieter die Maßnahme des Vermieters zu dulden?

Für die Bearbeitung des Falles 13.1 müssen Sie den § 535 I 1, 2 BGB als Anspruchsgrundlage i.V.m. der Hilfsnorm § 555b Nr. 4 BGB zu Rate ziehen. Wie Sie bereits wissen, müssen Sie im Laufe des Gutachtens auch die TBM/Voraussetzungen dieser Hilfsnorm bestimmen:
- Modernisierungsmaßnahmen
- bauliche Veränderungen
- nachhaltige Erhöhung des Gebrauchswertes der Mietsache

Anschließend werden Sie diese TBM definieren. Dabei kann allerdings ein Problem für Sie auftreten. Sie müssen nämlich klären, was etwa unter einer baulichen Veränderung zu verstehen ist. Es gibt zu diesem Rechtsbegriff keine Legaldefinition, und es wurde auch keine Standarddefinition entwickelt. Es handelt sich demzufolge um einen **unbestimmten Rechtsbegriff,** den Sie selbst **definieren** müssen. Für diese wichtige juristische Tätigkeit wurden die Methoden der Auslegung entwickelt. Ihre Anwendung dient dem Ziel, eine tragfähige Definition zu entwickeln.

13.2 Verkürzte Übersicht über den Prozess der Auslegung

Zur Orientierung geben wir – mit Blick auf die folgenden Untereinheiten 13.3ff. – eine Übersicht über den Prozess der Auslegung. Lesen Sie dazu zunächst den folgenden Fall.

Fall 13.2a

Der Student Willo Gerlach (W) möchte ein Zimmer mieten. Der zukünftige Vermieter Heino Zwerg (H) verlangt von W eine monatliche Warmmiete von 600,00 € und eine Bürgschaft in Höhe von drei Monatsmieten. Die arbeitslose Mutter von W, die vom Staat mit einer Grundsicherung unterstützt wird, erklärt sich schriftlich bereit, die Bürgschaft zu übernehmen. Sie sagt, sie besitze ja eine VW-Aktie im Wert von 122,00 €, habe 1000,00 € auf ihrem Sparkonto und besitze eine Briefmarkensammlung mit einem Katalogwert von 900,00 €. Ein Einredeverzicht der Bürgin liegt vor. Ist die Mutter von (W) als Bürgin tauglich?

Die Prüfung der Tauglichkeit eines Bürgen/einer Bürgin stellt keine Prüfung eines Anspruchs dar. Sie kann im Rahmen der Prüfung eines Bürgschaftsvertrages (§ 765 I BGB) notwendig werden, wenn es etwa um die Frage geht, ob ein Anspruch auf Zahlung einer Miete von einem Bürgen/einer Bürgin eingefordert werden kann. Um die Tauglichkeit zu prüfen, suchen Sie zunächst die passende (Hilfs-)Norm, ermitteln aus ihr die Voraussetzungen und prüfen diese im vierschrittigen Verfahren.

Prozess

1. Vorarbeiten

1. Vorarbeiten		Konkretisierung anhand Fall 13.2a
Fall lesen	→	Fall 13.2a
Gesetz, Norm suchen	→	§ 765 I BGB i.V.m. § 239 I, II BGB (Hilfsnorm)
TBM ermitteln	→	TBM: • angemessenes Vermögen • allgem. Gerichtsstand im Inland • Verzicht auf Einrede der Voraus-klage
bestimmte/unbestimmte Rechtsbegriffe ermitteln	→	Unbestimmt: • angemessen • Vermögen
Lösungsskizze entwerfen, dabei u.a. • Definitionen skizzieren • grob subsumieren → **Probleme erkennen**	→	• Def. „angemessen": gemessen an etwas (z. B. an der Miete) • Def. „Vermögen": Verfügbare Werte wie Bargeld etc. • Problem: Briefmarkensammlung? Vermögen von W ausreichend?

2. Gutachten schreiben (verkürzte Darstellung) und Auslegung

• TB-OS formulieren • Voraussetzungen ermitteln • 4-schrittige Prüfung jeder Vo-raussetzung auf der nächsten Ebene	→	TB-OS: Dafür müsste die Mutter als Bürgin tauglich sein. Vor.: Eine Person ist als Bürgin tauglich, wenn sie … TB-OS 1: Dafür müsste es sich bei der Grundsicherung, der Briefmarkensammlung … um ein Vermögen handeln Def.: … (…) TB-OS 2: …

13.3 Unbestimmte Tatbestandsmerkmale erkennen

Wie Sie aus dem Prozessverlauf ersehen können, ist es zunächst wichtig zu erkennen, ob ein TBM klar definiert bzw. ob es gewiss ist, oder ob es zunächst ungewiss/unbestimmt ist und Sie es definieren müssen.

Ihre Tätigkeiten
(beim Lesen, bei der Lösungsskizze, beim Definieren)

Sie überlegen:	Sie ermitteln:	Sie überlegen:
↓		↓
• TBM legal definiert? • Standarddefinition z. B. aus Rechtsprechung? • gewiss (z. B. aus Vernunftgründen)?	← TBM →	• TBM nicht definiert? • ungewiss?
↓		↓
reproduzieren der gelernten Definition		auslegen mit Auslegungsmethoden

Unbestimmte Rechtsbegriffe können rechtlich nicht angewendet werden. Deshalb besteht die Notwendigkeit der Auslegung mit Hilfe der Auslegungsmethoden, um von einem unbestimmten zu einem bestimmten Rechtsbegriff zu kommen, unter dem sie subsumieren können.

In welcher Phase des Gutachtens erkennen Sie unbestimmte TBM?

- Am besten ist es, bereits **beim Lesen eines Falles** die passenden Normen zu bestimmen, unbestimmte TBM zu erkennen und dies in der Lösungsskizze zu berücksichtigen.
- Möglich ist aber auch, dass Sie **in der Lösungsskizze** auf die Unbestimmtheit eines Rechtsbegriffs stoßen, wenn Sie eine Definition skizzieren und dabei Schwierigkeiten bekommen.
- Wenn Sie **keine Definition des betreffenden TBM auswendig kennen** oder wenn es keine Standarddefinition gibt, müssen Sie eine Definition herleiten. Dies geschieht mit den Auslegungsmethoden, deren Anwendung Sie zu diesem Zweck beherrschen müssen.

Aufgabe 13.1 Nicht klar definierte/unbestimmte Rechtsbegriffe/TBM erkennen

a) Welche der folgenden TBM sind klar definiert bzw. gewiss, welche sind in ihrem Inhalt und ihrem Umfang ungewiss und bedürfen deshalb der Interpretation durch eine Auslegung? Nutzen Sie das Internet und das BGB.

TBM	definiert oder gewiss	ungewiss
Sache, § 90 BGB		
körperlich, § 90 BGB		
Sittenwidrigkeit, § 138 I BGB		
berechtigtes Interesse, § 553 I 1 BGB		
Eigentümer, § 985 BGB		
Treu und Glauben, § 242 BGB		
allgemeiner Gerichtsstand im Inland, § 239 I BGB		

b) Begründen Sie Ihre Entscheidung.

Siehe Anhang 13.1

Aufgabe 13.2 Unbestimmte TBM aus § 239 I, II BGB ermitteln

Lesen Sie noch einmal den Fall 13.1. Zur Falllösung benötigen Sie § 555b Nr. 4 BGB. Entscheiden Sie, welche TBM unbestimmt, welche bestimmt oder gewiss sind.

TBM der Hilfsnorm	unbestimmt	bestimmt
Modernisierungsmaßnahmen		
bauliche Veränderungen		
nachhaltige Erhöhung des Gebrauchswertes der Mietsache		

Siehe Anhang 13.2

Für den folgenden Fall haben wir Ihnen die Norm, die Sie für Ihr Gutachten heranziehen müssen, vorgegeben und auch die entsprechenden TBM aufgeführt.

Fall 13.3

Der 12-jährige Benjamin erhält von seinen Eltern 15,00 € Taschengeld im Monat. Er spart das Geld drei Monate und kauft sich dann ein Los bei einer Lotterie. Dabei gewinnt er 4000,00 €, geht mit dem Geld in einen Laden und kauft sich ein Mofa.
Ist der Kaufvertrag wirksam zustande gekommen?

Die Prüfung des Zustandeskommens des Kaufvertrages erfolgt nach § 433 I BGB in Verbindung mit §§ 145 ff. BGB. Im Rahmen der Prüfung der Wirksamkeit des Kaufvertrages werden die Hilfsnormen §§ 106 ff. BGB, insbesondere § 110 BGB geprüft.

Die TBM zu § 110 BGB lauten:

- Minderjähriger
- Vertrag geschlossen ohne Zustimmung des gesetzlichen Vertreters
- Bewirken der vertragsmäßigen Leistung
- mit eigenen Mitteln
- Überlassung der Mittel zu diesem Zweck oder zur freien Verfügung
- mit Zustimmung des gesetzlichen Vertreters von einem Dritten überlassen

Aufgabe 13.3 **Problematisches TBM erkennen**

Die Fallfrage lautet, ob der Kauf des Mofas durch Benjamin durch die §§ 106–113 BGB gedeckt ist.
Prüfen Sie § 110 BGB. Welches der oben angeführten TBM ist hier problematisch?[1]
Begründen Sie Ihre Meinung.

Siehe Anhang 13.3

Lernhinweis
Viele Begriffe sind legal oder in der Lehre/Rechtsprechung definiert. Diese Definitionen sollten Sie auswendig lernen. Falls ein Begriff nicht definiert ist, haben sie einen unbestimmten Rechtsbegriff, den Sie mit Hilfe der Auslegungsmethoden definieren müssen. Das sollten Sie üben.

Online-Übungen (13.2)
Hier finden Sie Übungen mit Fällen zur Bestimmung problematischer TBM.

1 In der Quelle RGZ 74, 236 finden Sie einen ausführlichen Kommentar zu § 110 BGB.

13.4 Die Auslegungsmethoden am Beispiel des § 239 BGB

In Normen geht es um die Regelung von Konflikten, die zwischen Parteien mit unterschiedlichen Interessen auftreten. Bei der Auslegung einer Norm fragen Sie deshalb, wer in welcher Hinsicht von der Norm geschützt werden soll.

In § 239 BGB waren, in Anwendung auf den Fall 13.2a, die Rechtsbegriffe *angemessen* und *Vermögen* unbestimmt. Dadurch bekommen Sie in der Subsumtion Probleme beim Abgleich mit den Sachverhaltsangaben. Sie müssen also den unbestimmten Rechtsbegriff in einen bestimmten überführen, indem Sie eine Definition entwickeln.

Im Folgenden zeigen wir Ihnen am Beispiel der Rechtsbegriffe *angemessen* und *Vermögen*, wie Sie die Auslegungsmethoden zur Entwicklung einer Definition anwenden können.

Die vier wichtigsten klassischen Auslegungsmethoden lauten:

- **die Auslegung nach dem Wortsinn**
- **die systematische Auslegung**
- **die historische Auslegung**
- **die Auslegung nach dem Sinn und Zweck (teleologisch)**

Auslegung nach dem Wortsinn

Diese Methode dient dazu, sich einen Überblick darüber zu verschaffen, was unter dem Begriffspaar *angemessenes Vermögen* im allgemeinen Sprachgebrauch verstanden wird.

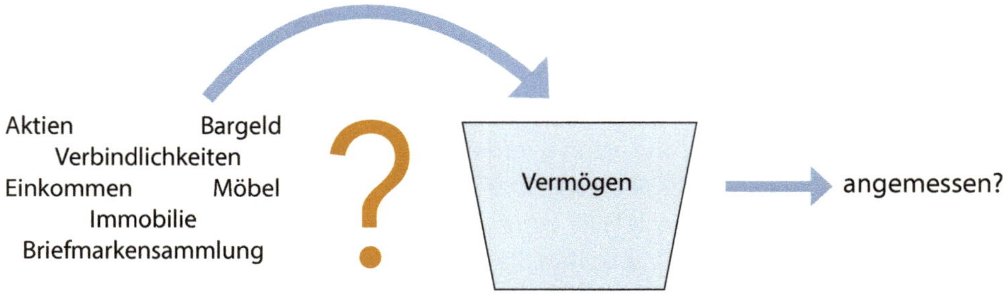

Zunächst wäre zu klären, was alles zum Vermögen zu zählen ist. Gehört die Briefmarkensammlung der Mutter von W dazu? Auch die Inneneinrichtung ihrer Wohnung? Aus dem Wortsinn lässt sich nicht eindeutig entnehmen, was zum Vermögen einer Person zu zählen ist. Intuitiv würde man wohl alle Wertgegenstände dazu zählen. Und was heißt angemessen? Ein Vermögen ist angemessen, wenn es an der Höhe der zu verbürgenden Summe (hier: 1800,00 €) gemessen wird. Nach dem Wortlaut lässt sich aber nicht sagen, wie hoch das Vermögen sein muss, damit es als angemessen angesehen werden kann.

Systematische Auslegung

Bei der Anwendung von Rechtsnormen muss man immer beachten, in welchem gesetzlichen Zusammenhang sie stehen. Sichtbar wird er häufig durch die amtlichen Überschriften im Gesetz (Buch, Titel, Untertitel, Abschnitt, Kapitel), unter denen mehrere Normen zusammengefasst sind. Sie finden die Systematik als Inhaltsübersicht am Anfang des BGB. In unserem Beispiel steht § 239 BGB in:

- Buch 1: Allgemeiner Teil (§§ 1–240),
- Abschnitt 7. Sicherheitsleistung (§§ 232–240).

Das bedeutet, dass das in § 239 BGB angesprochene *angemessene Vermögen* im Zusammenhang mit Sicherheitsleistungen zu sehen ist, die in den §§ 232–238 BGB aufgeführt sind. Durch eine derartige Einordnung in die Systematik des Gesetzes ergibt sich ein Verständnis für den Zusammenhang der Regelungen. Die Bürgschaft der Mutter von W stellt demnach eine Sicherheitsleistung dar, durch die der Vermieter die Gewähr erhalten soll, eine evtl. auftretende Forderung von der Bürgin erfüllt zu bekommen.

Demnach wäre zu klären, unter welchen Voraussetzungen der Vermieter eine hinreichende Sicherheit erhält. Es geht dabei einerseits darum, was als Vermögen zu verstehen ist. Dies ist in den §§ 232–238 BGB aufgelistet. Wichtig ist aber, mit welchem Wert das Vermögen angesetzt wird, um anschließend die Angemessenheit der Höhe des Vermögens beurteilen zu können. In § 239 BGB wird die Angemessenheit des Vermögens in Verbindung gebracht mit der Höhe der zu leistenden Sicherheit. Aus diesem systematischen Zusammenhang von Vermögen und zu leistender Sicherheit lässt sich eine Definition des Begriffs *Vermögen* ableiten.

Nicht klären lässt sich aber unter Zuhilfenahme der Systematik, was unter *angemessen* zu verstehen ist. Klar wird lediglich, dass die Interessen des Sicherungsnehmers gewahrt werden müssen.

Historische Auslegung

Mit dieser Auslegungsmethode wird versucht, aus der Entstehungsgeschichte des Gesetzes Schlüsse auf den auszulegenden Begriff zu ziehen. In einer Klausur fehlen Ihnen allerdings die Gesetzgebungsmaterialien als Quellen, um mit dieser Methode arbeiten zu können.

Teleologische Auslegung

Die teleologische Auslegung ist für Sie die wichtigste Methode. In ihr geht es um den Sinn und Zweck einer Norm. Nachdem der Begriff *Vermögen* mit Hilfe der systematischen Auslegung definiert werden konnte, ist jetzt zu prüfen, was *angemessen* bedeutet. Dies geht aus der systematischen Auslegung nicht hervor. Weiterführen könnte eine Antwort auf die Frage, welchen Zweck der Gesetzgeber mit der Norm verfolgt.

Um Ihnen diese Auslegungsmethode nachhaltig zu vermitteln, haben wir eine aufgabenbasierte Vorgehensweise gewählt. Aufgabe 13.4 soll Sie zu dem Zweck der Norm führen.[2]

Aufgabe 13.4 Vorbereitung auf die teleologische Auslegung von TBM in § 239 BGB

Die Antworten auf die folgenden Fragen führen Sie zum Sinn und Zweck des § 239 BGB.

a) Wessen Interessen sollen durch § 239 BGB geschützt werden?
b) Wie versucht der Gesetzgeber, in § 239 BGB die Personengruppe zu schützen?
c) Warum fordert der Gesetzgeber vom Bürgen ein angemessenes Vermögen?

Siehe Anhang 13.4

Wie Sie aus Anhang 13.4 ersehen können, soll der Vermieter darauf vertrauen können, mögliche Mietausfälle von der Mutter von W ersetzt zu bekommen. Diese Gewähr hat er nur, wenn die Bürgin ein angemessenes Vermögen besitzt.

Aufgabe 13.5 Den Begriff *angemessen* definieren

Definieren Sie den Begriff *angemessen*

a) mit Hilfe der Auslegung nach dem Wortlaut (Definition 1),
b) mit Hilfe der teleologischen Methode (Definition 2).

Nutzen Sie die Ausführungen aus Einheit 13.4 und Anhang 13.4.

Siehe Anhang 13.5

2 An diesem Punkt überschneidet sich die teleologische Auslegung mit der systematischen.

13.5 Der Meinungsstreit

Die Anwendung der Auslegungsmethoden kann zu unterschiedlichen Definitionen führen.

Beispiel

Der Begriff *Vermögen* kann nach den §§ 232–238 BGB die dort aufgeführten Wertgegenstände einer Person umfassen, also nach § 237 BGB auch eine Briefmarkensammlung. Nach der teleologischen Auslegung allerdings können Wertgegenstände ausgeschlossen sein, die nicht den Zweck der Norm erfüllen, eine Sicherheitsleistung darzustellen. Ein Problem kann beim Subsumieren auftreten, wenn Sie Zweifel haben, ob die Briefmarkensammlung wirklich zum Vermögen zu zählen ist. Auch wenn Sie sich für eine Definition entschieden haben, kann die Subsumtion der Sachverhaltsangaben unter diese Definition Schwierigkeiten bereiten. Es kann unterschiedliche Positionen dazu geben.

Für eine Briefmarkensammlung findet sich evtl. gar kein Käufer, oder es wird ein viel geringerer Wert erzielt als angenommen.

Ein Meinungsstreit darzustellen kann sowohl beim Definieren als auch beim Subsumieren erforderlich sein.

Es gibt also mehrere Verortungen des Meinungsstreits in Gutachten. Wir möchten deshalb in dieser Untereinheit verschiedene Szenarien vorstellen und Ihnen damit verdeutlichen, dass Sie beim Schreiben die Struktur Ihres Gutachtens variabel gestalten sollten.

Überblick über Szenarien (SZ) von Meinungsstreits

I TB-OS

II Definieren eines

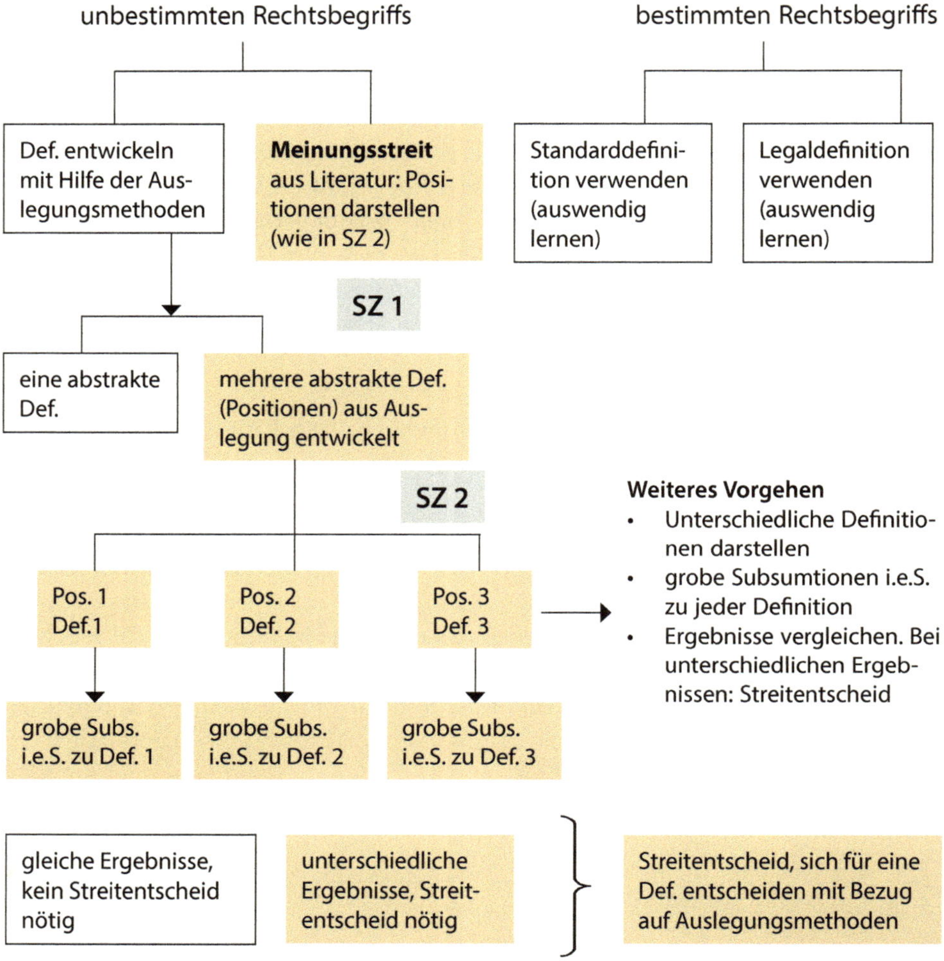

III Subsumieren i.e.S.

Grundlage: Definition aus dem Streitentscheid, oder aus der Rechtsprechung/Lehre oder Legaldefinition

Subsumieren. Die Sachverhaltsangaben lassen sich nicht eindeutig unter die Definition subsumieren. Es gibt unterschiedliche Positionen.

SZ 3 ⟷ Die Sachverhaltsangaben lassen sich problemlos unter die Definition subsumieren.

Pos. 1 | Pos. 2 | Pos. 3

Mehrere Möglichkeiten der Darstellungsform

Streitentscheid. Argumentativ vorgehen. Bezug zum Sachverhalt und zu Auslegungsmethoden.

Im Folgenden werden wir die Szenarien darstellen, die wir in der Übersicht mit SZ bzw. farblich markiert haben. Orientieren Sie sich bitte immer an dem obigen Schema, um die Platzierung der Szenarien im Gutachten zu verorten.

Szenario 1 Der Meinungsstreit um Definitionen in der Rechtsliteratur

In der Rechtsliteratur werden häufig unterschiedliche Definitionen von unbestimmten Rechtsbegriffen dargestellt.

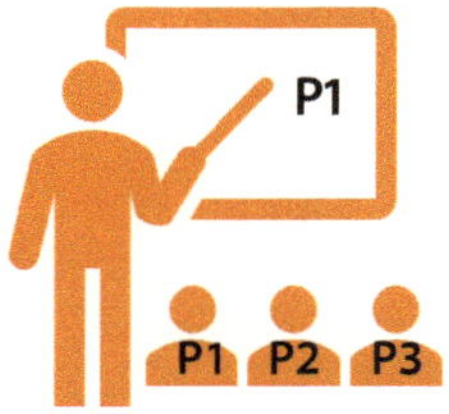

Es ist von großem Vorteil, wenn Sie diese Positionen kennen. In der Klausur brauchen Sie dann selbst keine Positionen zu entwickeln und können stattdessen die Positionen darstellen.

Gehen Sie nur dann auf die Positionen ein, wenn sie angesichts des Sachverhalts relevant sind. Die Positionen stellen Sie im Rahmen der Definitionen dar und entscheiden sich in einem Streitentscheid für eine der Positionen. Vorteilhaft ist es auch zu wissen, welches die herrschende Meinung ist und welches die Meinung einer Minderheit.[3]

3 In einer Klausur/Hausarbeit schließen Sie sich in der Regel der herrschenden Meinung an.

Darstellungsformen der Positionen kennen[4]

Die folgenden Modelle sollen Ihnen zeigen, wie Sie die unterschiedlichen Positionen darstellen. Wir skizzieren sie in aller Kürze. Ausführlicher gehen wir auf die Darstellungsform in SZ 2 und 3 ein.

Modell 1

Position 1	**Position 2**
• Definition nennen • diese begründen • grobe Subsumtion i.e.S. durchführen • Ergebnis im Konjunktiv II formulieren	• Definition nennen • diese begründen • grobe Subsumtion i.e.S. durchführen • Ergebnis im Konjunktiv II formulieren

Streitentscheid	
gleiche Ergebnisse: kein Streitentscheid erforderlich	unterschiedliche Ergebnisse: argumentieren, für eine Position entscheiden

Kommen Sie also bei der groben Subsumtion der Positionen zu unterschiedlichen Ergebnissen, so müssen Sie anschließend einen Streitentscheid durchführen, indem Sie argumentativ auf die einzelnen Positionen eingehen und sich begründet für eine der Positionen entscheiden.

Aufgabe 13.6 Streitentscheide suchen und lesen

Suchen Sie in der Literatur ausformulierte Meinungsstreits und lesen Sie diese. Achten Sie dabei besonders auf

- die Darstellung der Positionen,
- den Bezug zu den Auslegungsmethoden,
- die angeführten Argumente,
- die Struktur des Textes (Modell 1 oder Modell 2),
- die sprachlichen Mittel zur Kennzeichnung der Textstruktur,
- den Streitentscheid.

4 Zwei Darstellungsmodelle beispielhaft dargestellt an einem konkreten Beispiel finden Sie z. B. bei Wienbracke, Einführung in den juristischen Gutachtenstil, S. 363. Die Präferenz für eines der beiden Modelle variiert je nach Autor. Wienbracke plädiert für Modell 2, Hildebrand, Juristischer Gutachtenstil, für Modell 1.

Modell 2

Sie können Ihren Text aber auch anders organisieren. Wenn Sie nicht die unterschiedlichen Positionen als textliches Gliederungsmerkmal benutzen, sondern Sachargumente, dann vermischen sich die Positionen.

Darstellungsform
- Schreiben Sie, worin das Problem liegt.
- Nennen Sie die Sachargumente, die Sie aus der Literatur kennen.
- Nehmen Sie Bezug auf die Auslegungsmethode, aus der das Argument hervorgegangen ist. Eine Nennung der Autoren dieser Argumente ist nicht nötig.

Szenario 2 Unterschiedliche Definitionen als Ergebnis der Anwendung der Auslegungsmethoden

Sollten Sie in einer Klausur keine Definition eines unbestimmten Rechtsbegriffs kennen, müssen Sie ihn selbst mit Hilfe der Auslegungsmethoden herleiten. In Einheit 13.4 haben wir dies exemplarisch für die Begriffe „Vermögen" und „angemessen" gezeigt:

Definition 1 nach dem Wortlaut:	Unter Vermögen versteht man die Summe aller Wertgegenstände, über die eine Person verfügt. Dazu gehören alle Wertgegenstände, die in den §§ 232ff. BGB aufgeführt sind.
Definition 2 nach der systematischen Auslegung:	Unter Vermögen versteht man alle Wertgegenstände, die nach den §§ 232ff. BGB geeignet sind, die Sicherheit eines Sicherungsnehmers zu garantieren.

Die Definitionen unterscheiden sich insofern, als der anzusetzende Wert des Vermögens zweifelhaft sein kann und in Definition 2 einbezogen wird. Dieser ist z.B. für bewegliche Sachen in § 237 BGB mit einem Höchstwert von zwei Dritteln des Schätzwertes angegeben.

Da Sie bei der Auslegung zwei unterschiedliche Definitionen erhalten haben, müssen Sie einen Streitentscheid formulieren, in dem Sie sich, gestützt auf Argumente, für eine der beiden Definitionen entscheiden.

Aufgabe 13.7 Einfachen Streitentscheid formulieren

Für welche der beiden Definitionen entscheiden Sie sich? Nennen Sie Gründe dafür.

Siehe Anhang 13.6

Bei der Subsumtion unter den Begriff Vermögen helfen die §§ 232–238 BGB. Schwieriger wird es, den Begriff *angemessen* zu definieren, wie Sie bereits in Aufgabe 13.5 gesehen haben.

Aufgabe 13.8 Argumente suchen und einen Text formulieren

Schauen Sie sich die Definitionen des Begriffs *angemessen* in Anhang 13.5 an.

a) Suchen Sie Argumente, die eher für Definition 1 sprechen, sowie Argumente, die für Definition 2 sprechen.
b) Formulieren Sie daraus einen Text. Helfen kann Ihnen dabei folgende sprachliche und textliche Grundstruktur.

Textliche Struktur	Sprachliche Mittel
Angabe des Problems Position 1 (z. B. Mindermeinung) Subsumtion i.e.S. mit Fallbezug Hypothetisches Ergebnis Position 2 (z. B. herrschende Meinung) Subsumtion i.e.S. mit Fallbezug Hypothetisches Ergebnis Feststellung Streitigkeit Hauptargumente für bevorzugte Meinung mit Bezug zu Auslegungsmethoden, dabei Entkräftung der Gegenargumente Entscheid	Fraglich ist, (...) Nach dem Wortlaut ... Das lässt sich damit begründen, dass ... Für den vorliegenden Fall würde das bedeuten, dass ... (grobe Subsumtion und Ergebnis im Konjunktiv II) Sinn und Zweck von § 239 BGB sprechen dafür, dass ... Insgesamt ... / hier ... / Die Auslegung nach dem Sinn und Zweck ist überzeugender, weil ...

Szenario 3 Der Meinungsstreit bei der Subsumtion

Mit Hilfe der Auslegungsmethoden haben Sie den unbestimmten Rechtsbegriff *angemessen* definiert (s. Anhang 13.7), sich für die Definition nach der systematischen Auslegungsmethode entschieden und dadurch sein Bedeutungsfeld eingegrenzt. Er ist nun bestimmt und tauglich für eine Subsumtion. Im Rahmen der sich anschließenden Subsumtion können trotzdem Probleme auftreten, sofern Sie die Sachverhaltsangaben nicht eindeutig unter das TBM subsumieren können. Wir sprechen dann von einer problematischen Subsumtion.[5]

Exkurs: Inwiefern ist eine Subsumtion problematisch?

Der Begriff *Sache* ist nach § 90 BGB legal definiert. Dennoch kann die dort festgelegte Definition angesichts möglicher Sachverhaltsangaben zu Problemen führen. Handelt es sich bei einem Auto, bei einer Loipe (gezogene Schneespur), bei der Luft in einem Schlauchboot, bei Liebe um eine Sache? Die Antworten auf diese Fragen sind bei einigen Sachverhaltsangaben eindeutig, bei anderen aber auch nicht.

Begriffe umfassen eine Fülle von Merkmalen. In der juristischen Literatur spricht man von einem Begriffskern, einem Begriffshof und einem Begriffsvorfeld.[6] Bei dem Begriff der Sache betrifft der Begriffskern nach der Legaldefinition alle Gegenstände, die Konturen haben und die man anfassen kann.

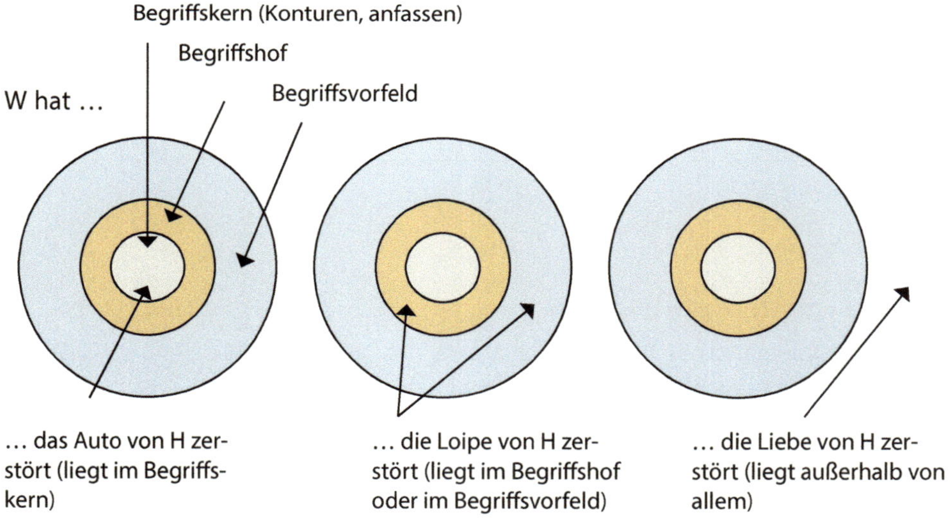

Ein Klausursteller baut häufig Sachverhaltsangaben in einen Fall ein, die die Subsumtion erschweren sollen. Er erhöht dadurch ganz bewusst die Anforderungen an Sie. Ein Problem besteht dann, wenn sich die Informationen des Sachverhalts nicht eindeutig mit der Definition des TBM decken, die Sie sich evtl. schon in der Lösungsskizze überlegt (Legaldefinition, Rechtsprechung, Lehre) oder durch die Anwendung der Auslegungsmethoden gewonnen haben. Dadurch kommen Sie spätestens bei der Subsumtion zu keinem eindeutigen Ergebnis. Sie sollten dies schon beim Verfassen der Lösungsskizze bemerken.

---

5 In der Literatur wird häufig von problematischen TBM gesprochen. Wir denken aber, dass nicht die TBM problematisch sind, sondern die Subsumtion der Sachverhaltsangaben unter die TBM.

6 S. z. B. Mike Wienbracke, S. 61

Aufgabe 13.9 Mögliche Probleme bei der Subsumtion erkennen

Prüfen Sie, ob in den folgenden Fällen ein Problem beim Subsumieren entstehen könnte. Gehen Sie dazu in folgenden Schritten vor:

- Lesen Sie die Norm.
- Führen Sie – wie beim Entwerfen einer Lösungsskizze – eine grobe Subsumtion durch.
- Entscheiden Sie, ob die Subsumtion unproblematisch oder problematisch verlaufen könnte.
- Formulieren Sie eine Begründung für Ihre Entscheidung.

Sachverhaltsangabe	Norm BGB	TBM	unproblem.	problem.
Hund entlaufener Hund Amseln Bienen	§ 833 S. 2	Haustier		
Lotteriegewinn Minderjähriger	§ 110	zur freien Verfügung		
Hausanstrich Umbau Glasfaseranschluss	§ 555b Nr. 4	Modernisierungsmaßnahmen		

Siehe Anhang 13.7

Problem möglichst früh erkennen

Um ein problematisches TBM möglichst früh, d. h. bereits beim Lesen des Falles zu erkennen, hilft es, sich mehrere Varianten eines Falles vorzustellen.

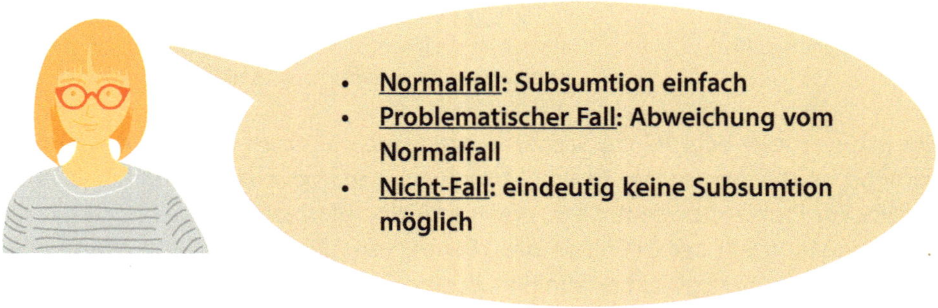

Gerade in der Abweichung eines Falles vom Normalfall bzw. vom eindeutigen Nicht-Fall erkennt man häufig die Besonderheiten eines problematischen Falles.

Aufgabe 13.10 Eine Abweichung vom Normalfall in den Fällen erkennen

Bearbeiten Sie die folgenden Aufgaben.

a) Lesen Sie sich die drei folgenden Fälle durch und unterstreichen Sie die rechtlich bedeutsamen Unterschiede.

Fall 13.2a	Fall 13.2b	Fall 13.2c
Der Student Willo Gerlach (W) möchte ein Zimmer mieten. Der zukünftige Vermieter Heino Zwerg (H) verlangt von W eine monatliche Warmmiete von 600,00 € und eine Bürgschaft in Höhe von drei Monatsmieten. Die arbeitslose Mutter von W, die vom Staat mit einer Grundsicherung unterstützt wird, erklärt sich schriftlich bereit, die Bürgschaft zu übernehmen. Sie sagt, sie besitze ja eine VW-Aktie im Wert von 122,00 €, habe 1000,00 € auf ihrem Sparkonto und besitze eine Briefmarkensammlung mit einem Katalogwert von 900,00 €. Ein Einredeverzicht der Bürgin liegt vor.	Der Student Willo Gerlach (W) möchte ein Zimmer mieten. Der zukünftige Vermieter Heino Zwerg (H) verlangt von W eine monatliche Warmmiete von 600,00 € und eine Bürgschaft in Höhe von drei Monatsmieten. Die Mutter von W erklärt sich schriftlich bereit, die Bürgschaft zu übernehmen. Sie arbeitet als Lehrerin in einer Grundschule und besitzt ein Einfamilienhaus mit einer Grundschuld von 120 000,00 €. Ein Einredeverzicht der Bürgin liegt vor.	Der Student Willo Gerlach (W) möchte ein Zimmer mieten. Der zukünftige Vermieter Heino Zwerg (H) verlangt von W eine monatliche Warmmiete von 600,00 € und eine Bürgschaft in Höhe von drei Monatsmieten. Die Mutter von W, eine Rentnerin, erklärt sich schriftlich bereit, die Bürgschaft zu übernehmen. Sie besitzt zwar kein Vermögen und eine Rente, die knapp zum Leben reicht, gibt aber an, sofort mit dem Sparen zu beginnen. Ein Einredeverzicht der Bürgin liegt vor.
Wie ist die Rechtslage?		

b) Konkretisieren Sie die Fallfrage.

c) Maßgeblich ist die Hilfsnorm § 239 I, II BGB i.V.m. §§ 765 I, 771 S.1 BGB. Listen Sie die TBM aus § 239 I, II BGB auf.

d) Welchen der drei Fälle 13.2a-c sehen Sie als Normalfall an, der sich leicht unter die ermittelten TBM subsumieren ließe? Welchen als Nicht-Fall?

Siehe Anhang 13.8

Für den Fall, dass Sie an dieser Stelle weitere Erläuterungen zu § 239 BGB brauchen, finden Sie einen Kommentar online:

Online-Materialien (13.1)
Hier finden Sie einen Kommentar zu § 239 BGB.

Aufgabe 13.11 Eine Begründung schreiben

a) Führen Sie zu jedem der drei Fälle zu jedem der drei TBM eine **grobe** Subsumtion durch, um zu prüfen, ob es bei der Subsumtion ein Problem gibt (p+) oder nicht (p-). Tragen Sie das Ergebnis in die folgende Tabelle ein.
b) Schreiben Sie anschließend eine Begründung, warum es ein Problem bei der Subsumtion geben könnte.

TBM	Fall 13.2a	Fall 13.2b	Fall 13.2c
angemessenes Vermögen			
allgemeiner Gerichtsstand im Inland			
Verzicht auf Einrede der Vorausklage			

Siehe Anhang 13.9

Haben Sie in einem der drei Fälle bei mindestens einem der TBM ein (p+) stehen, so kann es bei der Subsumtion ein Problem mit dem Abgleich geben. Haben Sie in einem Fall dreimal ein (p-) stehen, so wird es voraussichtlich kein Problem geben. Sie können dann die konkretisierte Fallfrage, ob die Mutter als Bürgin tauglich ist, eindeutig bejahen oder verneinen. Ist nur ein TBM nicht erfüllt (-), dann muss die Tauglichkeit der Bürgin nach § 239 I oder II BGB verneint werden.

13.6 Der Meinungsstreit und Streitentscheid in der Subsumtion im engen Sinne

Was ist ein Meinungsstreit?

Sie haben den unbestimmten Rechtsbegriff *angemessen* mittels der Auslegungsmethoden dahingehend ausgelegt, dass der Vermieter mittels der Bürgin eine Sicherheit erhalten soll, seine Miete auch zu erhalten. Sie sind aber noch nicht am Ziel Ihres Prüfungsverfahrens. Denn jetzt müssen Sie beim Subsumieren prüfen, ob das Vermögen der Mutter, das im Sachverhalt angegeben ist, angesichts der Bürgschaft angemessen ist oder nicht.

Aufgabe 13.12 Die Darstellung eines Meinungsstreits vorbereiten: Fall 13.2a

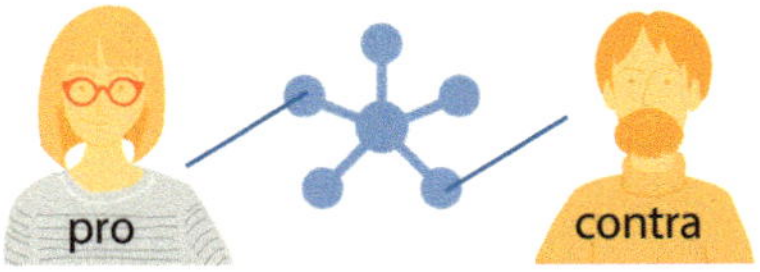

- Suchen Sie Argumente dafür, dass das Vermögen der Mutter von W angemessen ist (pro).
- Suchen Sie Contra-Argumente.
- Stellen Sie die Argumente einander gegenüber und entscheiden Sie, welche Argumente Sie für gewichtiger halten.

Textliches Muster eines Meinungsstreits

Sprachliche Merkmale	Subsumtion	Funktionale / textliche Merkmale
	(…)	
„weiterhin"	Weiterhin müsste das Vermögen nach § 239 I BGB auch angemessen sein.	Anschluss
„Nach der Definition"	Nach der Definition muss das bezifferte Vermögen der Bürgin wesentlich und dauerhaft die Bürgschaftssumme übersteigen.	Bezug zur Definition
„Umstritten ist"	Umstritten ist, ob die im Sachverhalt angegebenen Vermögenswerte der Mutter von W angemessen sind, um als Bürgin fungieren zu können.	Streitigkeit erwähnen
„Nach einer Meinung"	Nach einer Meinung reicht das Vermögen eines Bürgen aus, wenn alle bezifferbaren Wertgegenstände zum Vermögen gezählt werden können.	Position Pro
Konjunktiv I (indirekte Rede)	Zwar könne der Wert einer beweglichen Sache nach § 237 BGB nur zu zwei Dritteln des Schätzungswertes für die Bürgschaftshöhe angerechnet werden.	Subsumtion mit Bezug zum Fall
Konjunktiv II (hypothetisch)	Damit wäre nach dieser Meinung die Mutter von W als Bürgin geeignet, da im vorliegenden Fall auch die Briefmarkensammlung als bewegliche Sache nach § 237 BGB zum Vermögen gezählt werden könne und ihr Wert erfahrungsgemäß steigen werde.	hypothetisches Ergebnis
„Gegen diese Position"	Nach einer anderen Meinung lässt sich anführen, dass zwar bewegliche Sachen nach § 237 BGB zum Vermögen gezählt werden können;	Ankündigung Gegenposition
	nicht bei allen beweglichen Sachen ist aber gewährleistet, dass ihr Schätzungswert dauerhaft erhalten bleibt.	Contra-Argument 1
Konjunktiv II (hypothetisch)	Nach dieser Position wäre die Mutter als Bürgin nicht geeignet, da der Wert der Briefmarkensammlung schwankend sei und damit nicht dauerhaft,	Subsumtion mit Bezug zum Fall hypothetisches Ergebnis
„Fraglich ist" Konjunktiv I	zumal der Katalogwert, nach dem Briefmarken wertmäßig eingestuft würden, eines Käufers bedürften, der diesen Wert auch bezahlen würde. Dies sei aber in der Regel nicht der Fall.	
	Angesichts der Tatsache, dass zunehmend ältere Leute Briefmarken sammeln, müsse man bezweifeln, dass der angegebene Schätzungswert der Briefmarken auch tatsächlich erzielt werden könne.	Contra-Argument 2
	Auch übersteige der Wert des Vermögens der Mutter von W die Höhe der Bürgschaft nicht wesentlich, so dass schon durch eine unvorhergesehene finanzielle Belastung der Mutter von W ihr Barvermögen aufgebraucht werden könne.[7]	Bezug zur Definition
„Im vorliegenden Fall" / „Fraglich ist" / „Gegen"	Im vorliegenden Fall führen die beiden Positionen zu unterschiedlichen Ergebnissen. Fraglich ist, welcher Meinung zu folgen ist.	Feststellung Streitigkeit Ankündigung des Streitentscheids
Indikativ im Streitentscheid	Gegen die Tauglichkeit der Mutter von W als Bürgin spricht die systematische Auslegung der §§ 233 ff. sowie der Sinn und Zweck des § 239 I BGB, durch die die Rechtssicherheit und der Vertrauensschutz des Gläubigers gewährleistet werden soll.	Hauptargumente, Bezug zu Auslegungsmethoden
	Zwar übersteigt das Vermögen der Mutter von W die tatsächliche Höhe der zu leistenden Bürgschaft; es besteht aber keine Rechtssicherheit, wenn der Gläubiger nicht weiß, ob das Vermögen der Bürgin auf Dauer für die zu erbringende Sicherheit ausreichend ist. Da die Mutter von W arbeitslos ist und mit einer Grundsicherung auskommen muss, die sie zum Leben braucht, besteht nicht die Möglichkeit, ihr wiederkehrendes Einkommen anzurechnen.	Argumentieren
Standformulierung	Folglich ist der zweiten Meinung zu folgen. Die Mutter von W stellt keine taugliche Bürgin im Sinne des § 239 I BGB dar.	Entscheid (Ergebnis)

7 Häufig werden die Argumente von Meinung 1 und 2 alternativ erst im Streitentscheid aufgeführt.

Tipps für die Klausurvorbereitung

Üben Sie, am besten in einer Gruppe,
- die TBM einer Norm zu bestimmen,
- diejenigen TBM, die unbestimmt sind, zu erkennen,
- diese auszulegen,
- diejenigen TBM zu erkennen, für die es unterschiedliche Definitionen gibt (Meinungsstreit),
- einen Meinungsstreit darzustellen.

Vertiefungshinweise

Erman, W.A. & Westermann, H.P. & Grunewald, B. & Maier-Reimer, G. (2023, § 110, RN 1–7): *BGB. Kommentar mit Nebengesetzen.*

Hamann, W. (1986, S. 72–119): *Juristische Methodik.*

Hildebrand, T. (2017, S. 53–59, 61–71, 79–85): *Juristischer Gutachtenstil: Ein Lehr- und Arbeitsbuch.*

Lagodny, O. (2012, S. 132): *Gesetzestexte suchen, verstehen und in der Klausur anwenden.*

Prot. I 270 (Gesetzgebungsmaterialien zu § 239 BGB)

Prütting, H. & Wegen, G. & Weinreich, G. (2024, § 239, Rn. 1): *BGB-Kommentar.*

Wienbracke, M. (2020, S. 361–367) *Einführung in den juristischen Gutachtenstil.* In: *Verwaltungsrundschau* 11/2020.

Wienbracke, M. (2020, S. 43–97): *Juristische Methodenlehre.*

Anhang 13: Auslegen, Argumentieren, Meinungsstreit entwickeln

Anhang 13.1	zu Aufgabe 13.1

TBM	definiert oder gewiss	ungewiss
Sache, § 90 BGB	definiert	
körperlich, § 90 BGB	gewiss	
Sittenwidrigkeit, § 138 I BGB		ungewiss
berechtigtes Interesse, § 553 I 1 BGB		ungewiss
Eigentümer, § 985 BGB		ungewiss
Treu und Glauben, § 242 BGB		ungewiss
allgemeiner Gerichtsstand im Inland, § 239 I BGB	gewiss	

b)
Der Begriff *Sache* wird in § 90 BGB legaldefiniert.
Der Begriff *körperlich* ist gewiss, da der Rechtsanwender genau sagen kann, was körperlich ist.

Die Begriffe *Sittenwidrigkeit, berechtigtes Interesse, Eigentümer, Treu und Glauben* sind unbestimmte Rechtsbegriffe und daher ungewiss. Diese Begriffe müssen konkretisiert und genauer eingegrenzt werden, da sie ein weitgehendes Begriffsfeld haben.

Anhang 13.2 zu Aufgabe 13.2

TBM der Hilfsnorm	**unbestimmt**	**bestimmt**
Modernisierungsmaßnahmen	x	
bauliche Veränderungen	x	
nachhaltige Erhöhung des Gebrauchswertes der Mietsache	x	

Anhang 13.3 zu Aufgabe 13.3

Sie prüfen u. a. die TBM des § 110 BGB zur Klärung, ob der Kaufvertrag wirksam geworden ist.

- Minderjähriger: (+)
- Vertrag geschlossen ohne Zustimmung des gesetzlichen Vertreters (+)
- Bewirken der vertragsmäßigen Leistung (+)
- mit eigenen Mitteln (p)
- Überlassung der Mittel zu diesem Zweck oder zur freien Verfügung (p)
- mit Zustimmung des gesetzlichen Vertreters oder von einem Dritten überlassen (+)

Problematisch sind also:

- das TBM *zu diesem Zweck*. Was versteht man darunter? Ist Benjamin nur das Lotto-Spielen untersagt, oder auch das Kaufen eines Mofas? Ist denn gesagt, dass er damit fährt? Vielleicht verschenkt er es ja auch? Darf er das Mofa kaufen und dann verschenken?
- das TBM *zur freien Verfügung überlassen*. Bedarf der Zustimmung des gesetzlichen Vertreters.
- das TBM *eigene Mittel*. Mittel sind nur dann wirklich eigene, wenn sie dem Minderjährigen zur freien Verfügung überlassen wurden. Trifft dieses in gleicher Weise wie beim Taschengeld auf den Lotteriegewinn zu? Dazu müsste der ge-

setzliche Vertreter die Zustimmung zur freien Verfügung des Lotteriegewinns gegeben haben.

Die Frage lautet also, ob die Zustimmung zur freien Verfügung des Taschengeldes auch die Zustimmung des daraus resultierenden Lotteriegewinns mit umfasst. Da sich diese TBM der Norm nicht eindeutig mit dem Sachverhalt in Deckung bringen lassen, ist eine Auslegung erforderlich. Hinzuzuziehen sind die §§ 106–113 BGB.

Anhang 13.4 zu Aufgabe 13.4

a) Der Gesetzgeber möchte in § 239 BGB den Sicherungsnehmer schützen, also in den Fällen 13.2a-c den Vermieter.
b) Der Gesetzgeber schützt den Sicherungsnehmer
- durch die Forderung eines angemessenen Vermögens,
- durch den Verzicht auf Einrede,
- durch die Forderung, dass der Gerichtsstand im Inland sein muss.

c) Der Gesetzgeber fordert vom Bürgen ein angemessenes Vermögen, damit der Sicherungsnehmer (hier: der Vermieter) die Sicherheit hat, Forderungen mit Aussicht auf Erfolg einklagen zu können.

Anhang 13.5 zu Aufgabe 13.5

Auslegung nach teleologischer Methode

Definition 1:
Nach dem Wortlaut des § 239 I BGB versteht man unter angemessen, dass etwas an etwas anderem gemessen wird, um zu prüfen, ob ein ausreichender Umfang oder eine ausreichende Größe vorhanden ist mit Bezug auf einen bestimmten Zweck, der der Messung zugrunde liegt.

Definition 2:
Nach der teleologischen Auslegung (Sinn und Zweck) geht es bei § 239 BGB um Rechtssicherheit, Vertrauensschutz und den Ausgleich der Interessen zwischen Sicherungsgeber und Sicherungsnehmer.

Vor diesem Hintergrund versteht man unter angemessenem Vermögen alle Vermögenswerte, die dazu dienen, die zu erbringende Sicherheit gegenüber dem Sicherungsnehmer zu befriedigen. Das ist nur dann der Fall, wenn das Vermögen angemessen ist, also die Aktiva die Höhe der Sicherheit übersteigen.

Anhang 13.6 zu Aufgabe 13.7

Entscheidung für die systematische Auslegung

Gründe: Die Definition nach dem Wortlaut ist zu weit. Bei der Anwendung in der Subsumtion wird es das Problem geben, dass jegliche Wertgegenstände, die im Sachverhalt angeführt sind, unter diese Definition fielen und kein Filter für eine Ausgrenzung von bestimmten, ungeeigneten Wertgegenständen bestünde.

Im Hinblick auf die systematische Auslegung ist der Begriff *Vermögen* enger zu fassen, da der Gesetzgeber in den §§ 232ff. BGB nur bestimmte Arten von Sicherheitsleistungen zulässt. Die Begriffe *Vermögen* und *Sicherheitsleistung* stehen in einer sich gegenseitig bestimmenden Wechselbeziehung.

Anhang 13.7 zu Aufgabe 13.9

Sachverhaltsangabe	Norm BGB	TBM	unproblem.	problem.
Hund entlaufener Hund Amseln Bienen	§ 833 S. 2	Haustier	X X X 	 X
Lotteriegewinn Minderjähriger	§ 110	Zur freien Verfügung		X
Hausanstrich Umbau Glasfaseranschluss	§ 555b Nr. 4	Modernisierungsmaßnahmen	X X	 X

Begründung für die problematischen Subsumtionen:

Amseln/Bienen

Ob es sich bei den Bienen um „Haustiere" i.S.d. § 833 S. 2 BGB handelt, ist mangels gesetzlicher Konkretisierung im Wege der Auslegung zu ermitteln. Legt man zunächst den gewöhnlichen Sprachgebrauch zugrunde, so sind Haustiere zahme Tiere. Sie unterstehen der Beaufsichtigung und dem beherrschenden Einfluss des Halters. Dies ist bei Bienen nicht der Fall, so dass sie nach der Wortlaut-Auslegung keine Haustiere i.S.d. § 833 S. 2 BGB sind.

Eine teleologische Auslegung des § 833 S. 2 BGB ergibt zudem, dass die Vorschrift nach ihrem Sinn und Zweck dazu dient, zahme Tiere, die der Erwerbstätigkeit dienen (= Nutztiere) wie Hund, Rind, Ziege und vom Menschen in seiner Wirtschaft gezogen und gehalten werden, von der Gefährdungshaftung des § 833 S. 1 auszunehmen. Der Eigentümer hat über sie Verfügungsgewalt, und eine Beaufsichtigung ist möglich. Eine Gefahr ist nicht immanent und durch die Nutzung zur Wirtschaft gerechtfertigt. Zudem spricht die Stellung der Norm als Ausnahme von der regelmäßigen Haftung des Tierhalters für eine enge Auslegung des Begriffs „Haustiere".

Bienen sind zwar Nutztiere des Bienenhalters, dieser hat aber keine Verfügungsgewalt über die Bienen. Daher würden auch unter teleologischen Gesichtspunkten Bienen keine „Haustiere" i.S.d. § 833 S. 2 BGB darstellen.

Lotteriegewinn Minderjähriger

Ob es sich bei dem Lotteriegewinn des Minderjährigen um Geld zur freien Verfügung i.S.d. § 110 BGB handelt, ist im Wege der Auslegung zu ermitteln. Nach dem engen Wortlaut und dem Sinn und Zweck des § 110 BGB soll der Minderjährige lernen, mit Geld umzugehen und eigenständig Rechtsgeschäfte zu tätigen. Dieser Zweck würde unterlaufen werden, wenn der Minderjährige mit dem Lotteriegewinn machen könnte, was er wolle, ohne die Zustimmung der Eltern einzuholen. Daher stünde der Lotteriegewinn dem Minderjährigen nicht zur freien Verfügung i.S.d. § 110 BGB.

Umbau

Ob es sich beim Umbau um „Modernisierungsmaßnahmen" i.S.d. § 555b Nr. 4 BGB handelt, ist im Wege der Auslegung zu ermitteln. Nach dem Wortlaut und dem Sinn und Zweck des § 555b Nr. 4 BGB soll dem Mieter gewährleistet werden, bauliche Veränderungen an einer Mietwohnung vorzunehmen, soweit der Gebrauchswert der Mietsache nachhaltig erhöht wird. Geht die bauliche Veränderung so weit, dass stark in die Mietwohnung eingegriffen wird, dann würde das dem Schutzzweck des § 555b zuwiderlaufen. Mithin würde der Umbau keine Modernisierungsmaßnahme i.S.d. § 555b Nr. 4 BGB darstellen.

Anhang 13.8 zu Aufgabe 13.10

Zu a)

Fall 13.2a	Fall 13.2b	Fall 13.2c
Der Student Willo Gerlach (W) möchte ein Zimmer mieten. Der zukünftige Vermieter Heino Zwerg (H) verlangt von W eine monatliche Warmmiete von 600 € und eine Bürgschaft in Höhe von drei Monatsmieten. Die arbeitslose Mutter von W, die vom Staat mit einer Grundsicherung unterstützt wird, erklärt sich schriftlich bereit, die Bürgschaft zu übernehmen. Sie sagt, sie besitze ja eine VW-Aktie im Wert von 122 €, habe 1000 € auf ihrem Sparkonto und besitze eine Briefmarkensammlung mit einem Katalogwert von 900 €. Ein Einredeverzicht der Bürgin liegt vor.	Der Student Willo Gerlach (W) möchte ein Zimmer mieten. Der zukünftige Vermieter Heino Zwerg (H) verlangt von W eine monatliche Warmmiete von 600 € und eine Bürgschaft in Höhe von drei Monatsmieten. Die Mutter von W erklärt sich schriftlich bereit, die Bürgschaft zu übernehmen. Sie arbeitet als Lehrerin in einer Grundschule und besitzt ein Einfamilienhaus mit einer Grundschuld von 120 000 €. Ein Einredeverzicht des Bürgen liegt vor.	Der Student Willo Gerlach (W) möchte ein Zimmer mieten. Der zukünftige Vermieter Heino Zwerg (H) verlangt von W eine monatliche Warmmiete von 600 € und eine Bürgschaft in Höhe von drei Monatsmieten. Die Mutter von W, eine Rentnerin, erklärt sich schriftlich bereit, die Bürgschaft zu übernehmen. Sie besitzt zwar kein Vermögen und eine Rente, die knapp zum Leben reicht, gibt aber an, sofort mit dem Sparen zu beginnen. Ein Einredeverzicht der Bürgin liegt vor.
Wie ist die Rechtslage?		

Zu b)
Die konkretisierte Fallfrage könnte lauten: Ist die Mutter von W als Bürgin tauglich?

Zu c)
§ 239 BGB lautet:
(1) Ein Bürge ist tauglich, wenn er ein der Höhe der zu leistenden Sicherheit angemessenes Vermögen besitzt und seinen allgemeinen Gerichtsstand im Inland hat. (2) Die Bürgschaftserklärung muss den Verzicht auf die Einrede der Vorausklage enthalten.

Die TBM, die Sie prüfen müssen, lauten:
- angemessenes Vermögen
- allgemeiner Gerichtsstand im Inland
- Verzicht auf Einrede der Vorausklage

Zu d)
Bei Fall 13.2b lässt sich einfach feststellen, dass die Mutter von W ein angemessenes Vermögen hat, um dem Vermieter die Sicherheit geben zu können, für drei Monatsmieten aufzukommen. Sie ist somit als Bürgin tauglich. In Fall 13.2c hat die Mutter von W kein Vermögen und ist damit eindeutig als Bürgin nicht tauglich.

Anhang 13.9 zu Aufgabe 13.11

a)

TBM	**Fall 13.2a**	**Fall 13.2b**	**Fall 13.2c**
angemessenes Vermögen	p+	p-	p-
allgemeiner Gerichtsstand im Inland	p-	p-	p-
Verzicht auf Einrede der Vorausklage	p-	p-	p-

b) Eine mögliche Problematik der TBM angesichts der Sachverhalte lässt sich folgendermaßen einschätzen:

- In Fall 13.2b ist die Subsumtion unproblematisch, die Mutter von W ist als Bürgin tauglich, da ihr Vermögen die Bürgschaftssumme um ein Vielfaches übersteigt.
- In Fall 13.2a stellt sich die Frage, ob das Vermögen der Mutter von W angemessen ist, um als Bürgin tauglich zu sein und bei Bedarf die Miete ihres Sohnes für drei Monate zu bezahlen. Dies ist im Rahmen einer Subsumtion zu klären.
- In Fall 13.2c ist die Subsumtion unproblematisch, die Mutter von W ist als Bürgin nicht tauglich, da ihr Vermögen nicht ausreicht, um als Sicherheitsleistung zu dienen.

Literatur

Gesetzestexte:

Bürgerliches Gesetzbuch (2024): *BGB, Bürgerliches Gesetzbuch*. München: Beck Verlag.

Habersack, M. (2022): *Deutsche Gesetze: Loseblatt-Sammlung des Zivil-, Straf- und Verfahrensrechts*. München: Beck Verlag.

Fachliteratur:

Adomeit, K. & Hähnchen, S. (2018): *Rechtstheorie mit Juristischer Methodenlehre (Start ins Rechtsgebiet)*. Heidelberg: C. F. Müller Verlag.

Beaucamp, G. & Beaucamp, J. (2023): *Methoden und Technik der Rechtsanwendung (Start ins Rechtsgebiet)*. Heidelberg: C. F. Müller Verlag.

Beck, L. (2012): *Juristische Klausuren von Anfang an (richtig) schreiben*. In: Jura – Juristische Ausbildung 4/2012, S. 262–267.

Beck, S. (2013): *Leitfaden für Erstsemester*. Universität Bonn, S. 1–15.

Bock, M. & Hülskötter, T. (2020): *Grüße aus der Klausurwerkstatt – Tipps zum juristischen Lernen und Klausurenschreiben*. In: JURA – Juristische Ausbildung 10/2020, S. 1074–1081.

Bringewat, P. (2020): *Methodik der juristischen Fallbearbeitung. Mit Aufbau- und Prüfungsschemata aus dem Zivil-, Strafrecht und öffentlichen Recht*. Stuttgart: Kohlhammer Verlag.

Brox, H. & Walker, W.-D. (2023): *Allgemeiner Teil des BGB*. München: Franz Vahlen Verlag.

Bydlinski, P. (2023): *Grundzüge der juristischen Methodenlehre*. Münster, New York: UTB Verlag.

Byrd, B. S. & Lehmann, M. (2016): *Zitierfibel für Juristen*. München: Beck Verlag.

Chama, O. (2015): *Studienführer. Juristische Grundlagenfehler*. Hamburg: Eden Books Verlag.

Einmahl, M. (2011): *Juristische Methodik*. Köln: Selbstverlag.

Einmahl, M. (2023): *Zivilrecht – Lehrbuch zum Zivilrecht für die öffentliche Verwaltung*. Wiesbaden: KSV Medien.

Eltzschig, J. & Wenzel, J. (2013): *Die Anfängerklausur im BGB. Kernprobleme des Allgemeinen Teils in der Fallbearbeitung*. Berlin, Heidelberg, New York: Springer Verlag.

Engisch, K. & Würtenberger, T. (2018): *Einführung in das juristische Denken*. Stuttgart: Kohlhammer Verlag.

Erman, W. A., Westermann, H.P.& Grunewald, B. & Maier-Reimer, G. (2023): *BGB. Kommentar mit Nebengesetzen*. Köln: Dr. Otto Schmidt Verlag.

Fahse, H. & Hansen, U. (2001): *Übungen für Anfänger im Zivil- und Strafrecht*. Neuwied: Luchterhand Verlag.

Fischer, K. (2003): *Vom „Lesen" einer Zivilrechtsklausur*. In: Juristische Schulung (JuS) 4/2003, S. 375–381.

Fleck, W. & Arnold, S. (2009): *Die Klausur im Zivilrecht – Struktur, Taktik, Darstellung und Stil*. In: Juristische Schulung (JuS) 2009, S. 881–886.

Gabriel, G. & Gröschner, R. (2012): *Subsumtion: Schlüsselbegriff der Juristischen Methodenlehre (Politika, Band 7)*. Tübingen: Mohr Siebeck Verlag.

Haft, F. (2015): *Einführung in das juristische Lernen: Unternehmen Jurastudium*. Bielefeld: Ernst und Werner Gieseking Verlag.

Hamann, W. (1986): *Juristische Methodik*. Essen: Karin Hamann Verlag.

Hassenpflug, H. & Schwind, H.-D. & Bringewat, J. (2017): *Klausuren schreiben leicht gemacht. Aufbau und Form der juristischen Klausur*. Berlin: Ewald v. Kleist Verlag.

Hildebrand, T. (2017): *Juristischer Gutachtenstil: Ein Lehr- und Arbeitsbuch*. Tübingen: Narr Francke Attempto Verlag.

Hütwohl, M. (2022): *Einführung in das Recht. Grundzüge des Rechtssystems und der Rechtsmethodik*. München: Beck Verlag.

Jauernig, O. (2023): *Bürgerliches Gesetzbuch, Kommentar*. München: Beck Verlag.

Kohler-Gehrig, E. (2017): *Einführung in das Recht. Technik und Methoden der Rechtsfindung*. Stuttgart: Kohlhammer Verlag.

Kramer, E. A. & Arnet, R. (2024): *Juristische Methodenlehre*. München: Beck Verlag.

Krebs, P. & Becker, M. (2017): *Der Gutachtenstil (samt Formulierungshilfen)*. Universität Siegen, S. 1ff.

König, Werner F. (2023): *Juristische Methoden für Dummies*. Weinheim: Wiley-VCH Verlag.

Körber, T. (2008): *Zivilrechtliche Fallbearbeitung in Klausur und Praxis*. In: Juristische Schulung (JuS) 4/2008, 289–296.

Kuhn, T. (2008): *Rechtsfolgeorientierung im Aufbau zivilrechtlicher Gutachtenklausuren*. In: Juristische Schulung (JuS) 11/2008, S. 956–960.

Lagodny, O. (2012): *Gesetzestexte suchen, verstehen und in der Klausur anwenden*. Heidelberg: Springer Verlag.

Lagodny, O. & Mansdörfer, M. & Putzke, H. (2014): *Im Zweifel: Darstellung im Behauptungsstil*. In: Zeitschrift für das Juristische Studium 2/2014, S. 157–164.

Lahnsteiner, E. (2011): *Seminar- und Abschlussarbeiten effektiv und erfolgreich schreiben*. In: Jura – Juristische Ausbildung 8/2011, S. 580–587.

Lange, B. (2015): *Jurastudium erfolgreich: Planung, Lernstrategie, Zeitmanagement*. München: Franz Vahlen Verlag.

Larenz, K. & Canaris, C.-W. (2009): *Methodenlehre der Rechtswissenschaft*. Berlin, Heidelberg: Springer Verlag.

Lutz, P. & Willers, S. M. (2022): *Die wichtigsten Schemata 2022: Zivilrecht, Strafrecht, Öffentliches Recht*. Altenberge: Niederle Media Verlag.

Mann, Thomas (2015): *Einführung in die juristische Arbeitstechnik*. München: Beck Verlag.

Mayer, V. & Oesterwinter, P. (2022): *Die BGB-Klausur – eine Schreibwerkstatt*. Baden-Baden: Nomos Verlag.

Metzler-Müller, K. & Füglein, F. (2022): *Wie löse ich einen Privatrechtsfall? Aufbauschemata – Mustergutachten – Klausurschwerpunkte*. Stuttgart u. a.: Richard Boorberg Verlag.

Möllers, T. M. J. (2021): *Juristische Arbeitstechnik und wissenschaftliches Arbeiten: Klausur, Hausarbeit, Seminararbeit, Studienarbeit, Staatsexamen, Dissertation*. München: Franz Vahlen Verlag.

Muthorst, O. (2019): *Grundlagen der Rechtswissenschaft: Methode, Begriff, System (Lernbücher Jura)*. München: Beck Verlag.

Olzen, D. & Maties, M. (2022): *Zivilrechtliche Klausurenlehre: mit Fallrepetitorium*. München: Franz Vahlen Verlag.

Palandt, O. (2024): *Becksche Kurzkommentare, Bürgerliches Gesetzbuch*. München: Beck Verlag.

Pense, U. & Lüdde, J. S. (2022): *Basiswissen, Methodik der Fallbearbeitung im Studium und Examen: Wie schreibe ich eine Klausur?* Münster: Alpmann und Schmidt Verlag.

Putzke, H. (2021): *Juristische Arbeiten erfolgreich schreiben: Klausuren, Hausarbeiten, Seminare, Bachelor- und Masterarbeiten (Jura kompakt)*. München: Beck Verlag.

Reimer, F. (2012): *Juristische Texte lesen – Hilfestellungen aus öffentlich-rechtlicher Sicht*. In: Zeitschrift für das Juristische Studium 5/2012, S. 623–629.

Reimer, F. (2020): *Juristische Methodenlehre*. Baden-Baden: Nomos Verlag.

Richter, H.-P. (2021): *Juristische Grundkurse, Band 1, BGB, Allgemeiner Teil*. Kiel: Richter Verlag.

Roos, A. & Taube, C. (2012): *Grundlagen der Klausurtechnik Januar 2012*. Ruhr-Universität Bochum, S. 3–63.

Rumpf-Rometsch, E. (2024): *Die Fälle, BGB AT*. Köln: Fall-Fallag.

Schmalz, D. (1998): *Methodenlehre für das juristische Studium*. Baden-Baden: Nomos Verlag.
Schmoeckel, M. & Rückert, J. & Zimmermann, R. (2003): *Historisch-kritischer Kommentar zum BGB. Band I: Allgemeiner Teil §§ 1-240*. Tübingen: Mohr Siebeck Verlag.
Schwabe, W. (2024): *Lernen mit Fällen, Allgemeiner Teil des BGB, Materielles Recht & Klausurenlehre*. Stuttgart: Richard Boorberg Verlag.
Schwacke, P. (2011): *Juristische Methodik mit Technik der Fallbearbeitung*. Stuttgart: Kohlhammer, Deutscher Gemeindeverlag.
Tettinger, P. J. & Mann, T. (2015): *Einführung in die juristische Arbeitstechnik*. München: Beck Verlag.
Valerius, B. (2017): *Einführung in den Gutachtenstil. 15 Klausuren zum Bürgerlichen Recht, Strafrecht und Öffentlichen Recht*. Berlin, Heidelberg: Springer Verlag.
von Münchhausen, M. & Püschel, I. P. (2002): *Lernprofi Jura. Wie Sie Jura richtig lernen. Lerntechnik, Klausurtechnik, Hausarbeitstechnik. Lernmotivation, Examensmanagement*. München, Pullach: Münchhausen & Partner Verlag.
Wagner, G. & McColgan, P. (2024): *Die BGB-Klausur*. München: Beck Verlag.
Wank, R. (2019): *Juristische Methodenlehre: Eine Anleitung für Wissenschaft und Praxis: Methodenlehre in der Anwendung (Academia Iuris)*. München: Franz Vahlen Verlag.
Wienbracke, M. (2020): *Juristische Methodenlehre*. Heidelberg: C. F. Müller Verlag.
Wienbracke, M. (2020): *Einführung in den juristischen Gutachtenstil*. In: *Verwaltungsrundschau* 11/2020.
Wörlen, R. & Metzler-Müller, K. & Balleis, K. & Kokemoor, A. (2023): *BGB AT: mit Einführung in das Recht*. München: Franz Vahlen Verlag.
Wörlen, R. & Schindler, S. (2020): *Anleitung zur Lösung von Zivilrechtsfällen. Methodische Hinweise und 22 Musterklausuren*. Köln: Carl Heymanns Verlag.
Zippelius, R. & Würtenberger, T. (2020): *Juristische Methodenlehre*. München: Beck Verlag.

Rechtswörterbücher:

Hilgendorf, E. & Jünger, S. (2008): *dtv-Atlas Recht, Band 1, Grundlagen, Staatsrecht, Strafrecht*. München: Deutscher Taschenbuch Verlag.
Hilgendorf, E. & Jünger, S. (2008): *dtv-Atlas Recht, Band 2, Verwaltungsrecht, Zivilrecht*. München: Deutscher Taschenbuch Verlag.
Köbler, G. (2022): *Juristisches Wörterbuch*. München: Franz Vahlen Verlag.
Weber, K. & Aichberger, T. (2022): *Rechtswörterbuch*. München: Beck Verlag.

Benutzte Literatur zu sprachlichen Aspekten

Hinweise zu sprachlichen Besonderheiten der juristischen Fachsprache finden sich auf einer Vielzahl von Internetseiten, die aus Gründen der sich ändernden Aktualität hier nicht aufgelistet werden. Ebenso gibt es eine Vielzahl von wissenschaftlichen Beiträgen in Fachzeitschriften, die hier nicht erwähnt sind.

Bunn, L. & Kacik, G. (2019): *Deutsch als Fremdsprache für Juristen, Lehr- und Lernmaterialien zum Zivilrecht, Band 1*. Münster: Waxmann Verlag.
Bunn, L. & Kacik, G. (2023): *Deutsch als Fremdsprache für Jurist:innen – Gutachtentechnik und Gutachtenstil. Lehr- und Lernmaterialien zum Zivilrecht, Strafrecht und Öffentlichen Recht, Band 3*. Münster: Waxmann Verlag.

Gauseweg, Simon (2021): *Aktiver Einstieg in facheigene Textsorten. Werkstattbericht eines schreibintensiven juristischen Tutoriums.* In: Schreiblehrkonzepte an Hochschulen. Fallstudien und Reflexionen zum fachspezifischen Schreibenlehren und -lernen, Meyhöfer, F. & Neumann, F. & Lahm, S. (Hrsg.), Bielefeld wbv., S. 101–115.

Gotz, D. (Hrsg.) (2015): *Langenscheidts Großwörterbuch Deutsch als Fremdsprache.* München: Langenscheidt Verlag.

Hoffmann, M. (2020): *Deutsch fürs Jurastudium: In 10 Lektionen zum Erfolg.* Paderborn: Ferdinand Schöningh Verlag.

Langelahn, E. (2008): *„Zunächst ist zu fragen, ob … man das Gutachtenschreiben nicht doch lernen kann" – das Jura-Fachsprachenangebot an der Universität Bielefeld.* In: Auf neuen Wegen. Deutsch als Fremdsprache in Forschung und Praxis. Tagungsband der 35. Jahrestagung des Fachverbandes Deutsch als Fremdsprache 2007 in Berlin.

Lippmann, S. & Scholz, L. (2013): *Das BGB für ausländische Studierende – Übungen zu Rechtssprache und Methodik.* Heidelberg: C. F. Müller Verlag.

Simon, H. (2022): *Deutsche Rechtssprache. Ein Studien- und Arbeitsbuch mit Einführung in das deutsche Recht.* München: Beck Verlag.

Stepputtis, B. (2010): *Die juristische Falllösung – Vermittlung relevanter sprachlicher Kenntnisse und Fähigkeiten im Rahmen von studienbegleitenden Angeboten für internationale Studierende.* In: Ansätze zur Förderung akademischer Schreibkompetenz an der Hochschule, Fachtagung 2.–3. März 2009 an der Universität Bielefeld, Brandl, H. & Duxa, S. & Leder, G. & Riemer, C. (Hrsg.). Band 83, Materialien Deutsch als Fremdsprache in den Universitätsdrucken im Universitätsverlag Göttingen 2010, S. 125–139.

Abkürzungsverzeichnis

A	Anspruchsziele
Abs.	Absatz
a.E.	am Ende
Alt.	Alternative
Ap	Anspruch
AT	Allgemeiner Teil
Bd.	Band
BGB	Bürgerliches Gesetzbuch
bspw.	beispielsweise
bzgl.	bezüglich
ca.	circa
Def.	Definition
d.h.	das heißt
etc.	et cetera
evtl.	eventuell
F	Fall
FF	Fallfrage
f.	folgende
ff.	fortfolgende
gem.	gemäß
GE	Gesamtergebnis
ggf.	gegebenenfalls
grds.	grundsätzlich
GS	Gutachtenstil
GS	Grundsatz
HS.	Halbsatz
HS	Hauptsatz
i.d.R.	in der Regel
i.E.	im Ergebnis
i.e.S.	im engen Sinne
i.H.v.	in Höhe von
i.S.d.	im Sinne des
i.V.m.	in Verbindung mit
i.w.S.	im weiten Sinne
Konj.	Konjunktiv
KV	Kaufvertrag
lex. sp.	lex specialis
max.	maximal
Nr.	Nummer
NS	Nebensatz
OS	Obersatz/Obersätze
ProdHaftG	Produkthaftungsgesetz
Rn.	Randnummer
Rspr.	Rechtsprechung
s.	siehe
S.	Seite
S.	Satz
SA	Sachverhaltsangabe
SchwarzArbG	Schwarzarbeitergesetz
sog.	sogenannte
StVG	Straßenverkehrsgesetz
Subs.	Subsumtion
SVA	Sachverhaltsangabe
SV	Sachverhalt
TB	Tatbestand
TBM	Tatbestandsmerkmal(e)
TBV	Tatbestandsvoraussetzungen
TBO	Tatbestandsobersätze
u.a.	unter anderem
US	Urteilsstil
usw.	und so weiter
Var.	Variante
Vsz.	Voraussetzung
WE	Willenserklärung
z.B.	zum Beispiel
ZE	Zwischenergebnis
z.N.v.	zum Nachteil von
ZR	Zivilrecht
ZS-O	Zwischenschrittsobersatz
Zw.-Erg.	Zwischenergebnis

Sachverzeichnis

Juristische Terminologie

Lese-Schreibprozess (soweit nicht schon oben erwähnt)